Rizzoli

Giancarlo Dotto

L'ultima danza di Maradona

Rizzoli

Pubblicato per

Rizzoli

da Mondadori Libri S.p.A.

ISBN 978-88-17-17356-8

Prima edizione: ottobre 2025

L'ultima danza di Maradona

1.

Pessima idea chiedere la mano dell'infermiera che si è presa cura di te

«Vuoi tu Werner Falco, detto il Bucaniere, accogliere la qui presente Beata Ribeiro come tua sposa e prometterle fedeltà eterna nella buona e nella cattiva sorte, nella gioia e nel dolore, nella salute e nella malattia, e di amarla e onorarla finché morte non vi separi...»

Werner non voleva. Sudava freddo nel suo stropicciato trench nero sopra il pigiama celeste fresco di bucato. Incrociò con l'unico occhio buono lo sguardo della promessa sposa, un cotechino di centocinquanta chili almeno che scoppiava dentro e fuori il tubino bianco di raso e pizzo dalla scollatura generosa. Le spalle da lottatore tenute a stento da due sottili applique. Era uno sguardo minaccioso. Incrociò quello non meno ostile del prete e dei testimoni. Aspettavano tutti con impazienza crescente che dalla sua carcassa malconcia esalasse il fatidico «Sì, lo voglio».

Si rese conto che non aveva scampo.

Questa volta l'avevano ricoverato per un infarto acuto. Stappate le arterie malate con due stent di metallo, lo costringevano adesso che era nuovo di zecca a sposare per gratitudine l'infermiera che si era presa cura di lui. Charles Manson e Dio in persona erano i testimoni della sposa, Dean Martin il prete ubriaco che officiava. Testimoni dello sposo Elvis Presley e Diego Armando Maradona, che però non si era presentato. Un mal di pancia dell'ultima ora.

Se la voleva squagliare il più lontano possibile da quell'altare improvvisato, Werner, ma non poteva. Paralizzato dalla testa ai piedi. I due testimoni della cicciona erano tipi di poche parole, ma molto decisi. Nonostante qualche disputa sul metodo, andavano d'amore e d'accordo sul concetto base: quella canaglia di Werner non l'avrebbe fatta franca, doveva impalmare la loro pupilla prima di beccarsi il prossimo infarto, quello definitivo. Niente scuse o ripensamenti. Quel giorno poi i due, non si sa bene perché, erano più nervosi del solito.

Ci sapeva fare Beata, si chiamava così la promessa sposa. Fu assegnato a lei il paziente italiano arrivato mezzo morto nel reparto di terapia intensiva dell'ospedale di Salvador. Werner non si stancava di vederla all'opera. Non si sa se più ammaliato o spaventato. La naturalezza con cui affondava le mani nelle piaghe dei malati, nei loro anfratti doloranti, canticchiando come un usignolo *Paloma blanca*. Quella volta che praticò in due secondi un tampone allo sfintere di Barbarossa, un *vu cumpra'* del Bangladesh peloso come una scimmia appena ricoverato per un'ischemia, noncurante del suo lamento: «Mi esce il sangue dal culo...». O quando le toccava lavare e cambiare il vecchio della branda accanto, dignitoso e puntuale nella disgrazia del farsela sotto tutte le notti, ma proprio tutte, e lei che non faceva mai una piega. Lui che cagava e pregava e lei che cantava e lo rigirava tra le lenzuola, il bambolotto devoto e incontinente.

Werner, detto il Bucaniere, le chiese di sposarla una notte che Beata gli era sembrata più epica del solito. Aveva appena finito di cambiare il pannolone al mostruoso bebè, mentre lui, Werner, ammirato, a due metri di distanza, stava cercando di pisciare con precisione millimetrica dentro l'orinale avuto in dotazione.

«Mi vuoi sposare, tu, donna dei miei sogni? Dimmi di sì, angelo mio, disceso su questa landa desolata a vegliare sui nostri dolori...» Solo il timore di spaccarsi una vertebra ne frenò l'impulso di genuflettersi ai suoi piedi.

«Sì, mi piacerebbe...» esitò appena la balena arrossendo con un sorriso carico di pudore. «Ma tu mi vuoi lo stesso anche se per la verità, infelicemente, devo ammettere che ho perduto la doppia verginità sei mesi fa in uno sfortunato incontro con un camionista di Belo Horizonte?»

«Ti voglio, sì. Ti voglio. Non me ne frega niente del camionista che ti ha eventualmente sodomizzato. Tutto passa... Il passato è passato, forse non è mai esistito. Noi siamo noi. Ripartiamo da zero, ora e adesso, dalla bellezza che ci unirà...»

Beata non se lo fece ripetere due volte. Stampò un bacio umido sulla fronte del vecchio romanticone. «Sì, ti voglio anche io, sposiamoci domani stesso, tesoro.»

Un attimo dopo Werner fu colto da un attacco di panico. Realizzò che si era spinto un po' troppo oltre, che non era quello che voleva, impalmare la trippona. Aveva ceduto ancora una volta, lo sciagurato, a uno dei suoi proverbiali slanci lirici nei quali perdeva il controllo di sé e della sua vita: il mondo si trasfigurava e le buzzicone in tenuta da infermiera diventavano soavi madonne o ammiccanti odalische. Di colpo realizzò che quella che aveva appena chiesto in sposa era la stessa infame che gli schiacciava i brufoli a tradimento mentre dormiva o stava sotto anestesia, la stessa che, una mattina, all'alba, aveva cercato probabilmente di ucciderlo iniettandogli dosi letali di potassio nel braccio, infilzandolo con siringhe e flebo, senza trovare mai la vena. Sta di fatto che il Bucaniere al dunque ci aveva ripensato, non voleva più sposarla. Ma era troppo tardi.

Prete, testimoni e sposa lo fissavano ora truci ai lati dell'altare. Lei, l'enormità di lardo, nell'abito nuziale con la coda a strascico, che sudava come una bestia, ora anche per l'ansia, lui, avvolto nel suo amuleto, l'inseparabile trench nero. Un patetico osso da dare ai cani.

Si risvegliò appena in tempo, Werner, proprio mentre l'orca gli porgeva l'anulare grosso come un würstel e lui aveva realizzato con tutto il terrore del caso che non aveva con sé nessun anello. Tranne Dio, Manson, le nozze, Dean Martin, Presley, Maradona e l'infarto, il resto era tutto vero. Inclusi Barbarossa, il cagasotto, l'infermiera maniaca che non si chiamava Beata ma Vanessa, il trench nero e la terapia intensiva.

Werner si sentiva a casa nei reparti di terapia intensiva dove si arriva più morti che vivi. Si lasciava fare di tutto, tubi, aghi, flebo, clisteri. Una volta che ti abitui al ronzio e al baccano delle macchine, alle luci sparate e ai lamenti dei moribondi, ci trovi del buono. La cosa migliore? Le anestesie. I deliri intubati da morfina, adrenalina, dopamina. Trame rocambolesche, viaggi in prima classe. Storie da Oscar. Werner ci aveva fatto il callo. Morire era il meno. Niente di così speciale.

Questa volta non era stato in realtà un attacco di cuore, ma due proiettili sparati a bruciapelo che lo avevano spedito d'urgenza all'ospedale di Salvador. Un infarto, per la verità, c'era stato quei giorni in famiglia, ma era toccato ad Armando, il pappagallo napoletano di Werner. Il cuore della bestiola aveva ceduto di schianto, per il dolore del padrone lontano aveva suggerito Pierre, domestico di Werner e tutore di Armando. Nella foto che gli aveva spedito si vedeva l'uccello nella gabbia stecchito a zampe in su alla base del trespolo, gli occhi sbarrati e la linguetta di fuori su cui galleggiava l'avanzo di un osso di seppia.

Povera stella, aveva tirato le cuoia sul più bello, come capita spesso. Sta di fatto che Werner se l'era sognato l'infarto, come fosse toccato a lui.

Il Bucaniere conosceva a malapena il tipo che gli aveva sparato quella mattina all'uscita del condominio. Era il padre di Getulio, il ragazzo che Werner stava trasferendo in Italia con l'intento di farne la nuova star del calcio mondiale. Un ubriacone senza fissa dimora, cresciuto in una delle *favelas* più miserabili di Salvador. Negato come padre e maldestro come cecchino, per fortuna di Werner. Il primo proiettile gli aveva solo lambito la tempia e scheggiato l'orecchio, il secondo gli aveva sfiorato il polmone, l'unico che gli restava, senza ledere nessun organo vitale. Non si sa come, era sopravvissuto al dissanguamento e allo shock idrostatico.

Werner era uno specialista in sopravvivenze romanzesche. «Vivo per miracolo», «preso per i capelli». Se l'era sentito ripetere spesso negli ultimi tempi. Doveva farsene una ragione: era anche lui uno dei tanti poveracci attaccati come cozze alla vita. Non troppo diverso da quei vecchi comatosi che incrociava nella sezione morituri, stesi nelle loro brande, tutti uguali, a bocca aperta, le guance scavate, appesi alle loro flebo gocciolanti, straccioni e milionari, a succhiare l'ultimo sorso di vita.

A furia di frequentare questo asilo delle mummie all'ultimo giro di giostra, i bravi nonnetti diventavano virtuosi nelle preghiere e nell'uso degli orinali, fachiri esperti nella sopportazione del dolore e nella perseveranza di fissare per ore il soffitto, ogni tanto innamorandosi come adolescenti delle infermiere che li sventravano. Erano più o meno le stesse donne che un giorno li avevano generati, al principio di questo imbroglio lungo una vita che va dalla stazione del pannolino a quella del pannolone dove, se ti dice bene, te ne vai con qualche medaglia al collo, vaghi ricordi e migliaia di eiaculazioni sparse a casaccio, a generare equivoci e figli, qualche sbornia triste e qualcuna allegra, un paio di amori che smettono prima o poi di amare, e passaggi quotidiani nella latrina di casa dove dai pensieri più cupi non ti salva nemmeno il santino di Padre Pio che tieni in tasca. Via via perdendo i più elementari freni inibitori. Per cui li vedevi girare per le corsie, i ragazzacci, mezzi ignudi, con le loro piaghe aperte, i culi grinzosi, noncuranti dell'eventuale pudore violato di infermiere ragazzine e vecchie suore, a tal punto fiduciosi di aver guadagnato l'invisibilità. Vegliando la notte e ascoltando, se hai la disgrazia di non essere sordo, i peti misti a lamenti dei camerati uomini e i deliri delle rare donne, nel viavai delle imminenti vedove al capezzale.

In quei casi Werner Falco si accucciava come un feto nella branda, e domandava sottovoce tremando, non si sa a chi: «Dio mio dove sei? Ma davvero è tutto qui?...». Inascoltato più che mai. Da Dio e da Barbarossa che era sordo come una campana e si trastullava a bofonchiare i suoi versetti coranici.

Per protesta, Werner aveva smesso di lavarsi la faccia e di tagliarsi i peli delle orecchie. Aveva deciso, nel lasciarsi morire, che doveva disgustare il mondo. Non prima, però, di aver firmato il suo ultimo capolavoro: portare in Italia il negrone scovato nei budelli di Pau da Lima, una favela di Salvador. Una meraviglia di bomber ancora tutto da sgrezzare. E poi, sì, finalmente libero di crepare nel suo impermeabile nero, la divisa del suo umore militante. Come faceva da bambino, seppellirsi nel suo pigiama, quando l'alito pesante della nonna china su di lui gli ricordava con la scusa delle favole che la vita è odore ancora prima che dolore.

Si chiuse l'ultimo bottone della giacca, prese dalla tasca la minuscola Barbie che portava sempre con sé e se la mise sotto il cuscino. Non era proprio una Barbie, ma la sua bimba la chiamava così. La bambola bionda di pezza che teneva stretta tra le mani la notte dell'incidente. Lo schianto che non la smetteva di schiantarlo. Ogni volta Werner si addormentava, quando gli riusciva, fantasticando un nuovo capitolo di cosa sarebbe stato della sua bimba una volta diventata ragazza e poi donna, in una storia tutta da inventare. Quella notte la immaginò, bellissima, che vendeva essenze profumate in una bottega di Hong Kong e tutti facevano la fila alla sua porta anche solo per rubare pochi istanti di quel suo sorriso e tornare leggeri alle loro case.

La sua bimba continuava a vivere e a sorridere dentro di lui. Era il loro segreto. Nessuno lo sapeva. Nessuno doveva sapere.

2.

Sei mesi prima… Delitti e castighi a Bahia

«Sul cappello, sul cappello che noi portiamo c'è una lunga, c'è una lunga penna nera…»

Era quasi riuscito a prendere sonno, Werner Falco. La suoneria del cellulare italiano dimenticato acceso gli arrivò come una sassata alla tempia. Una canzone che gli cantava il nonno alpino quando era su di giri, strafatto di grappa e di ricordi. Cantava e gli suonava l'armonica a bocca, con la scusa di farlo dormire. Quando non era la nonna con le sue storiacce di lupi e orchi.

Se ne stava da ore acquattato al buio, sudato come una vecchia foca, sul bordo della grande cuccia a due piazze, il faretto a pinza sulla pagina 315 dei *Fratelli Karamazov*, capitolo del Grande Inquisitore. Leggeva con l'unico occhio abile e pescava ossigeno dall'inseparabile flaconcino che la notte teneva sotto il cuscino insieme alla bambola della figlia.

Un paio di messaggi sul cellulare gli ricordavano che era il giorno del suo compleanno. Non voleva saperlo, di avere un'età. Da quelle parti stava per cominciare l'inverno, ma la gente girava in ciabatte e bermuda come in tutto il resto dell'anno. Gli restava sempre qualche granello di sabbia tra le dita dei piedi e nel buco del culo, ma questo non sembrava renderli infelici. Niente aveva il potere di renderli infelici.

Werner era ancora turbato per aver appena incrociato allo specchio un vecchio tricheco asmatico con una benda nera sull'occhio destro, quello malato di glaucoma che vedeva solo arcobaleni e lampi. Un vecchio scontroso, avido di aria e di luce. Non erano passati secoli da quando si sentiva invincibile come Capitan America e trasvolava gli oceani come fossero cartoline. Il nonno alpino, nel frattempo, se n'era andato con le sue storie e la sua armonica, e subito dopo se n'era andata anche la nonna che sapeva di pipì rancida, quando non era grappa.

Al suo fianco ronfava una negra enorme. Nuda, supina, le gambe spalancate, un animale sazio nella penombra. La rete cigolava a ogni suo movimento. Fernanda dormiva della grossa, ora, ma l'ultimo attacco epilettico era stato più violento del solito. Aveva quasi perso conoscenza, dopo aver ribaltato il letto, sbatacchiato lenzuola e comodini, morso e sbavato ogni cosa, incluso il braccio sinistro di Werner. Non le capitava da mesi.

«Che a noi serve, a noi serve da bandiera...»

Werner buttò l'occhio alla luna. Non era meno sporca delle sue mutande in lavatrice. La nuvola pestilenziale stava arrivando anche in quell'emisfero. C'era di fuori la quiete morta dei giorni qualunque. Dal cortile, i quattro cani monchi di sempre facevano finta d'inseguire i soliti quattro gatti randagi, senza prenderli mai, sicché si stufavano quasi subito, esausti, di quel gioco idiota. Pelle e ossa, sciancati, brutti come la fame, lui, i cani e i gatti. A volte, il massimo della vita, un bambino scalzo che prendeva a calci un barattolo, alzando polvere e sabbia. A Werner piaceva quel nulla di fatto.

La negrona ebbe una lieve scossa di assestamento. Rovesciò con una manata il flacone sul comodino. L'ultima scorta di balsamo di tigre che Werner s'era portato dal suo ultimo viaggio in Cina. Lo custodiva come fosse oro. Se lo faceva spalmare sulle ossa doloranti. Due gocce ben distribuite e tornava come nuovo. Il flacone cadde a terra e si ruppe in mille pezzi. La bestemmia di Werner strappò il silenzio della notte.

«Desculpe amor...» Per farsi perdonare, Fernanda pensò bene di spalmare a tradimento il liquido restante sulla schiena di Werner, che poté così sperimentare per alcuni secondi quello che provò Pomponio Algieri quando fu calato in una tinozza di olio bollente dal tribunale dell'Inquisizione. «... Puttanona di una troia...» scattò come una lucertola. «Desculpe una sega!... Cristo santo, madre bandita, dimmi che non è vero. Non posso credere che mi sono messo nel letto un'assassina... Zoccola di prima classe, maledetta... Che Dio ti fulmini!» Era una furia, Werner, mentre saltellava come un coniglio zoppo sotto la doccia fredda, nudo come mamma l'aveva fatto.

Il suo esilio a Bahia era del resto cominciato con un'incazzatura epica sempre a causa di Fernanda. Werner che, tra i mille difetti, era anche un feticista grave, si era portato dietro la gonnellina bianca da tennista di Steffi Graf che aveva comprato anni prima in un'asta di beneficenza a Londra. Se la portava sempre dietro e la faceva indossare a giovani lolite compiacenti e alle sempre più rare amanti occasionali. Se le metteva sulle ginocchia, loro lo lasciavano fare e la cosa finiva lì. Lui era felice così, gli bastava quella fugace emozione senile. Volle provare anche con Fernanda, che però non era una lolita. Fu un disastro. Troppa carne. Ci passava a malapena una gambona, nella gonnella della Graf. Fernanda, che ci teneva a non deludere l'amico gringo, provò a forzare ma strappò l'elastico. Werner perse la testa.

«Brutta culona! Io penso a te, ti faccio i regali e tu mi ringrazi così, ti fai trovare grassa come un'orca marina!»

«Desculpe amor... Ti prometto che per voce vou a emagrecer...» Fernanda non piangeva mai, ma quella volta fu sul punto di farlo.

«Tu che dimagrisci... già, buona questa, come Madre Teresa che scappa alle Maldive con George Clooney...»

«... Quando mio figlio diventerà un calciatore ricco mi pagherà la chirurgia alla pancia, via tutto il grasso, via la *barriga*, mio figlio farà di me una *boneca* rosa... Obrigada mesmo meu amor per il presente...»

«Obrigada che cosa? Presente? Quale presente?! Chi ce l'ha un presente? Tu non hai un presente. Nessuno di noi ha un presente. Non se ne parla. Tu dimagrire? Certo. Ti vedo già sulla copertina di "Vogue"... Con tutte le porcherie che mandi giù... Altro che bambola rosa! Le caramelle allo sciroppo di banana, i litri di guaranà, maionese, pollo, uova e salame sulla pizza... Non sono pizze, sono incubi... Prima me l'aggiusti, la gonnella, me la fai tornare come nuova, che m'è costata un occhio, poi te la regalo, forse, quando avrai buttato via almeno trenta chili...»

Nella testa di Werner la Beata Ribeiro del sogno non era altro che Fernanda in versione terrore. Il lottatore di sumo che voleva sposarlo aveva a che fare con il trauma della gonnella strappata. Werner non sapeva distogliere lo sguardo dalla bocca di Fernanda. La voracità con cui divorava qualunque cosa. Era schifosa la fame dei poveri. La fissava affascinato dal basso, mentre cercava di farsi soffocare dal suo enorme culo e lei gli parlava del figlio che l'avrebbe trasformata in una Barbie rosa o gli leggeva entusiasta le proprietà terapeutiche della *goyaba* e dell'*apim santo.*

«Fa bene alla prostata, alla circolazione, alla pressione e anche alla depressione.»

«Brutta bombardona, l'hai capito o no che sono un terminale e tu ancora mi vuoi curare con le piante, tu sei il mio cancro...» le diceva lui con affetto in italiano per essere sicuro di non essere capito.

Era una divinità nera, Fernanda, e un giorno avrebbe divorato anche lui. E poi l'avrebbe digerito con un ruttino.

«Su pei monti, su pei monti a guerreggiar, ohilalà...»

Non la smetteva, l'alpino, di ricordargli che c'era ancora qualche probabile coglione teppista sulla faccia della terra deciso a congratularsi con lui per essere un passo più vicino alla fossa.

Era Johnny Mango il coglione teppista. E non voleva congratularsi. Mango era un giornalista di Roma, l'unico con cui Werner aveva tenuto nel tempo un minimo rapporto. Più per pigrizia che per convinzione. Johnny gli dava, non richiesto, consigli di lettura e lo aggiornava sui fatti italiani. Werner ricambiava ricoprendolo d'insulti fantasiosi. Era il loro modo di dirsi amici e di tenere allo stesso tempo le distanze. Werner non sopportava la gente appiccicosa, già dai tempi in cui giocava a calcio e i terzini gli stavano addosso come mignatte.

Non aveva voglia di rispondere. Non rispose.

Si trascinò in bagno per un'altra doccia gelata. Ne faceva una dozzina al giorno. Un sollievo, l'unico che funzionava per ridare fiato alle sue quattro ossa in croce, ora ustionate anche dal balsamo di tigre. Gemeva sotto lo scroscio potente, non sapendo più distinguere se fosse piacere o dolore. Infilò i piedi in un secchio di acqua, bicarbonato, ghiaccio e aroeira, la pianta del pepe rosa, miracolosa per reumatismi, piaghe e infiammazioni.

Passò davanti allo specchio più rapido che poteva. Non poteva sostenerla per più di due secondi, la sua sagoma, specie ora che Fernanda l'aveva depilato da cima a fondo. Un polletto ridicolo, nemmeno buono per farci il brodo. Le donne baiane hanno la fobia del pelo. Non hanno pace fino a che non ti pelano vivo. Sono abituate alla pelle dei loro negri su cui ci puoi pattinare. Fernanda l'aveva trattato subito al suo arrivo a Bahia con una sua crema estratta dalle piante della Chapada Diamantina, dal torace al pube, passando per la schiena. Lui aveva provato a resistere, prima di cedere per sfinimento. Lei lo pelava e lui gemeva.

La sua vita, da qualche tempo, era tutta un gemito.

Afferrò una ciabatta e la usò come una clava per sterminare un paio di formiche giganti a terra e una zanzara alla parete, come fossero tutto il male del mondo. Era gonfia del suo sangue, l'ingorda. Se la meritava quella morte brutale.

«Ben vi sta!» apostrofava i cadaveri.

Pagavano, zanzare, scarafaggi e formiche, le colpe di Fernanda o di chissà chi. Esistono delitti e castighi anche nel mondo oscuro degli insetti, si convinse e si assolse Werner. In fondo, era solo un regolamento di conti tra animali feroci, si disse. Vince il più forte.

Non provò il minimo senso di colpa nemmeno quando sterminò una vedova nera grande quanto la sua mano che transitava con tutte quelle zampe sul pavimento della stanza da letto, avendolo scambiato per una pista da ballo. Le fece cadere addosso *I fratelli Karamazov*. Un mattone di 992 pagine. Nemmeno nei suoi incubi peggiori la bestia pelosa avrebbe potuto immaginare di finire così la sua esistenza randagia una notte a Bahia, maciullata dal romanzo di un altro epilettico celebre scritto in una casupola di San Pietroburgo, precipitato sul suo addome dalle mani di uno psicopatico. Era un fobico grave, Werner Falco, oltre che tante altre cose. Sopportava zanzare e formiche, anche perché facili da ammazzare, ma non fategli incontrare ragni e topi. Era lì, nelle conturbanti traiettorie di quei mostri, che agli occhi di Werner la natura calava la maschera, mostrandosi in tutta la sua innata malvagità.

Si rimise a cuccia nella posizione di prima, nudo anche lui e rannicchiato nello strapuntino di letto che Fernanda, tornata a ronfare, gli aveva lasciato. Strinse forte la bambola di pezza sotto il cuscino. Elettra, sua figlia, era lei ora, al volante, che spingeva a tavoletta lungo l'autostrada verso il primo ospedale. Gli stava salvando la vita. «Respira calmo e piano, papà, siamo quasi arrivati.» E ogni volta finiva sempre con lo stesso schianto, a pochi metri dalla meta, solo che era lui al volante, mentre Elettra, tornata bambina, dormiva accucciata nel sedile di dietro con la sua pupa tra le braccia.

Questo era Werner, al declino della sua storia. Un enorme feto asmatico, bianchiccio e depilato, che girava il mondo con una bambola di pezza, la gonnella di Steffi Graf e un cimelio di Diego Armando Maradona, il video della sua ultima danza.

Più che mai bisognoso d'affetto in quel buco sperduto di Bahia. «Scusami, bambina mia, mi sono perso e non so più ritrovarmi...» sussurrò vergognandosi il vecchio lupo dal cuore nero della sua foresta.

3.

Ammazzato come un cane

«... Sul cappello sul cappello che noi portiamo...» Ancora lui, Johnny Mango. Non mollava, il petulante scassone. Non c'era verso. Werner provò a fare muro.

«Non è aria...» grugnì.

«Be'...»

«Solo un nullafacente cronico, uno stitico pennivendolo fallito come te poteva osare interrompermi mentre leggo le mie venti pagine quotidiane dei *Karamazov*...»

Mango non si fece intimidire. Era abituato agli scontrosi incipit del suo amico. Che da un po' stava in fissa per Dostoevskij. L'ultima, dopo quella per gli scrittori ebrei e prima ancora per i portoghesi e i latinoamericani. Werner divorava libri. Gli sembrava così di riscattare almeno in parte la sua abbastanza irrilevante vita.

Mango sapeva che con lui non era il caso di farla lunga.

«Hanno ammazzato Tony Rende...»

Il silenzio di Werner non frenò l'ardore di Mango.

«... L'hanno ammazzato come un cane, a martellate sulla testa, e poi gliel'hanno ficcata, la testa, quello che restava, nel water. Vallo a guardare, è sulle prime pagine di tutti i giornali e siti italiani...»

A Bahia erano cinque ore nel passato e comunque i notiziari della Globo non perdevano certo tempo a trattare la morte qualsiasi di uno sconosciuto giornalista italiano.

Troppo presi a raccontare a tempo pieno le loro di barbarie, decine di omicidi ogni giorno e tutti molto brutali. Omaccioni che ci sapevano fare con il machete, che si trattasse di squartare mogli infedeli o fare a pezzi l'amante di turno, stuprare e uccidere bambine, massacrare suocere fastidiose per poi darle in pasto ai maiali, strangolare e carbonizzare genitori dopo averli sedati con un farmaco diluito nel purè di manioca. Le vedevi tutti i giorni in diretta tivù, le bestie omicide a capo chino, mammolette arrese davanti a microfoni e telecamere. «José, hai ucciso e mutilato tua moglie, la madre dei tuoi figli. Perché l'hai fatto? Come hai potuto? Hai qualcosa da dire alla gente che ci ascolta? Sei pentito?» Quasi sempre non erano pentiti e non sapevano come avevano potuto.

Tony Rende, l'uomo la cui testa era diventata un coperchio per i cessi, lo conoscevano tutti nell'Italia del calcio. Era un giornalista televisivo molto chiacchierato, anche per via dei rapporti disinvolti che intratteneva con soggetti poco raccomandabili del mondo del pallone, albanesi, macedoni e rumeni in prevalenza.

Schifoso già alla vista. I capelli sempre unti, zellosi sotto la lacca, e gli occhi da zombie su una faccia da porcello che provava inutilmente a sdrammatizzare indossando occhiali dalle montature estrose e papillon colorati che facevano di lui nient'altro che un suino diverso. Una mortadella sgargiante dalla carnagione rosa.

Negli ultimi tempi s'era fissato di dimagrire per diventare più telegenico, ora che gli anni passavano e la parte suina prendeva il sopravvento. Werner aveva sentito dire dal solito Mango, il suo non richiesto informatore di vicende italiche, che si era messo a mangiare solo insalata, bresaola e carne in scatola Montana. Risultato, era diventato un vecchio maiale triste. Non era simpatico nemmeno alla madre, che lo chiamava il minimo indispensabile, solo quando le serviva un po' di grana.

Per quanto si desse da fare con lacche e impiastri vari, di lui ti restava addosso l'odore di cane bagnato, la forfora sui colletti e la voce insopportabilmente stridula. Il classico soggetto su cui ti veniva da infierire anche da morto.

Werner lo conosceva bene, Tony Rende. Ribattezzato "Tony Prende" per via della sua non meno mormorata disponibilità a intascare compensi sottobanco da presidenti di società, dirigenti e procuratori in cambio di spazi televisivi e commenti compiacenti. Se non erano compensi, erano scambi di favori. Per sé o per i suoi compari. Da bravo calabrese ne aveva a dozzine, di amici e parenti bisognosi sparsi per il mondo.

«Mi ha chiamato non tanto tempo fa, Tony, con una delle sue stronzate...» mormorò tossicchiando Werner. «Mi aveva chiesto notizie per conto di un suo amico agente a proposito di un mediano del Botafogo da piazzare in una squadra medio alta della B italiana...» Più che ascoltarlo, Werner sopportava Tony. La sua voce untuosa gli si appiccicava addosso come una marmellata scaduta.

Sapeva bene dei suoi traffici. Tutti sapevano. In qualche caso gli era stato utile. Werner aveva mille difetti, ma non quello dell'ingratitudine. Anni prima, quando era caduto in disgrazia nell'ambiente per via di un presunto traffico di ragazzi africani, aspiranti calciatori, Tony Rende gli era stato vicino anche pubblicamente, giurando in faccia alle telecamere con uno zelo persino eccessivo l'innocenza di Werner Falco.

Servì a poco. Tony Rende non era il massimo come garante, ma Werner apprezzò il gesto.

4.
Werner, Fernanda e il sentore di giungla

Aveva sempre amato la notte, Werner, ma da quando gli era rimasto mezzo polmone, non era più la stessa notte. Dormire da solo lo turbava. Piuttosto, si teneva sotto le lenzuola quella balena a bocca aperta che i mosquitos non sfioravano nemmeno, forse perché la credevano una divinità baiana, forse respinti dal suo odore di giungla o perché spaventati dai suoi attacchi epilettici.

Epilettica e sonnambula. Non la smetteva nemmeno nel sonno, il donnone, di parlare, di macinare voglie e brontolare appetiti. Ormoni e succhi gastrici lavoravano a tempo pieno. Il suo respiro greve era l'unico rumore percepibile nella notte, insieme alle pale del ventilatore e alla risacca del mare. Disgustarsi di quella brava donna, Fernanda Neves do Sacramento, era l'espediente che Werner aveva trovato per non disgustarsi di se stesso. Del suo dolorante involucro ridotto al lumicino. Questo suo disgraziato scheletro che perdeva i pezzi.

Werner era molto turbato dalle prove della sua decadenza. Non si dava pace. Allo stesso tempo le cercava. Dover rantolare a ogni passo, l'artrosi che ti mangia le ossa, pisciarsi addosso quando non arrivava a farla sui muri e sugli alberi in pieno giorno, mimetizzarsi tra i cespugli come un ladro, le gambe che ti cedono di colpo e ritrovarsi a terra come una marionetta spezzata, o piegato in due boccheggiante per aver camminato dieci metri di fila, appoggiandosi al primo cofano di un'auto per riprendere fiato.

Era lui quel rottame penoso? Perché un uomo si ostina a vivere anche quando la vita diventa indecente? Werner si faceva domande crudeli e si dava risposte spietate, mentre restava lì dentro quelle lenzuola a marcire senza troppa dignità, a fianco di quello sproposito di femmina che stava lì a certificare la sua nullità di uomo. Dell'uomo che non era più e mai più sarebbe stato.

Che fossero le sue dita o quelle della negra, che fosse un tugurio o una reggia, il peggio era il collasso pressoché definitivo dei suoi genitali. Come toccare la gelatina. Si sentiva il colonnello Kurtz di un'apocalisse stracciona a due passi dall'ecatombe. Era ufficialmente entrato con tutte le scarpe e il suo uccello inerte nella sagra dell'orrore e non ce la faceva nemmeno ad allacciarsele. Le scarpe.

"Sono davvero io questo patetico straccio ammainato?"

L'attacco di panico. La voglia di strapparsi la pelle di dosso. Far saltare in aria la scatola di carne che lo carcerava. La fantasia galoppava. Mettersi un candelotto di dinamite nel culo e farsi esplodere? O lasciare invece che fosse il culo di Fernanda a finirlo? Lasciarlo planare sul suo viso e farsi dolcemente ma inesorabilmente soffocare. Quest'ultima ipotesi era la sua preferita. Stava facendo da tempo le prove generali. Un paio di volte c'era andato vicino a lasciarci le penne, sotto quel paniere gigante, scansandolo sempre all'ultimo istante. C'era da lavorare ancora molto sull'istinto di sopravvivenza.

Provava ogni tanto, da galantuomo, a premiarla con qualche soddisfazione carnale. Due capsule di vasodilatatori, una per bocca, l'altra sublinguale, quasi mai bastavano a farsi trovare pronto. Fernanda era una donna dai grandi appetiti, a tavola ancora più che a letto. Tra una *moqueca* fumante di pesce e un cazzo duro non aveva dubbi su cosa scegliere. Cucinava intrugli omicidi di riso, carne, maiale, aglio, cipolla. Umile di fondo e abituata al peggio, si accontentava di quanto passava il convento e non mostrava mai sorpresa né rancore. Qualche volta, forse, un vago dispiacere.

L'aveva scelta per questo, Werner. La sua modestia. Le bastava farsi strizzare i due capezzoli, anche uno per volta, per mostrare un entusiasmo esagerato, e lui questo riusciva ancora a farlo. Gli era sufficiente quella specie di moncherino tremante che una volta era la sua bella mano da pianista. Li avvitava e li svitava, i due bottoncini turgidi, apatico ma diligente, mentre lei mugolava a più non posso con una sua grazia stucchevole, ma musicale. Erano orgasmi quasi certamente simulati, ma a lui non importava. Meglio così. Si accendevano e si spegnevano sempre allo stesso modo, come le lucine del presepe.

La prima volta che le capitò un orgasmo vero, o che sembrava tale, lui si spaventò a morte. Lei gli spiegò con tutta la soavità e l'eloquenza delle negre baiane che quelle scosse non erano orgasmi, ma i sintomi di una malattia nervosa, diagnosticata solo da pochi anni. Col tempo, Werner si era rassegnato all'idea di avere nel letto una sonnambula epilettica che strabuzzava gli occhi e li rovesciava come le dive del muto e le galline decapitate. Avendo scoperto il brivido estremo di farsi quasi uccidere dal suo enorme culo, stava cercando di farlo diventare almeno il suo incubo preferito.

Il guaio di Fernanda era un altro. Parlava troppo. Non la smetteva mai di parlare. Anche nel sonno. Non aveva bisogno di essere sollecitata. Rispondeva a domande che nessuno le faceva e faceva domande a cui nessuno rispondeva. Werner la sopportava solo quando stava zitta. Quasi mai. A suo modo, le voleva bene. Più che altro le era grato. Ammirava la sua generosità di trovare qualcosa di desiderabile in quel mucchietto d'ossa malandato e ora depilato che era diventato agli occhi di tutti, anche del suo pappagallo, ma non a quelli di lei. Dopo la sfuriata della gonnella, per farsi perdonare aveva preso a comprarle decine di bikini molto succinti che non contenevano nemmeno un decimo della sua straripante carne.

Werner non l'aveva adescata a suo tempo per i capezzoli ma per il figlio diciassettenne. Getulio prometteva di diventare il nuovo *craque* del calcio brasiliano. Un marcantonio di quasi un metro e novanta, pieno di denti e di acne, già sotto contratto con il Bahia. Un vero animale, cresciuto a riso, fagioli e farina di tapioca. Centravanti futuribile da trenta gol a stagione e due piedi buoni, anche se meglio il mancino. Scimunito alquanto nella vita di tutti i giorni, ma scaltro come una faina là dove contava, in area di rigore. E un movente non da poco nella sua testa elementare, comprare una casa con piscina, barbecue e vista mare all'adorata mammina che, in assenza del padre, alcolista, tossico e anaffettivo, si era da sempre presa cura di lui e per lui aveva rinunciato a rifarsi una vita, privandosi di tutto, incluse le tette nuove di plastica, indispensabili da quelle parti per adescare un nuovo marito con un conto decente in banca.

«Voglio solo una cosa, fare felice la mia mamma» ripeteva.

Musica per le orecchie del Bucaniere. Entrambi volevano la felicità della mamma.

Il lupo aveva perso quasi tutto il suo pelo, ma niente del suo antico vizio. L'olfatto di Werner fiutava l'odore dell'affare, la sua bacchetta da rabdomante aveva ripreso a vibrare dopo mesi di apatia. Mamma Fernanda e suo figlio Getulio l'avevano rimesso al mondo.

5.

Quel che resta di Giuda lo troverai in fondo a un cesso

Così avevano ammazzato Tony Rende. A martellate in faccia. Werner liquidò l'amico molesto al telefono, i suoi macabri racconti, si sistemò la benda sull'occhio e si lasciò svenire nel suo materasso baiano affacciato sull'oceano. Da arrendevole e malandata nullità trovava pace solo acquattandosi nei carnali anfratti della sua servizievole negra dalla grande bocca e dal culo ancora più grande.

La morte di Tony non lo aveva scosso più di tanto. Troppo distante da tutto e da troppo tempo. Ci si fa l'abitudine alle cose. A mangiare riso e fagioli neri, bere acqua di cocco gelata come fosse sciroppo, camminare scalzo, dondolare come un vecchio scimpanzé in mutande sull'amaca, fissando le iguane che lo fissavano, lui cento volte più iguana di loro.

Stava cercando di disintossicarsi. Negli ultimi anni aveva abusato di tutto, di se stesso, dei farmaci, della gente che si ostinava a volergli bene, del suo talento a cacciarsi nei guai più inverosimili. Stava imparando a difendersi dalla propria inutilmente rumorosa coscienza. La malattia, l'essere diventato pelle e ossa, l'approssimarsi della fine, avevano acuito la sua sensibilità, già parossistica di suo.

Voleva solo spegnersi con naturalezza, farsi sodomizzare dal sole e farsi sbattere dal vento, dimenticare il suo nome e qualunque cosa e, negli intervalli, ammazzare ragni, scarafaggi e magari concludere qualche buon affare. Libero di evaporare senza lasciare tracce come fanno i giapponesi quando sono afflitti da una vergogna sociale o morale.

Una breve tregua. Lo svegliarono all'alba questa volta i fuochi d'artificio dei locali. Pazzi col botto questi baiani. Sparavano razzi e mortaretti quasi ogni mattina dalla spiaggia. Mai capito perché. Un'esercitazione permanente per il carnevale che verrà? Una tecnica per tramortire i pesci prima di calare la rete? O semplicemente un modo per festeggiare ogni volta il fatto d'essere vivi? Non c'era un cazzo da festeggiare e loro festeggiavano comunque. Che fosse filosofia profonda?

«Prima o poi devo ricordarmi di chiederglielo...» si promise a voce alta Werner lanciando un'occhiata distratta alla sua compagna di letto. Che era un po', si disse il Bucaniere, l'equivalente esotico di Pierre, il suo maggiordomo checca italiano. Un animale sazio e un po' ottuso, sempre in pace con se stesso.

Continuava a dormire della grossa, Fernanda. Dalla grande vetrata la luce dell'Atlantico aveva invaso la stanza. Il mare raccontava mondi lontani che lui non aveva più voglia di frequentare.

Si ritrovò a curiosare i dettagli in cronaca del brutale delitto e i commenti dei soliti noti. La foto di Tony Rende, prono sul cesso come un fantoccio inanimato, senza scarpe, la testa ficcata nel water. Un'opera d'arte dadaista, un quadro di Duchamp. Aveva fatto il giro del mondo sulla rete. Di tutto il macabro insieme fu un dettaglio a colpirlo particolarmente: il calzino bianco destro di Tony, bucato all'altezza del tallone.

Ci pensò ancora Johnny Mango, il Petulante, ad aggiornarlo sulla vicenda.

«L'hanno trovato, il cadavere di Tony, nel bagno della stanza di un albergo diurno dalle parti di Vulci. Sai quel posto con le terme dove lui andava ogni tanto per un ciclo di cure?»

Un paio di volte erano capitati insieme nelle stesse pozze fangose, Werner per le sue dermatiti, Tony per i suoi reumatismi. Lessare insieme in quelle pozze era stato il loro momento di massima intimità. L'ideale per confidenze spinte. Era Tony quello ciarliero. Si lamentava, per lo più. Del mondo che cambiava, della moglie che non cambiava, dei parenti di lei che lo schifavano, dei tipacci che gli toccava frequentare per campare.

«Pare che, prima di spappolargli il cranio, l'assassino si sia accanito su altre parti del corpo. Il medico legale ha stabilito che Tony era ancora vivo mentre gli frantumavano a martellate mani e ginocchia...»

Mango ci dava sotto con i dettagli. Ci aveva preso gusto.

«La scientifica ha rilevato bave di rossetto color fucsia, come di due labbra che avevano stampato un bacio sulla guancia sinistra o quanto ne restava... Non basta, in una tasca dei pantaloni hanno trovato un foglio di carta e un astuccio di plastica. Sul foglio la parola "Giuda!" scritta probabilmente con lo stesso rossetto, sotto un'incisione del Doré che raffigurava il Cocito, il lago ghiacciato in fondo all'inferno in cui Dante ha ficcato i traditori. Dentro l'astuccio c'era una moneta da un centesimo. Un amuleto, forse. O un messaggio...»

Le indagini, a partire dai numeri del cellulare ritrovato in un cassetto della stanza, stavano esplorando tutte le piste possibili, nessuna esclusa. Camorra, mafia albanese, le ex amanti, i debiti, le amicizie pericolose, le voci sulle sue recenti inclinazioni gay. Nulla di concreto. Troppe persone potevano aver desiderato almeno una volta la morte di Tony Rende o quanto meno una sua grave, dolorosa e permanente disabilità. «Ma chi poteva sciupare una sola pallottola, una corda o, in questo caso, la superficie di un martello qualunque per una mediocrità così qualunque?» fu la poco misericordiosa chiosa di Johnny Mango.

"... Tony Rende. Non se la meritava, in fondo, una morte così brutale, quel ciccione pomposo... O forse sì" pensò Werner, ma fu solo una schiuma fugace di umana compassione mentre rivestiva alla meglio il suo scheletro rimesso al mondo dalla doccia fredda, dal vento dell'oceano e dalle manipolazioni generose di Fernanda Neves do Sacramento. Ci sapeva fare la donna. Nulla da invidiare al suo Pierre in quanto a dedizione e maestria amanuense.

Werner lo conosceva bene. Tony Rende s'era fatto strada a Roma e poi a Milano, trafficando prima nelle redazioni dei quotidiani locali, all'epoca in cui i giornalisti sportivi contavano ancora qualcosa. Alla fine degli anni Ottanta, quando nelle emittenti commerciali presero a girare i soldi veri degli sponsor, s'era inventato un personaggio televisivo il cui unico talento era quello di strepitare dentro la telecamera come se avesse un palo bollente ficcato su per il culo. Per una trentina d'anni lo vedevi ovunque, quel faccione da mortadella, non ancora immalinconito dalla dieta. Da qualche tempo era in pensione ma, grazie alle antiche amicizie, tra Mediaset e le tivù locali sparse per l'Italia, continuava a rimediare generosi gettoni che spendeva nei suoi vizi assortiti.

Faceva ancora la sua figura nei tanti pollai delle trasmissioni sportive che andavano avanti fino a notte fonda, dove gli si chiedeva di recitare la sua parte di cazzone declamante, quella che gli riusciva meglio. Spettacoli ipnotici per poveracci che non avevano più nemmeno la carezza di una madre su cui contare ma solo, nel migliore dei casi, l'ostilità di mogli che non ne potevano più dei loro lamenti e delle loro flatulenze.

Poco importa che, nel frattempo, fosse diventato un mascherone gonfio sotto la testa ossigenata. Tony era il primo a non credere a quello che diceva. La sua abilità era sempre la stessa, fingere di sapere cose che gli altri non sapevano e simulare amicizie che non aveva. Fu lui a inventarsi la storia di Adriano malato di Aids. O a dare per certa la notizia della Roma acquistata da una società di petrolieri arabi. A furia di fingere e d'inventare, era diventato credibile. Aveva messo insieme notizie vere e relazioni stabili. Sulle prime aveva fondato le seconde. Lui non li avrebbe mai chiamati ricatti, di fatto lo erano.

Werner detestava più che altro la sua voce stridula da uccellaccio in calore. Lo guardava esibirsi in tivù dalla poltrona di casa e fantasticava come finirlo: spararargli in bocca con un fucile a canne mozze o piantargli da dietro un piccone sulla schiena.

"Toh, se fossi in Italia avrei bisogno di un alibi..." si sorprese a pensare divertito Werner. Ammutolirlo per sempre, quell'essere inutile e rumoroso. Qualcuno l'aveva fatto davvero al posto suo. Ucciso con una violenza animale. Ma non aveva usato il fucile o il piccone.

"Perché proprio un martello?" si domandò. Gli venne in mente Laszlo Toth, il folle ungherese che aveva sfregiato la *Pietà* di Michelangelo. Gli scappò da ridere. Tony Rende come la *Pietà* di Michelangelo? Presi a martellate. C'era qualcosa di nobile in quella morte. Lo sfregio come forma estrema di ammirazione?

Tony Rende questa non l'avrebbe capita, ma gli sarebbe piaciuta.

6.

Quel turpe mitomane di Tony Rende

Un rumoroso alveare. Era la testa di Werner. Nello stordimento gli partivano rari flash di lucidità. Si ricordò di quando, solo un paio di settimane prima, nel mezzo di un tramonto irrespirabile, pizzicando a turno i tasti del telecomando e i capezzoli di Fernanda, s'era ritrovato sullo schermo l'inconfondibile sagoma suina di Tony Rende. Ospite alla *Domenica Sportiva*, che il canale internazionale della Rai irradiava in diretta per tutti gli italiani dell'America Latina. Con la sua immutabile faccia di bronzo e la voce da gazza in calore, Tony ci teneva a far sapere che avrebbe svelato da lì a poco il mistero della morte di Diego Armando Maradona, trovato cadavere a sessant'anni nella sua casa di Tigre.

Infarto? Edema polmonare? Crisi renale? Conseguenze in ogni caso di un organismo collassato dall'abuso di alcol e droghe? «Niente di tutto questo» pontificava Tony Rende. «Una palata di vomitevoli bugie... Immondizia» diceva e non diceva, nel suo stile. Alludeva, insinuava, lasciava intendere. Ci marciava da sempre, per mesi, a volte anni, con queste manfrine. «Non dovrete aspettare molto per sapere la verità sulla morte di Diego Armando Maradona. Avete imparato che io non vi do fregature... Vi fidate di me, lo so» ammiccava turpe.

Questa volta qualcosa doveva essere andato storto.

Qualcuno, forse, non l'aveva presa bene. Il ciarlatano aveva forse pestato una cacca. Una gigantesca cacca d'elefante.

El Pibe era malato da tempo, il cuore grosso come quello di una balena. Ci stava, eccome, una fine prematura, ma Tony Rende faceva intendere che la sua non era stata una morte naturale. Un'esecuzione piuttosto, voluta e messa in atto da non meglio identificati nemici, ne aveva tanti, verosimilmente con la complicità di medici prezzolati.

«Siete proprio sicuri, amici miei, che è stato fatto tutto il possibile per salvare il nostro Diego? Io no! Per niente. Io non dubito, io so. So che Diego poteva essere salvato... Cosa c'è dietro la morte improvvisa di un genio amato dalle folle, lontano dai suoi cari? La verità verrà alla luce, ci stiamo lavorando, e io sarò il primo a farvela sapere. Ve lo garantisco sul mio onore, su mio figlio, sulla buonanima di mio padre, lo scandalo sarà enorme, molti palazzi tremeranno, teste molto importanti cadranno e faranno molto rumore...»

Tony Rende aveva imparato la lezione di come si acchiappa la gente parlando in televisione da quello che considerava il suo maestro, senza averlo mai conosciuto. Gianfranco Funari, il più geniale stupratore di telecamere mai esistito. «Quando sai che stai per spararla grossa, guarda dove sta la lucina rossa, metti la tua faccia dentro la telecamera, devi entrarci come fosse una morbida fica arrendevole.»

Nei suoi anni italiani Diego Armando aveva avuto a che fare con gente poco raccomandabile, camorristi, spacciatori, assassini, boss albanesi che gestivano il mercato delle scommesse truccate. Non si contavano le foto del Pibe in tutto il mondo al fianco di celebrità, uomini potenti, in qualche caso celebri, potenti e malavitosi. Gente che frequentava anche Tony Rende, dal suo sottoscala.

Tony sapeva come millantare. Questo l'aveva imparato invece da Max Berengario, il più famoso e il più chiacchierato dei dirigenti del pallone italiano. Per qualcuno la quintessenza del genio italico, per altri il re dei millantatori. Di sicuro, uno che sapeva come fare. Volevi trofei in bacheca? Vincere è l'unica cosa che conta? Prendi Berengario, dagli pieni poteri, trucca i bilanci e non farti troppe domande.

Tony Rende aveva perso nel tempo ogni regola di elementare prudenza. S'era venduto a destra e a manca la storia che i boss napoletani della camorra locale s'erano rivolti a lui per incontrare Maradona e che lui, Tony, s'era prestato con l'aiuto di Berengario.

Nessuna procura aveva mai preso in considerazione le sparate di Tony Rende. Werner per primo non gli dava importanza. Era solo un poveraccio, uno che cercava di sfangarla come poteva in un mondo che collassava a folle velocità con il suo triste cabaret e da lì a breve sarebbe sparito. Gli imbonitori delle tivù locali, i pochi sopravvissuti, si ostinavano, patetiche macchiette dalle traballanti dentiere. Prenderlo a martellate in quel modo era stato un atto eccessivo di attenzione. Uno spreco.

Al diavolo quel pettegolo morboso di Johnny Mango. Werner decise che di Tony Rende e della sua triste fine gli importava meno di zero.

7.

Brutta storia se il commissario Tano Piramide si fa vivo dopo tanto tempo

Fu il commissario Tano Piramide a riportarlo bruscamente alla realtà, mentre Werner se ne stava dondolando sulla sua amaca verde cercando l'equazione fisica dello svanimento.

«Vecchio filibustiere, quanto tempo… Sei abbastanza lucido per riconoscere che stai parlando con il tuo amico del cuore?…»

Il grugnito di Werner poteva essere un sì ma anche un no, di certo non veniva dal cuore.

«Niente convenevoli tra di noi… Sono sicuro che non sei troppo sorpreso di sentirmi. L'assassinio di Tony Rende è il motivo per cui mi è venuto di chiedermi che ne fosse del mio amico Werner. Ti dice qualcosa Tony Rende? Io dico di sì. Il punto è che qualcuno ha pensato bene di mettere fine alla sua miserabile esistenza…»

Tano, l'amico poliziotto di sempre. Che Werner aveva ribattezzato "Nero Wolfe" per quanto era il suo opposto: alto, smilzo e curvo come un lampione, cieco come una talpa, acido come un reflusso gastrico, quanto Nero era bonario, conciliante e rotondo. Non lo sentiva da un pezzo, dall'ultima volta che aveva lasciato l'Italia.

Il suo tono era come sempre fastidiosamente in bilico

tra l'insinuante, il vago, il mellifluo e l'imperioso. Non aspettò che Werner gli manifestasse il suo rancore.

«... Ti ho svegliato? Poco male, ti avrò sicuramente liberato da qualche incubo o da qualche fantasia suicida...»

«Il mio incubo principale sei sempre stato tu. Cazzo. Da una vita...»

«Devi prendere il primo volo per l'Italia, ho bisogno di te. Dopo di che potrai tornartene a strofinarti sui culi delle tue negre e a raccogliere conchiglie sulla spiaggia...»

Dall'altra parte del mondo arrivò un secondo indecifrabile grugnito.

«Era un sì?»

«Cos'è? Sono indagato per l'omicidio di Tony Rende?»

Per un attimo Werner si era visto davanti i penetranti occhi da topo dell'amico dietro i fondi di bottiglia che portava come occhiali sulla gobba del naso.

«A oggi direi di no, ma ti prometto che sarai il primo a saperlo dal momento che mi hanno affidato il caso...»

«L'assassino starà festeggiando...»

«Un miracolato più morto che vivo, Werner Falco, ma resti la merdaccia di sempre. Hai acceso almeno un cero alla Madonna Bianca?»

«Ho un alibi di ferro. A parte la fidanzata baiana che non mi molla un secondo, ridotto come sono non ce la farei a sollevare una pinza, figuriamoci un martello. Non basterebbe Maciste per abbattere un bestione di cento chili...»

«Sto parlando con il solito patetico clown o ce la fai a restare serio per dieci secondi?... Mi sto convincendo di due cose, ma te le dico solo se mi giuri che restano tra me e la tua carogna...»

«Lo giuro solennemente sulla tomba di tua madre e dei tuoi cari.»

«Sto arrivando a delle conclusioni, ma ho bisogno di confrontarmi con te... Di persona, intendo.»

«Non sprecare il tuo fiato, commissario, e soprattutto il mio, nemmeno Gesù Bambino sceso dalla croce mi sposterà da qui per caricarmi su un aereo...»

Piramide proseguì, come se quello non avesse mai parlato.

«Voi del calcio ne fate di porcherie ma, che io sappia, non c'era mai scappato il morto ammazzato, in questo modo poi, così barbaro...»

Werner avrebbe dovuto aspettarsela, la telefonata dell'amico. Era verosimile che il caso del giornalista ucciso a martellate in un paese della Tuscia finisse sulla sua scrivania e da lì alla sua amaca di Bahia.

Piramide detestava il pallone e considerava i tifosi di calcio delle bestie incomprensibili da chiudere in gabbia, ma aveva ottimi motivi per immaginare che Werner potesse essergli utile. Conosceva bene Tony Rende e, soprattutto, conosceva il mondo in cui quello, bene o male, razzolava da anni. Un pollaio maleodorante.

Era andato una sola volta allo stadio in vita sua, Piramide, e la cosa non gli era piaciuta. L'aveva convinto il suo amico che all'epoca giocava in serie A nel Perugia, quando aveva voglia o non lo schiaffavano fuori rosa per cattiva condotta. Werner Falco. Un'aletta estrosa, riconoscibile soprattutto perché posava da George Best, ne scimmiottava lo stile, il capello con la frangia da quinto Beatle, le scarpe a punta, i pantaloni a zampa d'elefante, basettoni lunghi e calzettoni calati, la faccia mezza malandrina di uno capitato per caso nelle mischie del pallone. Sgambettava anche lui leggiadro in campo ma, a differenza di Best, più innocuo di un pettirosso. Se non poteva diventare come il suo idolo, non restava che somigliargli.

La mattina della partita, l'allenatore lo beccò che

stava scopandogli la fidanzata in macchina, nel garage dell'albergo, una procace slovacca conosciuta un paio di mesi prima. Tucano, così si chiamava il cornuto, non la prese bene. Spedì Falco in tribuna, poi lo fece svendere a un club di serie C in Sardegna, dopo aver resistito alla tentazione di strangolarlo con le sue mani. Piramide non perdonò mai l'amico. Non tanto di essersi scopato la donna dell'allenatore, ma di averlo costretto a vedere lo spettacolo di ventidue bestie incomprensibili che si ammazzavano di botte per contendersi una palla fangosa, aizzati da migliaia di altre bestie vocianti.

Werner s'era perso nel fumo dei ricordi, gli capitava spesso negli ultimi tempi, mentre Piramide continuava con la sua voce da topo.

«... Parlando di morti strane del calcio mi è tornata alla mente quella di Barnaba Zeno, il presidente... Mi sono fatto spedire il file delle indagini e ho scoperto una cosina interessante...»

Ora il Bucaniere s'era fatto attento. Barnaba Zeno era un suo amico. La storia che s'era buttato dal balcone della casa di Londra in un momento di sconforto non l'aveva mai convinto. Defenestrare qualcuno è il modo più sicuro se vuoi simulare la scena di un suicidio. Niente impronte digitali. Il biglietto d'addio? Falsificare una calligrafia è un gioco da ragazzi quando ne hai una infantile come quella di Zeno.

«Non vuoi sapere cosa ho scoperto?...»

Werner non era sicuro di volerlo sapere. Nel frattempo aveva lasciato l'amaca e s'era infilato nel letto, sotto le lenzuola, da dove Fernanda non si era mai mossa.

«Una coincidenza curiosa... Barnaba Zeno e Tony Rende hanno incontrato la stessa persona prima di morire...»

«Non fare con me i tuoi giochini da apprendista detective, Basettoni dei miei stivali. Fuori il nome...»

Quando voleva farlo incazzare, invece che Nero Wolfe lo chiamava Basettoni, il commissario di «Topolino». Anche per via delle basette anni Sessanta che Piramide si ostinava a portare a lato dei baffoni spioventi.

«Al telefono ti posso dire solo che è un nome molto noto nell'ambiente del calcio. Uno che a me dice poco ma che tu conosci molto bene... Ti basta questo per lasciare le tue negre, prendere il primo aereo per l'Italia e riportare da noi le tue pallide chiappe? Ho bisogno di te, Werner... Non ce la farai a dirmi di no.»

Werner non disse no, ma nemmeno sì. Non disse nulla. Sbirciò la negra nel letto e la nuvola marcia lassù. Erano ancora al loro posto.

8.

Werner Falco mastica cicche e sputa sensi di colpa

«Padre, sono nei guai...»

«Dimmi ragazzo, ti ascolto...»

Tutte le volte che non sapeva cosa fare della sua vita e aveva bisogno di un consiglio, Werner sapeva a chi telefonare. Padre Tullio, il gesuita, l'unico di cui si fidava veramente. L'unico che non aveva conti sospesi con lui. L'unico che continuava a chiamarlo "ragazzo" anche ora che era un catorcio umano.

L'aveva conosciuto negli anni di Palermo, una notte che lo vide sbucare come un ossesso da una Fiat Marea, dentro una tonaca polverosa e gli scarponi da montagna, e avventarsi con un crocifisso spianato e un grappolo di rosari in mano. Werner, che s'era fermato sul ciglio della strada per una pipì furtiva, si spaventò a morte, ma l'ossesso andò oltre. Non era con lui che ce l'aveva, ma con le due nigeriane che battevano poco più là e scappavano alla vista dell'invasato. E lui che le urlava dietro: «Non abbiate paura, non mi riconoscete? Sono padre Tullio, il prete redentore. Padre Tullio è con voi e se padre Tullio vi ama, Cristo vi ama!».

Werner, che era un laico bestemmiatore dalla nascita ed era rimasto lì attonito con la patta sbottonata, fu affascinato da quel prete pazzo che inseguiva le peccatrici tra le fratte e i preservativi usati, subissandole di benedizioni, insulti e paternostri farfugliati mezzo in inglese, mezzo in siciliano. Padre Tullio gli raccontò che ne aveva tolte dalla strada, quasi mille, di quelle disgraziate, liberandole dai magnaccia albanesi e romeni che lo minacciavano di morte quasi ogni giorno. Era la sua missione. Lui la chiamava "bonifica". Non dormiva mai, qualche volta sveniva, nel sedile di dietro della Fiat Marea. Era l'incubo di papponi e camionisti. Non si accontentava di terrorizzarli. «Voglio che piangano davanti alle loro vittime.»

Fu simpatia a pelle. Si piacquero dal primo istante, Werner e il prete redentore, che volle suggellare l'amicizia regalando al Bucaniere una copia della Bibbia. Da allora, Werner prese l'abitudine di chiamarlo quando la terra gli mancava sotto i piedi. Padre Tullio aveva sempre una parola energica e degna di attenzione per lui.

«Padre, non so veramente che fare. Mi dica lei. Il commissario è un mio vecchio amico, sta in difficoltà, gli hanno affidato un caso molto complicato e lui è convinto che io possa dargli una mano...»

«Mentre tu, ragazzo mio, se ti conosco un poco, resteresti volentieri dalle tue puttane a fare il sultano...»

«Non è questo padre... Non sia così duro con un peccatore dalla carne debole. Non sono solo i miei polmoni da buttare, è la mia vita che non va. Tornare in Italia mi pesa, troppi ricordi, troppa gente che sto cercando di cancellare... Ritornare indietro, no, non ce la faccio. Lei mi conosce, sa che sotto questa scorza...»

«Bucaniere, non devi aggiungere altro. La tua scelta l'hai fatta. Sarà faticoso, ti verranno mille dubbi, ma tu, piccolo farabutto, hai già deciso, tornerai... Tu sei nato per le sfide, specie quando sai che ti faranno male, non per restare sotto una palma a farti sventolare dalle tue odalische...»

Il mondo del pallone in Italia stava diventando sempre più un ambientino per gangster e mafiosi, pensò Werner masticando la sua cicca spenta. Faceva un caldo da rospi, bollente e umido. Lui se ne stava sulla sua sedia di bambù, magro come un chiodo, le gambe accavallate, nudo sotto il trench nero che portava con rara eleganza. Era il suo talismano. Preferiva arrostire di caldo piuttosto che separarsene. Apparteneva al celebre Helenio. Superstizioso come pochi al mondo, il Mago lo indossava nelle occasioni importanti, partite decisive e occasioni mondane.

La vedova pensò bene di regalarlo a Werner. Helenio avrebbe disapprovato, ma chi se ne importa, vederlo addosso a Werner sarebbe stato meno macabro che tenerlo a fare la muffa in un armadio. E poi, in fondo, i due si somigliavano. «Ti porterà bene, vedrai, avete molto in comune, tu e il Mago, siete due geniali corsari, solo che lui era molto più furbo di te.» Werner ci prese gusto e poi cominciò a crederci. Stare dentro quel feticcio lo faceva sentire invincibile.

Il Bucaniere conosceva bene Barnaba Zeno. Sei mesi prima era toccato a lui finire sulle prime pagine dei giornali. Imprenditore del grano, detto il Re del Fusillo, pastifici sparsi in tutta la Campania, già presidente con vicende alterne di Livorno, Napoli, Palermo e Brescia. L'avevano trovato all'alba sul selciato davanti alla sua abitazione londinese. Erano inciampati sul suo cadavere due ragazzi con la sciarpa dell'Arsenal al collo, usciti pieni di birra dal vicino pub, dopo aver festeggiato tutta la notte la vittoria nel derby con i rivali storici del Chelsea. Arrivarono due ambulanze, una per il morto, l'altra per uno dei due ragazzi che aveva vomitato anche l'anima, lasciando la sua pozza di acido accanto a quella di sangue di Barnaba Zeno.

La lettera trovata nella sua tasca non sembrava dare adito a dubbi. Barnaba si era buttato dalla finestra del suo studio, tre piani, quanto bastava per essere sicuro di schiantarsi. Suicidio, con ogni probabilità, e caso archiviato in una settimana.

Non per i parenti. Non si davano pace. Non ci credevano, alla storia del suicidio. Parlavano apertamente di delitto. Zeno si era fatto molti nemici negli ultimi anni. Werner Falco era uno dei pochi di cui si fidava. Aveva lavorato per lui negli anni d'oro del Palermo e gli voleva bene anche per le sue intemperanze. Il suo istinto gli diceva che i parenti avevano ragione, Barnaba Zeno non era tipo da farsi fuori. Uccidersi? Una vigliaccheria, diceva sempre.

Non se la passava bene ultimamente. Debiti, alcol, incontinenze di ogni genere. E tanto disordine nella testa. Ne combinava, di casini, ma alla fine la sua vitalità aveva la meglio su tutto. Era famoso per i suoi atti spregiudicati e i suoi colpi di genio.

Il colpo di grazia se l'era dato da solo con quello che lui definì «un atto d'amore e d'onore» cui non poteva sottrarsi: l'acquisto del Benevento calcio, la squadra delle sue radici e dei suoi antenati, sull'orlo del fallimento. Non contento, aveva strapagato Genius Mokambo, un africano di madre italiana, ex promessa fin troppo annunciata del calcio. Lunatico come un cocker, con il vizietto di mettere incinte le donne e l'arroganza un po' delirante di credersi una via di mezzo tra Ronaldo il Fenomeno e Ibra l'Immortale. Un megalomane vero. E quando fu chiaro, persino a lui stesso, che non aveva un'unghia dell'uno e dell'altro, pensò bene che continuare a proclamarlo ai quattro venti era l'unica carta che gli restava per aggiudicarsi qualche titolo di giornale e abbindolare il fesso di turno.

Werner si torturava a ripensarci. Barnaba gli aveva chiesto un parere. Si fidava di lui, dai tempi del Napoli e poi del miracolo Palermo. Lui aveva provato a convincerlo di non prenderlo, quello scombinato di Genius Mokambo, che gli avrebbe dato solo guai, ma l'aveva fatto senza l'energia necessaria.

«Genius Mokambo? L'unico neurone gli è scivolato in un tombino il giorno in cui si è sforzato di mettere insieme un concetto... Come calciatore non è nemmeno un bluff, semplicemente non è mai nato.»

Werner non provò a insistere più di tanto. Era il suo rimpianto. Si arrese presto. L'amico era davvero convinto dei propositi di redenzione di Mokambo. L'aveva adottato come un figlio, e riempito di soldi, tre milioni di euro l'anno. Risultato, la squadra retrocessa e Mokambo messo ai margini, ripudiato dall'allenatore, disprezzato dai compagni e bestemmiato dai tifosi.

La lettera d'addio, scritta con la stilografica a inchiostro nero che era del padre e, prima ancora, del nonno, stava sotto il fermacarte, una sfinge egizia di bronzo. «Chiedo scusa alla mia famiglia. Perdonatemi, se potete. Sono un coglione. Mi vergogno profondamente. Maledetto me. Non ho ascoltato i miei amici, la mia famiglia, mi sono rovinato con le banche per prendere uno che mi ha fatto retrocedere, una canaglia che mi ha avvelenato lo spogliatoio e faceva la cacca nei lavandini. Ho distrutto tutto quello che di buono avevo fatto. Sono un uomo morto dentro e non mi resta che finire l'opera. Non merito altro. Sto per fare l'unica cosa buona della mia vita, andarmene con dignità. Adesso o mai più...»

«Questa non è la calligrafia di mio marito! Lui era un uomo forte che amava la vita, aveva superato difficoltà ben peggiori» protestava la moglie, ribadivano figli e amici più stretti. Le perizie calligrafiche davano loro torto e il suicidio, a distanza ormai di sei mesi, era l'unica versione che restava in piedi.

Werner l'aveva sentito l'ultima volta al telefono un mese prima della morte. Era scappato nottetempo dalla sua

Benevento. I tifosi lo volevano ammazzare, gli tiravano le buste di piscio e di escrementi dentro il giardino di casa. Quando gli fiondarono una pantegana morta in cucina, spaccandogli il vetro della finestra e terrorizzando la vecchia madre novantenne, decise che era troppo.

Aveva bevuto qualche whisky di troppo quella notte a Londra. Non era una novità. L'alcol gli impastava il cervello oltre che la lingua. Alternava frasi sconnesse a lampi di lucidità. Insistette con Werner che non c'era tempo, doveva raccontare la sua storia e toccava a lui presentargli il prima possibile la persona giusta per scriverla. Di quando aveva cominciato a otto anni da ragazzino tuttofare in un pastificio di un paesino ai piedi dei Monti Lattari e ora, sessant'anni dopo, si svegliava in pigiama di seta nella sua villa sulla costiera amalfitana o, nello stesso pigiama, nelle sue case al Vomero o a Kensington, nel cuore di Londra.

Werner aveva pensato a Johnny Mango. Era l'uomo giusto per una biografia del genere. Gli stava addosso da sempre, Johnny. Il suo chiodo fisso, in realtà, era di scrivere la storia del Bucaniere e gli aveva anche strappato una vaga promessa.

«Faremo il nostro libro, ma prima dovrai fare quello di Barnaba Zeno. La sua vita, credimi, è dieci volte più interessante della mia.»

Johnny s'era convinto nel frattempo d'incontrare Barnaba Zeno, ma era troppo tardi. C'era una bella storia da raccontare, ma nessuno più che potesse raccontarla.

9.

Il Bucaniere sa quello che deve fare e sa anche che si pentirà di averlo fatto

Werner guardò la spiaggia dalla finestra della camera da letto, le palme cariche di noci di cocco, l'oceano che era tornato a farsi grosso e minaccioso dopo la bassa marea. Era ogni volta come annegare dentro quel mare. Una vertigine che non faceva paura.

«Fanculo, Nero Wolfe della mia minchia, io da qui non mi muovo.»

Più lo diceva e più sapeva che stava mentendo a se stesso. Era già, di fatto, sull'aereo di ritorno. Padre Tullio aveva ragione, come sempre. Che lo volesse o no, era lì a rimuginare a tempo pieno su quella testa ficcata nella tazza lurida di un cesso. Piramide gli si era infilato nel cranio come una biscia. E mister Jenkins, il suo autista baiano, da lì a poco si sarebbe presentato al cancello del condominio per accompagnarlo all'aeroporto.

Tano Piramide. Non riusciva a liberarsene. Era rientrato nella sua vita, questa volta con la scusa di Tony Rende e del suo grasso cadavere. Già, Tony Rende. Non era più solo il leccaculo a caccia di soldi e di favori dei primi anni. A furia di frequentare viziosi e bugiardi era diventato un depravato come loro, più vizioso e più bugiardo di loro, senza avere una briciola del loro potere e nemmeno del loro talento. Viveva di luce riflessa, scambiandola per luce propria. La gran parte del tempo fuori casa, lontano dalla famiglia, e non sentiva il bisogno di dare spiegazioni.

In qualche buco sperduto del mondo, nel sud della Calabria, si ostinava a esistere una donna dimenticata, la moglie non più bambina, nel frattempo diventata donna. Magra come un'acciuga, trasandata e astiosa, dimostrava molto più dei suoi cinquant'anni. Una mina vagante nel grasso culo allegro di Tony Rende. Ora non più tanto allegro.

Werner Falco aveva sempre avuto uno scarso interesse per le vite degli altri. E non si sforzava nemmeno di fingere di averlo. Aveva una vaga nozione anche della propria e quando voleva saperne di più andava a curiosare nelle schede biografiche on line. Apprendeva così d'essere da trent'anni «uno dei più affermati e rispettati dirigenti del calcio italiano, dopo essersi lasciato alle spalle un passato dimenticabile da calciatore» e ogni volta questa sottolineatura lo friggeva di rabbia. Non lo avrebbe mai ammesso, ma lo lusingava sentirsi chiamare "il Bucaniere" dalla gente comune e dalla teppaglia dei giornalisti. Soprannome che gli aveva rifilato l'immaginifico Johnny Mango per via del suo talento da rabdomante nello scovare tesori calcistici sommersi in qualunque mare e l'abilità corsara nel saperli sfilare alla concorrenza.

Ma quando, capitava spesso, per le ragioni più diverse si sentiva un calpestabile verme era a padre Tullio che si rivolgeva, l'unico insieme a Betty, l'ex moglie, capace di dirgli in faccia cose spietate e soprattutto vere. Il prete non si faceva pregare. Il tipo lo ispirava. Werner? Un peccatore incallito. Un avventuriero. Un solitario per vocazione e per convinzione, dunque socialmente pericoloso. Da anarchico fantasioso sapeva diventare il peggiore dei bastardi quando si trattava di chiudere un affare. Piace ai presidenti e ai calciatori perché li fa arricchire. Piace, soprattutto, alle madri dei calciatori. Classico gaglioffo da gonnelle facili.

Il peggio è che Werner cominciava a dubitare di sé. Sapeva ancora riconoscere il talento in due secondi? Gli bastava poco, un fazzoletto di campo, un paio di gambette non importa se rachitiche e una palla di stracci che rotolava nella polvere. Dote, questa, che gli riconoscevano tutti, anche i suoi detrattori. Aveva un debole per i calciatori mancini. Gli capitava ogni tanto di prendere una cantonata. La sbandata che ne offuscava la ragione. Quasi sempre era una cotta estetica, calciatori leggiadri con la palla. Come quella volta che scatenò l'inferno per portare al Napoli tale Pedro Berisso, un portento di giocatore, un'ala mancina, ma pavido come un coniglio e ottuso come una capra. Un fallimento totale.

Gli mancava solo una benda nera in faccia, al Werner mercante di uomini, ma col tempo arrivò anche quella, quando il glaucoma prese ad avanzare nell'occhio destro e cominciò a vedere arcobaleni al posto di uomini e cose.

Il pappagallo sulla spalla, quello c'era. L'aveva lasciato in Italia sul suo trespolo, custodito e nutrito da Pierre, il domestico tuttofare della casa italiana. Si chiamava Armando, in onore di Maradona, un regalo dei tifosi ai tempi in cui lui lavorava come direttore per il Napoli. Una cocorita parlante dalle piume verdi e gialle, anche se non era un chiacchierone. Sapeva dire solo «Piezz' 'e mmerda!» e le sue varianti, «Buongiorno padrone, piezz' 'e mmerda!», «Sogni d'oro, piezz' 'e mmerda!». Quando stava di luna buona, raramente, si spingeva a declamare «Pelé chiavica» e «Fidel uno di noi».

Ultimamente aveva imparato a dire anche: «Facc 'e cazz!». Era così che lo insultava Werner quando il pennuto lo faceva incazzare. Tra i due era Armando quello che s'infuriava di brutto, quasi sempre senza un motivo apparente. Lo si capiva che stava per dare di matto perché le pupille cominciavano a roteare vorticosamente, tipo i rulli delle slot machine a Las Vegas quando fai bingo, per poi dilatarsi e rimpicciolirsi come le insegne al neon dei locali equivoci. Werner l'aveva imparato a sue spese il giorno in cui si avvicinò per salutarlo confidenzialmente e quello, la belva, che stava per l'appunto roteando a diecimila le pupille, si avvento sul suo orecchio, strappandone un pezzo con un morso. Solo l'amore per Maradona frenò Werner dal buttarlo con tutta la gabbia nel Fiora, il fiume della Tuscia.

Da allora, imparò a tenere le debite distanze dall'uccello quando gli giravano le orbite.

E sì, alla fine Werner Falco si convinceva: era stato il migliore. Un mago. Comprava e vendeva giocatori per conto dei club che lo stipendiavano. Ex miserabili, latino-americani per lo più, tirati su a riso e tapioca, tolti dalle strade e dalla probabile galera che, grazie a lui, adesso giravano da veri cafoni con i Rolex d'oro al polso e le Lamborghini sotto al culo.

Ci sapeva fare, aveva naso, ma il naso non sarebbe bastato senza i suoi trucchi da pirata. Contava su una rete capillare di informatori in tutto il mondo, ognuno con i suoi aggiornatissimi database, ma poi, al momento buono, era lui a piazzare l'affondo da artista. Dopo averla studiata ben bene, s'insinuava come un herpes sotto pelle nella vittima di turno, di solito un famigliare, quasi sempre la mamma. Da lì in poi fidandosi solo delle sue doti seduttive e della sua scorta di Marlboro.

Mollava la presa solo quando usciva dalla casa della preda di turno con la firma sul contratto e la foto di gruppo in cui lui, cicca in bocca, era Ernest Hemingway dopo una battuta di caccia e loro, genitori e figlio, le teste d'elefante.

Chiunque poteva dire di averlo incontrato almeno una volta nella vita, in uno scalo qualunque del pianeta, questo omarino in camicia bianca e trench scuro, che fosse estate o inverno, lo sguardo da lupo, squassato dai colpi di tosse, che bofonchiava al cellulare e ogni tanto urlava, tra uno scoppio di collera e l'altro, tutto in viva voce. Un po' perché temeva gli venisse un cancro all'orecchio e poi perché tutto il mondo doveva sapere della sua attitudine dominante, e magari sarebbe spuntato prima o poi qualche lavativo a scriverci sopra una storia romanzesca.

10.

Quando tutto attorno a te si fa irrespirabile

Aveva smesso di fare il suo mestiere. L'Italia s'era fatta irrespirabile per lui. Storie disgraziate, una dopo l'altra, l'avevano steso. La malattia, per cominciare. Due enfisemi gravi da fumo. Un anno prima era tornato più morto che vivo da un viaggio a Pechino, dove per conto della Fiorentina aveva cercato di piazzare ai cinesi una vecchia gloria italo-brasiliana in cambio di una cifra esorbitante.

Preso per i capelli. Ricoverato in terapia intensiva, intubato e tenuto per quasi un mese in coma vigile. Werner, a sessantacinque anni, poteva definirsi un miracolato. Ateo incallito, gli capitò di vacillare quando lo staccarono dal tubo dell'ossigeno e scoprì d'essere vivo dallo sguardo incredulo degli amici, delle sue ex donne e dei colleghi più stretti. Riconobbe anche padre Tullio, arrivato fin lì da Palermo con i suoi scarponi da montagna e la tonaca polverosa per l'eventuale benedizione.

Di quei giorni ricordava solo o credeva di ricordare gli svenimenti da cloroformio e le allucinazioni del coma. Un paio di crisi mistiche. Quella volta che si trovò a bussare alle porte del paradiso scortato da un menestrello che poteva essere Bob Dylan ma era invece Franco Battiato che a un certo punto diventava Nicola di Bari, per poi scoprire che il paradiso era in realtà un emporio di periferia gestito da Mangiafoco dove si beveva solo tè verde e lui era Pinocchio, caduto giù dalla Cuccagna e sfrattato dal Paese dei Balocchi, passato di lì ad acquistare deperibile merce di scarto.

Un sogno, in particolare, gli causò un'ansia tremenda: stava facendo sesso con una cinese dai capelli rossi, una probabile versione esotica di Betty, l'ex moglie, e c'era un agente della Stasi che cronometrava i suoi orgasmi. In altri casi non era la cinese, ma il cadavere di Madre Teresa su cui lui si accaniva inutilmente.

Ma l'incubo ricorrente, precedente al coma, era un altro. Un enorme testicolo, appeso a una corda, calato giù da un misterioso altrove, forse la graticcia di un teatro, minacciava di soffocarlo mentre lui se ne stava disteso su una branda, impotente, legato mani e piedi come un salame e, sul più bello, il testicolo gigante prendeva le sembianze di Mangiafoco, che era il suo terrore da bambino.

Negli ultimi tempi, da quando s'era rifugiato a Bahia, era invece il culo nero di Fernanda a calare minaccioso dal soffitto solo che, a metà strada, la corda si spezzava e il culone piombava giù a peso morto, fermandosi a pochi millimetri dalla faccia di Werner, che si svegliava sudato, terrorizzato ma salvo e grato alla vita. Per pochi minuti.

Lo dimisero dall'ospedale di Firenze dopo due mesi, vivo, ma senza più le due ragioni che lo tenevano in vita. Le sue Marlboro e le prede da cacciare in giro per il mondo. Gli fu proibito di fumare e di viaggiare. Un uomo superfluo dentro un impermeabile nero che puzzava di nicotina. Questo si sentiva. Questo era.

Una belva in gabbia, condannata ad aspirare fumo finto puzzolente e a indovinare la polvere d'oro nei piedi inodori dei video che i suoi giovani analisti gli passavano a decine. Robaccia. L'ultima, gli algoritmi. Metodo messo a punto da un ex calciatore del Lumezzane. Si analizzano i parametri di gioco di ogni giocatore, in ogni zona del campo, contrasti vinti e persi, dribbling, gol segnati e mancati, si studiano gli indici di variazione, si fanno le medie statistiche e si traccia il profilo utile. Roba da coniglietti nerd. Non da lui. Lui, i suoi bipedi calcianti, aveva bisogno di toccarli, respirarli, annusarli, studiarli. Entrare nelle loro teste e in quelle delle loro madri se serviva, e pazienza se non si trattava solo della testa. Aveva imparato presto che i calciatori, specie i latino-americani, si prendevano al laccio lavorandoli ai fianchi sul loro amore patologico per le madri.

Loro amavano le madri e lui aveva imparato ad amarle con loro.

11.

Nuvole fetide e morti incomprensibili

Restò in vita. Ma che vita era? Ogni giorno si svegliava con un acciacco diverso. Se non era il polmone, era l'acido nell'esofago, la pressione sballata, i globuli in eccesso, il sangue troppo denso. La prostata? Enorme come un pompelmo della California. E il sistema immunitario. Impazzito. Ogni tanto si svegliava e aggrediva a casaccio nemici immaginari, scatenando pruriti da strapparsi la pelle. Passava notti intere a grattarsi furiosamente mani e gomiti. C'erano giorni che aveva più piaghe lui di Padre Pio. Una specie di psoriasi isterica, a quanto aveva capito. Per il resto, rischiava un ictus da qui alla prossima riga.

Ma era stata la morte di Diego Armando Maradona il colpo al cuore di Werner. Un lutto che lo consumava dentro. Gli mancava, nemmeno lui sapeva quanto. Un male dell'anima. Si erano sempre piaciuti lui e Diego, dal primo istante. Si capivano. Lo stesso genio corsaro e malandrino.

Il Bucaniere aveva un'anima lirica. Come tutti i ciniconi ostentati, era un sentimentale da strapazzo. Soffriva le sconfitte ma, da esteta, aveva una devozione per il talento. Cedeva di schianto, quasi sveniva, davanti a una bella giocata, e chi se ne frega se capitava nella parte avversa. Si ritrovò più di una volta genuflesso davanti a un dribbling inatteso o a un assist inventato dal nulla. Maradona era il suo dio del calcio.

L'aveva incontrato l'ultima volta a Pompei, al Blue Moon, un resort di lusso a poche centinaia di metri dagli scavi. Già bolso e sofferente da tempo, Diego era lì a ritirare un premio, votato come miglior giocatore della storia da una giuria di giornalisti. Si erano poi ritrovati a notte fonda a bordo piscina con vista sul Vesuvio. Loro due soli, insonni, un po' bevuti. Diego Armando parlava a fatica. Biascicava cose incomprensibili, ma Werner lo capiva come non aveva mai capito nessuno. Erano andati giù pesanti con lo champagne.

Da qualche tempo Maradona mostrava segni di squilibrio, alterazione dell'umore e, più in generale, un acuto mal di vivere. Si lamentava con i suoi amici di sentirsi soffocare da tutto, dalla sua stessa carne, dai medici e dalle sue tante donne che gli stavano addosso, ma senza amore, dai tanti figli sparsi nel mondo, e ora anche da quella nuvola marcia.

Quella nuvola era come la peste. Apparsa quei giorni anche in Italia, dalle parti di Napoli e fino in Sicilia. Se ne stava appiccicata in cielo come una coperta sudicia. Una gigantesca coltre che gli scienziati del clima avevano battezzato Abc, Asian Brown Cloud, per il suo colore fecale e perché arrivava in Europa dall'Oceano Indiano. Scienziati e ambientalisti avevano lanciato l'allarme: la nuvola era molto tossica per la forte concentrazione di zolfo di pessima qualità scaricato dalle centrali a carbone di Nuova Delhi, Islamabad, Pechino e Shanghai.

La nuvola si era estesa in quasi tutta l'Europa e gran parte dell'America Latina. I suoi effetti si facevano sentire sulle cose e sulle persone sottostanti. Si moltiplicavano le malattie respiratorie e cardiache con diagnosi infausta. Aumentarono gli incidenti stradali per via della scarsa visibilità e i casi di turbe esistenziali. Secondo la World Psychiatric Association, la mancanza di luce dovuta a quella nuvola lercia era la causa principale del malessere di buona parte della popolazione adulta. Acute malinconie, accompagnate da forme di astenia al limite della paralisi catatonica. Non si contavano i casi di suicidio a sfondo maniaco depressivo.

Quella notte a Pompei Maradona sembrava sereno come non gli capitava da tempo. Gli piaceva scambiare parole e silenzi con Werner Falco. Capitava raramente d'incontrarsi, ma era sempre bello. Si sentiva protetto dalla voce calda e profonda del Bucaniere.

Parlarono del Vesuvio e delle sue eruzioni. Maradona volle sapere tutto, di cosa succede dentro e fuori quando un vulcano impazzisce. «Non è molto diverso da quello che succede a me» scherzò. Si divertirono anche a immaginare come sarebbe stata una morte molto desiderabile e anche chic ritrovarsi di colpo statue di cenere nella notte mentre te ne stai magari avvinghiato teneramente o selvaggiamente alla tua donna, sentendoti immortale mentre la morte è lì a un passo, che arriva.

Werner gli raccontò del pappagallo con il suo nome che teneva a casa. Che gli aveva mutilato un orecchio e che, come lui, amava Fidel e detestava Pelé. Diego scoppiò a ridere, lo abbracciò e gli stampò un lungo, tenero bacio sulla fronte.

«E questa nuvola, che mi dici fratello di questa brutta nuvola lassù?... Sarà la fine del mondo?»

«Penso di sì, Diego. Penso che la fine del mondo stia arrivando, penso che noi umani non ne possiamo più di essere umani, così miserabilmente deboli, inermi, vigliacchi e che vogliamo solo una cosa, finire. Il prima possibile. E che, mentre tutto finisce, noi però stiamo qui, io e te, Werner e Diego, a fare finta di niente, a bere champagne e a dirci scemenze... Sai una cosa, amico mio, tutto questo mi commuove. Devo essere diventato una mammoletta...»

«Ehi, Werner, guardala bene, la nuvola, lì dove sembra disegnare dei contorni, non ti sembra una faccia familiare?... Una faccia grassa, stanca, piena di capelli...»

«Non vedo un bel niente... Hai solo esagerato con il Dom Pérignon...»

Diego rise di cuore. «Ma no, guarda meglio...» Rideva e tossiva. Il riso infantile e doloroso di un ragazzo diventato improvvisamente vecchio.

Werner guardò la nuvola marcia e vide la faccia di Maradona.

Due mesi dopo quell'amabile creatura, quella delizia di uomo, sarebbe stato il più inverosimile cadavere di sempre, alla fine del suo funambolico viaggio. La notizia della sua fine lasciò pietrificato il mondo intero. Per superare lo shock, i tanti devoti che lo credevano immortale presero furiosamente a dipingerlo, a scolpirlo, a replicarlo su qualunque superficie utile, stoffe, pietre, metalli, aquiloni, pareti, braccia e gambe, era una gara, se lo tatuavano ovunque, pur di farlo rivivere. S'inventarono chiese, statue e preghiere. Pur di confondere lo sgomento d'averlo visto steso in una bara di legno, muto, inanimato, incomprensibile. Certi cadaveri sono uno scandalo, non dovrebbero mai essere esposti. Un mondo senza Diego sembrava un mondo infinitamente più povero da abitare. Werner Falco non aveva bisogno di dipingerlo, s'era inventato di continuare a vederlo in quella nuvola lassù.

Le malinconie, il mezzo polmone in petto, la nuvola marcia in cielo: respirare era diventata un'impresa. L'affanno lo torturava. Non poteva piegarsi, impossibile fare tre scalini di seguito. Si sentiva esausto, Werner. Un omarino dalla lacrima facile. Quello che non era mai stato.

«Hai fatto il tuo tempo, vecchio Bucaniere, è ora di metterti da parte...» cercava di convincersi allo specchio, ribellandosi un secondo dopo averlo detto. Erano soprattutto amici e medici che gli consigliavano di mollare, di andarsene al sole, a fare una vita sana e trovarsi una fidanzata generosa dalle parti di Salvador, a Bahia, dove la nuvola non era ancora arrivata. Werner aveva buone e antiche amicizie in quella parte del mondo (era stato il primo in Europa a capire la grande potenzialità dei vivai baiani), così preziosa per la sua salute.

Lui non sentiva ragioni. Non si rassegnava. «Non sarò mai pronto per fare il pensionato, piuttosto sai che faccio? Ingaggio un pianista che mi canta "Volare Oh oh, cantare oh oh..." e mi butto dalla terrazza dell'Eden...» diceva agli amici. Ma il mondo non era più lo sconfinato luna park delle sue scorribande, era un postaccio fetido in cui arrancare senza grazia. Maleodorante e miserabile, come il calzino bucato di Tony Rende, definitivo cadavere. Bruno Gandolfo, il presidente canadese del suo ultimo club, la Fiorentina, un nano milionario di origini molisane con una faccia da pantegana, gli fece capire senza troppi fronzoli che aveva fatto il suo tempo.

«Sei stato un grande, forse il più grande di tutti, ma il calcio è cambiato e tu sei come un vecchio saggio apache nella riserva. Pensa a stare bene... la salute prima di tutto» scandì con enfasi. «Ti chiederemo dei consigli ogni tanto, ben pagati si capisce.»

Tutti che improvvisamente s'interessavano alla sua salute. Farsi da parte? Ecco, sì. Crepare senza dare troppo fastidio, questa è la salute. Era stato in realtà un episodio a scatenare la rabbia funesta del presidente: la cessione di Baldo Zantev, il giovane centravanti croato che aveva conquistato a suon di gol il cuore dei tifosi. Gandolfo voleva avere mano libera per chiudere l'affare, vendere Zantev alla Juventus in cambio di una caterva di milioni. Problema, i tifosi viola odiavano da sempre i "gobbi", detti così per via della protuberanza che il vento formava sulle schiene di Omar Sivori e compagni dalla scollatura delle magliette. Werner era un mercante di uomini, ma in quel caso si schierò dalla parte dei tifosi. Rispettava le loro passioni idolatriche. Fu la sua fine. L'agente di Zantev era Sugar Habens, uno di quelli che se la legano al dito e ci mettono un attimo a mandare i carri armati contro il piantagrane di turno.

Werner capì l'antifona. Essere sopportato o compatito non stava in nessuna pagina del suo romanzo. Prima di chiamarsi fuori, riuscì a ottenere che la cessione fosse rinviata e annunciata solo a fine stagione.

Residui lampi di orgoglio. La morte, subito dopo, dell'amico Barnaba Zeno lo stese. Era troppo. Il cazzotto definitivo. Doveva staccare. Mettere più distanza possibile tra sé e un mondo che stava diventando una sudicia palude per caimani. Gli artisti come lui? Merce scaduta.

12.

La notte delle grandi decisioni

La notte delle cinesi. Se hai una faccia da etrusco e abiti da quelle parti, sai che fare e dove andare. La necropoli di Cerveteri. Confondersi. Teschio tra i teschi. Una tomba vale l'altra. Genere: lussuria macabra. Si trattava di darsi una morte apparente e Werner aveva il suo metodo infallibile.

Suonò al citofono del numero 29, una vetrina di scritte fluorescenti subito fuori le porte della necropoli. All'ingresso, tariffe e orari, massaggi per tutti i gusti. Werner non aveva grandi pretese. Te ne freghi anche se le due o tre cinesi che si fanno avanti nella semi oscurità non somigliano per niente alle ninfette che ammiccavano due ore prima nelle foto on line, ma sembrano le loro vecchie zie, anche un po' sfatte nelle pantofole di pelo sintetico. Lo sai che funziona così. I merli ci cascano sempre e a lui non importava di fare la parte del merlo. Anzi, la cosa lo faceva stare bene. Lo lusingava. Farsi adescare e truffare, meglio se da ragazze bisognose.

Parlavano una lingua tutta loro le cinesi, ma te ne freghi anche di questo. Non ti diranno qualcosa che cambierà il corso della tua vita e nemmeno della tua giornata. Le assecondi, e sia quel che sia. Ti lasci cadere su un grande materasso che sa di muffa e di sperma, al resto pensano tutto loro. Sfilarti le mutande dopo averti sfilato il trench nero e soprattutto il bigliettone concordato da 50 euro, solo per averti strusciato addosso due mammelle vizze mentre tu stai lì, obbediente, nello strofinato scheletro, a chiederti, più o meno nel seguente ordine: 1) che ci faccio io qui? 2) davvero queste due si aspettano da me un'erezione verosimile? 3) in questo esatto momento i loro complici mi staranno già smontando la macchina che ho parcheggiato di fronte alla necropoli?

Respirò profondo con il mezzo polmone che gli restava, si attaccò, più per abitudine che per necessità, all'inalatore secondo le istruzioni del medico che gli aveva salvato la vita.

Non aveva trovato, nel frattempo, una risposta rassicurante a nessuna delle tre domande. Ebbe il tempo, prima di svenire a breve distanza da un coito forse mai avvenuto, di registrare che alle due appena passabili cinesi se n'era aggiunta una terza in corso d'opera, più racchia e più vecchia delle prime due che nel frattempo erano sparite. Sta di fatto che, non si sa come, fu spedito in qualcosa che somigliava all'oblio assoluto.

Si svegliò, nemmeno lui sapeva quante ore dopo.

Non trovava più nulla di sé. Non trovava la sua vita, e pazienza, ma non trovava nemmeno le mutande. Se l'erano fregate le cinesi insieme alla macchina e a tutto il resto? Le avrebbero vendute in qualche loro mercato nero o messe per decenza addosso a uno dei cadaveri che tengono ammassati in cantina?

Le riconobbe stese al sole con una molletta sopra la tinozza che loro chiamavano "idlomassaghio" Werner non ricordava d'essere stato calato in quella tinozza. Non ricordava nulla, per la verità. Le sue mutande, fresche di bucato, insieme alle altre. Quelle belle, enormi mutande di una volta che le mamme di una volta ti regalavano per giocare in cortile a rubabandiera. Le mutande come bandiere e la stessa patria per cui battersi, donne di tanta carne e tanto sentimento. Strappare le mutande della mamma al nemico significava vincere, ma anche un po' peccare. E poi, tanto, tutti in fila dal prete a confessare qualsiasi cosa, non sapendo bene cosa. E tutto che passava su di notte per lo stesso camino, in quel gioco innocente, dalle bocche spalancate di sonni che non somigliavano ancora all'agonia, cinesi, mamme, mutande, peccati, preti e preghiere.

13.
È cosa buona e saggia abbandonare le cose che ci abbandonano

Werner se le guardò come non fossero le sue. Gli sembrarono le mani di un probabile suicida. L'aveva letto da qualche parte, in uno dei tanti romanzi noir che gli facevano compagnia quando da solo era uno di troppo: da lì in poi la sua vita sarebbe stata un lento, meticoloso farsi fuori. Niente e nessuno lo avrebbe distolto. Glielo suggeriva la decenza, lo imploravano le sue ossa stanche e i suoi polmoni malandati.

Una cosa gli sembrava chiara: era indispensabile cambiare aria. Andarsene il più lontano possibile. Sarebbe altrimenti prima o poi finito come quel pensionato di Belluno morto d'infarto in garage mentre la cinese del quartiere gli faceva un pompino da manuale sulle note del suo tango preferito. Werner era un vecchio cinicone, ma capace come pochi d'immedesimarsi nei pensionati di Belluno bisognosi d'amore. Nel suo caso, gli piaceva pensare, lo avrebbero trovato in una posa appena più dignitosa. Vestito di tutto punto, la camicia bianca, fresca di bucato, e tutta la stremata dignità dei cavalli a fine corsa, a disposizione dei curiosi in fila per una foto ricordo. Il pallore del muso scavato. Delle vite che hanno dato tutto, fino all'ultima oncia. I decenni passati a succhiare aria e nicotina e a vomitare parole. Gli occhi spalancati, beccati dalle stesse cicogne che ti hanno portato all'inizio del viaggio, occhi finalmente liberi di non vedere altro che una donna di cui teneramente e temerariamente fidarsi. Werner non aveva ancora sciolto all'epoca il dilemma di come risultare da morto, se un cadavere amabile o disgustoso.

Messe alle spalle anche le cinesi, se ne tornò a casa con quella che una volta era la sua faccia da etrusco e adesso era un teschio da vampiro a corto di fiato, gli occhi insanguinati, le mani tremolanti, i nervi scoperti, senza più nemmeno una coda da tenere tra le gambe.

Era così stanco, ma così stanco, che gli sembrò una fatica immane anche aprirsi una lattina di birra. Pierre era partito il giorno stesso, in luna di miele a Venezia con il suo ultimo amante, un nonnetto arzillo di settantasei anni, lasciando Werner solo con i suoi fantasmi.

Lo aveva congedato senza troppe manfrine, con poche istruzioni di base: «Ricordati di pulire la gabbia di Armando, di cambiargli l'acqua e controllare che abbia da mangiare, i semi di arachide e le banane, che ci va pazzo. Non dargli le ciambelle fritte che lo ammazzi. L'ultima volta ha avuto la diarrea per tre giorni...». Werner era lì, ma stava già altrove. Quel pupazzo grottesco davanti che gli parlava. Non poteva credere che avesse a che fare con lui.

«Va' a letto ora, che mi pari uno straccio da buttare...» Non desiderava altro, Werner. A letto, e non svegliarsi mai più.

«Hai uno strano profumo addosso... Notti d'Oriente. Tu non me la racconti giusta, Werner. Non hai più l'età per certe cose.» Pierre aveva un naso da segugio. Riconosceva i profumi e le voglie degli umani a distanza di metri. Per nausearsi del tutto, Werner provò a immaginare il turpe amplesso tra i due nonnetti sotto le lenzuola, in qualche locanda della città fantasma, i piccioncini nel letto e quelli sul tetto, fino a quando non fu sopraffatto dallo schifo.

Fu allora che gli partì il lampo: avrebbe preso il primo volo per Salvador. Da lì, mister Jenkins, il suo autista baiano di fiducia, l'avrebbe accompagnato fino alla sua casa affacciata sull'oceano, tra le palme.

Aveva scoperto quel villaggio a malapena rintracciabile nelle mappe di Bahia diversi anni prima, in una delle sue spedizioni a caccia di piedi fatati, due ore di macchina a nord del manicomio a cielo aperto di Salvador. Quel buco era la sua tana inviolabile. La sua Fossa delle Marianne. Solo il rumore dei suoi passi trascinati, negri taciturni e smunti, cani monchi, rospi grandi come cani, ragazze bellissime e scontrose, l'odore forte dell'olio di dendè e l'amica epilettica che veniva ogni tanto a trovarlo e a dargli una scossa. Con la scusa del figlio calciatore. Sarebbe stata lei o qualcuno per suo conto a dargli prima o poi il meritato colpo di grazia.

Là si sarebbe ritrovato. O perso del tutto. Là, avrebbe fatto finalmente i conti con Werner Falco, chiunque mai fosse questo discutibile uomo. Bisogna abbandonare le cose che ci abbandonano, gli avevano insegnato i gesuiti negli anni del collegio. A quel tempo, gli sembrò un elogio inaccettabile della diserzione. Una viltà. Ora gli risultava la più utile istruzione di sempre. La chiave di volta. Era pronto.

Il giorno dopo era su un taxi diretto all'aeroporto di Fiumicino, in una tasca dell'impermeabile il flacone con l'ossigeno, nell'altra il biglietto per Salvador di Bahia. Prima classe.

L'idea era di partire per un lungo viaggio. Non era più tornato.

14.

Due uomini e due donne

Werner mise in valigia i suoi stracci, le medicine, la gonnellina della Graf, la bambola di Elettra e il video dell'ultima danza di Maradona. I suoi feticci, i suoi amori. Fece il numero italiano di Tano Piramide e, mentre lo faceva, si disapprovava.

«Hai vinto tu, sto arrivando, prepara il comitato di accoglienza... So già che me ne pentirò.»

Tano Piramide avrebbe voluto abbracciarlo, quel suo amico, ispido come un porcospino e dalle carni così tenere.

«Mi scappa una lacrima. Sapevo che avrei potuto contare su di te...»

Werner non poteva ignorare l'appello di Tano Piramide. E non solo perché si trattava del capo della Mobile di Viterbo e il magistrato gli aveva appena affidato le indagini sulla morte di Tony Rende.

Conosceva da una vita quella pertica sprezzante di ossa, legno e segatura. Avevano condiviso gli anni di liceo in un collegio a Perugia e i primi studi universitari. Che per Tano erano un dovere sacro, per Werner solo una ricreazione, un modo per distinguersi nel branco dei calciatori analfabeti e acchiappare qualche ragazza non banale da sfoggiare in pubblico come trofeo. Non si sopportavano, i due. Antipatia a pelle. Dichiarata. Werner era per Tano un balordo buono a nulla e destinato al nulla, Tano era per Werner un tedioso sgobbone, una vita inutile riducibile a tre righe di circostanza.

Presero a frequentarsi più che altro per capire fino a che punto si detestavano. Alla fine, non potevano fare a meno l'uno dell'altro. Attratti dallo stesso motivo per cui si respingevano: scoprire quanto fosse grande la stronzaggine, l'ottusità e la pochezza dell'altro. Un'amicizia incomprensibile ai loro stessi occhi. Così diversi anche gli occhi. Quelli di Werner, ancora sani all'epoca, mandavano i lampi forastici del lupo; quelli di Piramide, dietro le lenti da miope grave, avevano la fissità insinuante del ratto.

Due misantropi di fondo, ma diversi nel manifestarlo. Uno socializzava solo per scandalizzare il mondo, l'altro più incline alla solitudine sofferta. Una passione in comune, le ragazze. Più esplicito Werner, più contorto Tano. Avevano un debole entrambi per le studentesse straniere, meglio se americane, emancipate e senza troppe fisime. «Fanno tutto loro, vanno e vengono, ti prendono e ti lasciano e non si aspettano nulla se non che tu ci sia quando ci devi essere e sparisca quando devi sparire» teorizzava Werner. Le prendeva al laccio e le sciupava a tempo di record con la sua svolazzante filosofia del fiore in fiore. Per Tano era più complicato. Lui tendeva ogni volta a innamorarsi. Un guaio serio. Le assediava con i suoi occhi da topo, i suoi verbosi corteggiamenti, dove l'essenziale era non arrivare mai al dunque fino a che quelle, estenuate, lo piantavano per ragazzi che con il dunque invece ci sapevano fare.

Nel frattempo, Werner aveva deciso di mollare l'università. Una storia mai cominciata davvero. Le cose con il pallone sembravano andare per il verso giusto. «Il ragazzo gioca un calcio anarchico, ma ci sa fare» aveva scritto un pezzo grosso della «Gazzetta». Piramide cercò di farlo ragionare. «La tua è una cazzata suicida, ti spezzano una gamba e sei finito, e c'è un sacco di gente che vorrebbe farlo.

Prova per un po' a fare le due cose insieme.» Non capiva come si potesse affidare il proprio destino a un pallone che rotola e non credeva soprattutto che quello potesse essere il destino di Werner, troppo instabile e individualista per farsi accettare in uno sport di squadra. Convocò l'amico nella loro taverna preferita, il Gallo Nero, per un ultimo tentativo di farlo tornare sui suoi passi. Alla terza bottiglia di Sagrantino, s'era dimenticato del suo nobile intento. Finì con i due sbronzi che, allacciati fraternamente, sbraitavano canzoni della mala, riadattate con i nomi delle due americane con cui si erano appena fidanzati, Betty Spina e Susan Darryl.

Le cose erano precipitate in poco tempo. Tano gli parlava da giorni con insistenza di questa Susan, americana di madre cinese, studentessa di medicina che aveva conosciuto alla mensa universitaria. «Non avrebbe, la tua Susan, un'amica bella almeno quanto lei, disposta a innamorarsi di un tipo stupefacente come me?» Werner si era proposto a modo suo.

C'era e si chiamava Betty. Una coetanea di Susan. Nate e cresciute a pochi isolati di distanza nello stesso quartiere a Revere, un sobborgo di Boston celebre per aver dato i natali all'attore John Cazale, Susan e Betty si erano conosciute solo anni dopo all'università di Perugia e si erano piaciute dal primo istante. Due tipe molto determinate, accomunate da un interesse che sarebbe diventato presto la loro professione: il disordine emotivo che spinge un essere umano a superare il confine, fino al punto di togliere la vita a un suo simile. Da amiche del cuore si divertivano in molti modi e uno di questi era darla a bere a quei provincialoni e forse un po' fessacchiotti che gli ronzavano intorno con l'aria dei latin lover.

La prima volta si diedero appuntamento alla taverna dove Werner e Tano erano di casa. Le due ragazze si presentarono in sella a una Harley-Davidson. Molto diverse già al primo impatto. Betty, alla guida, era uno shock visivo. I capelli a caschetto rosso fiamma, il giubbotto e i pantaloni di pelle nera, lo sguardo tra l'altero e lo sprezzante, sembrava una citazione caduta sulla terra dei fumetti della Marvel. Nell'insieme, una creatura irreale. Comunicava a lampi, fossero sguardi o frasi secche, quasi sempre esclamative, fucilate intrise di sarcasmo. Morbida nelle curve, nei modi e nei tratti esotici del volto, Susan, quanto Betty era diretta e muscolare. Anche se Werner avrebbe imparato a sue spese nel tempo quanto fossero ingannevoli le apparenze e che, a giudicare dalla cedevolezza del cuore, quella di Betty era solo una facciata. Delle due, al dunque, la più tenera era lei.

Fu un mezzo fiasco. Piramide s'innervosì subito, come sempre quando non si sentiva all'altezza della situazione. Werner fu più insopportabile del solito. S'era messo a strafare per fare colpo su Betty. Uno sbruffone imbarazzante. Alle due americane che non sapevano nulla di calcio si presentò come il nuovo George Best. Alla fine salutò Betty con il baciamano, ignorando il suo sorrisino tra sarcasmo e commiserazione.

«Bel tipo l'amica di Susan. Una fuori di testa, mi sa, ma gran bel pezzo di fica, un culo che parla dodici lingue, del genere "stanne alla larga e poi pentiti". Mi sa che le sono piaciuto parecchio. Che ne dici? L'ho capito da come mi guardava. Sai che ti dico? Potrei anche innamorarmi questa volta.» Tano ne aveva ascoltate a migliaia di queste sparate dell'amico. Evaporavano nel giro di una notte. Il suo entusiasmo alticcio per Betty aveva le ore contate.

Betty raccontò a Susan (e successivamente a Werner) d'aver incrociato un autentico stronzo latino, presuntuoso e bugiardo. Mortalmente tipico. Un noioso da farsi male, oltre che un uomo inaffidabile. Uno a cui non avrebbe consegnato l'esistenza del suo gatto, figuriamoci la sua. Continuò a pensarlo così la seconda e la terza volta. La quarta continuò a dirsi che era uno stronzo notevole, sì, però decisamente simpatico. La quinta ci finì a letto, la sesta era lì, a bordo dello stesso letto, ad ascoltare lo stronzo che la supplicava di sposarlo, a Las Vegas, ad Acapulco o dovunque lei volesse, purché ci fosse un prete qualsiasi autorizzato a farlo.

«Noi calciatori dobbiamo sposarci giovani per stare lontani dalle tentazioni. Si dà il caso che io non resista alle tentazioni e poiché sei tu la mia tentazione, eccomi qua: vuoi tu dividere la tua vita con uno che ti farà vedere le stelle e i sorci verdi nello stesso cielo? Te lo chiedo solo per educazione perché so già che mi dirai di sì. Mi aspettavi da una vita e scusami se non mi sono fatto vivo prima...» fu la sua dichiarazione studiata a tavolino e concordata con Tano.

Betty ci aveva visto giusto, Werner era uno stronzo patentato, ma accettò lo stesso di sposarlo. Le piaceva l'idea di sfidare la sorte, avere ai suoi piedi quel gaglioffo per quanto sarebbe durata, e le piaceva più che mai condividere quella pazzia con l'amica. Sta di fatto che si ritrovarono di lì a poco, le due coppie, lo stesso giorno, nello stesso municipio, a farsi dichiarare marito e moglie. Un gioco esilarante, non per Tano, l'unico dei quattro a crederci veramente.

Werner era pazzo di Betty, ma si era proibito di dirglielo e più che mai di dirselo. Le donne, soprattutto le donne come Betty, non puoi mai neanche immaginare di farle tue, se non accettando ogni santo giorno la tortura di scoprire che non saranno mai tue. L'alternativa? Diventare il loro docile scendiletto, un cagnolino a cui quasi mai era concesso l'osso. E anche questo non sarebbe bastato.

Ma, come tanti bellimbusti del suo stampo, Werner era un inguaribile narciso, una mezza tacca che giocava a fare il maschio dominatore senza averne la stoffa. Poteva accettare di essere umiliato, ma non da chiunque e mai da una donna. Solo con gli anni scoprì il piacere sottile di stare al guinzaglio di una femmina padrona. All'inizio lo scambiò per una deriva senile, e forse lo era. In ogni caso, almeno con Betty, era definitivamente tardi.

Una settimana dopo il matrimonio, Betty scoprì d'essere incinta. Werner reagì con un entusiasmo esagerato. Era la prova che stava simulando con tutta la sincerità di cui era capace, ma Betty non lo conosceva ancora abbastanza. Accadeva tutto troppo in fretta, troppo casino nella sua testa, Werner non sapeva ancora bene che fare di sé, della sua vita, e quella bambina gli risultava incomprensibile. Si chiamava Elettra e, quando sorrideva, miagolavano anche le tigri del Bengala.

Betty non versò una lacrima, non disse una parola, quella notte che qualcuno bussò alla sua porta per dirle che Elettra non c'era più. Diventò pietra. Era il suo modo di dirsi perduta. Werner manifestò un dolore clamoroso su quella piccola bara bianca, singhiozzò quasi a farsi uscire il cuore dal petto. Sei mesi dopo era tornato in apparenza quello di sempre, una brillante testa di cazzo a caccia di rogne e di calciatori.

Betty si sforzò di riaprirsi alla vita e di farlo al fianco di Werner. Arrivò al punto di convincersi d'averlo perdonato. Che l'essersi messo al volante quella notte, con quella nebbia, trascinandosi dietro quel fagottino dormiente, era stata la folle imprudenza di un uomo smanioso di riportare la bambina alla sua mamma. Ma non era così. Quella maledetta notte non sarebbe mai passata. Nulla sarebbe mai stato come prima.

La storia andò avanti per qualche tempo, tra alti e bassi, scariche di amore e di rabbia. Betty si convinse che Werner aveva dato il peggio di sé, ma si sbagliava. Quando le cose sembravano sbiadire verso una rassicurante normalità, lui riuscì nell'impresa di tradirla con la sua migliore amica. Proprio lei, Susan, la moglie del suo miglior amico. Lo fece il giorno stesso in cui si era tatuato il nome di Betty sulla schiena. Mezz'ora dopo averlo saputo dalla stessa Susan in lacrime, Betty lo aveva cacciato di casa. Di punto in bianco. I suoi balbettii, le sue patetiche scuse («Ho sbagliato, è stata la debolezza di un momento, ma tu non eri più quella di prima, eri così dura e così assente e io così affranto...»), ci sputò sopra. Un rumore di fondo. Werner era nella sua testa l'assassino di sua figlia e ora era anche l'assassino della loro storia.

La morte di Elettra, il tradimento, le vicende alterne del pallone, Werner era un lupo in gabbia. Un cattivo destino gli stava alle calcagna. Era dunque l'infelicità sua e degli altri il suo vero, unico talento? E comunque, le botte, le risse, le passioni, le tragedie, le fughe e le dichiarazioni d'amore eterno: i due non smisero mai di sapere che era stata, la loro, una storia degna d'essere vissuta.

Tutt'altra faccenda tra Tano e Susan. Tutto meno che passione. I due si erano tiepidamente amati e serenamente lasciati, dopo aver blandamente convissuto un po' di anni. Alla fine dei quali dovettero ammettere di non saperne molto di più l'uno dell'altra e che, soprattutto, non gli importava saperlo. Il lavoro li aveva assorbiti più di quanto avesse fatto il loro pallido amore. Una fine senza drammi e senza scenate. La peggiore. Lui angustiato dai suoi tarli, lei affettuosa in apparenza, in realtà distante e presa più dai suoi casi che dalle fisime del consorte. Il sesso, quando capitava, era per lui un dimenticabile svago, per lei un fastidio di cui liberarsi in fretta. Non avevano figli e non gli era mai passato per la testa di averne uno.

Tano si era reso conto di amarla veramente solo il giorno in cui lei si era chiusa per sempre la porta di casa alle spalle, dichiarando prima a se stessa, poi al marito e dunque al mondo intero quello che era diventata nel frattempo o era sempre stata senza saperlo: una lesbica convinta. Ad aspettarla, lontana da Tano, una nuova vita e una probabile, nuova compagna.

Restarono amici, anche se lui trovò ogni scusa per non divorziare. Convinto in cuor suo che un giorno, passate buriane e infatuazioni, avrebbero deciso di tornare insieme e lui si sarebbe dimostrato un marito e un uomo migliore. Anche da separati, i due non avevano mai smesso di collaborare. Quando Tano aveva bisogno, lei c'era e viceversa. Che fossero indagini poliziesche o qualunque altra cosa.

Donna pragmatica come poche, Betty era tornata in America per specializzarsi in antropologia forense, disciplina riconosciuta in America solo nel '72 e poi divenuta popolare con le indagini dell'Fbi e i telefilm di *Csi*. Da lì aveva convinto Susan a frequentare insieme un master a Boston per diventare una *criminal profiler*, figura all'epoca pressoché sconosciuta in Italia. Si trattava di ricostruire la personalità dell'assassino e i fattori scatenanti che lo avevano spinto a uccidere.

Le due ragazze ci sapevano fare. Tornate in Italia, s'erano costruite in breve tempo una solida fama e le loro consulenze professionali erano molto richieste oltre che ben pagate.

Memorabili le loro apparizioni sulla scena del crimine. A bordo della vecchia Electra Glide, Betty alla guida, Susan dietro. Le due seguivano il caso dall'inizio alla fine. Betty raccoglieva dallo stato del cadavere le prime informazioni necessarie. Analizzando il corpo della vittima, ne ricavava i comportamenti, suoi e del probabile assassino, per arrivare insieme a Susan a tracciare i profili utili per gli investigatori e la polizia Scientifica.

Erano state decisive nella soluzione del giallo di Sutri, il ragazzo che aveva dato fuoco al padre perché non gli aveva prestato la Porsche e poi andava in televisione a strapparsi i capelli e a giurare vendetta contro l'omicida, che lo avrebbe fatto a pezzi con le sue mani. Fu grazie a Betty e a Susan, alla loro illuminante relazione, che Tano Piramide mise a segno il suo primo grande successo professionale, il primo di una lunga serie, sembrava. In realtà l'unico accompagnato da tanta cagnara mediatica, almeno fino al delitto Rende.

Nonostante le loro tribolate storie di coppia, Piramide, Susan e Betty avevano messo insieme un clan affiatato, al quale era ammesso anche Werner. Il loro divertimento preferito? Studiare i delitti insoluti e inventarne di immaginari. Notti intere a ricostruire le scene del crimine. Piramide era il poliziotto, analizzava i casi e li confrontava, Susan e Betty tracciavano i profili psichiatrici degli indagati, attitudini, patologie, tutta la densità oscura del rimosso, ma il primo a ipotizzare il nome dell'assassino, e quasi sempre ci prendeva, era Werner, il dilettante della compagnia.

Il suo intuito, una sentenza. Sapeva come arrivare al cuore nero delle cose e delle persone. Gli bastava poco. Il lampo o la fissità di uno sguardo, una smorfia della bocca, l'esitazione, un'alterazione della voce. Un'inezia qualsiasi e la sua testa diventava uno sciame di vespe furiose. Piramide gli diceva sempre, e forse lo pensava davvero, che Werner era un criminale mancato. Che, senza il pallone e le donne, meno futile e debosciato, sarebbe diventato un serial killer di primissimo ordine. Era anche l'opinione di Betty e Susan. Werner Falco pensava la stessa cosa di Piramide. Un paranoico potenzialmente assassino.

Di sé Werner aveva un'idea più romanzata. In una vita precedente o parallela doveva essere stato un investigatore privato con un cappello a falde larghe spiovente sulla fronte e una cicca eternamente pendula nelle labbra. Le menti criminali lo appassionavano e la cosa aveva qualcosa di morboso che lui stesso si era ben guardato dall'approfondire. Gli veniva facile capire come funzionava la loro mente bacata. E questo gli bastava.

Piramide realizzò che il suo amico aveva questo genere di talento la notte in cui lo inchiodò fino all'alba sulla panchina di una necropoli etrusca spiegandogli per filo e per segno chi era Jeffrey Dahmer, il killer seriale di Milwaukee, il suo criminale preferito, e perché gli si era scatenata una simile follia: «Nessuna follia, nessun danno biologico. Tutte cazzate. Era solo la sua enorme, smisurata, incontenibile capacità di amore. Solo amore mancato, non corrisposto. Quello che trasforma tutti noi in depressi cronici e trasformò lui in uno spietato assassino. Il suo farli a pezzi e mangiarli? Pornografia e cannibalismo amorevoli. Ridurre esseri animati dissenzienti in oggetti inanimati consenzienti e fare del suo corpo la tomba del loro amore. Macabro sì, ma bellissimo».

Per la prima volta Tano Piramide si sorprese ad ammirare quello svitato dell'amico e ad averne anche un po' paura. Werner Falco non parlava di Jeffrey Dahmer. Era Jeffrey Dahmer. Non aveva ancora capito che il talento empatico di Werner era molto più esteso: poteva immedesimarsi nel carnefice e, allo stesso tempo, diventare la sua vittima.

15.

Werner Falco avrebbe voluto essere George Best

Werner lasciò il calcio a nemmeno trent'anni. Non era diventato George Best e, nel frattempo, un terzino dell'Avellino gli aveva spaccato tibia e perone. Di netto. Se l'era cercata, a furia di scherzare gli avversari con i suoi dribbling da pagliaccio e i suoi atteggiamenti da stronzo. Anni dopo, il tipo confessò, proprio a Johnny Mango, di averlo fatto intenzionalmente. «Quel bastardo! Lo odiavo. Non vedevo l'ora di vederlo con le stampelle. Se mi pento? Neanche un po', lo rifarei cento, mille volte.»

Era stato un discreto giocatore, Werner Falco, più che altro un funambolo da cortile, per lo più inutile. Gli allenatori esteti s'innamoravano di lui ma durava poco, una cotta fugace, dopo di che lo lasciavano volentieri marcire tra panchina e tribuna. Non che la cosa dispiacesse più di tanto a Werner. Deludere era il suo puntiglio, ce la metteva tutta, soprattutto con chi gli voleva bene. Era la sua piccola vanità. Gli sembrava un canone da maledetto. «Werner Falco, quanto spreco di talento!», era il suo titolo preferito. Se lo immaginava come epitaffio. Primo comandamento: tradire qualunque imbecille così ingenuo da aspettarsi qualcosa da te. Passò rapido da calciatore. Una figurina dimenticabile tra le tante.

Nelle giornate di grazia era immarcabile. Ma erano rare

come i mazzi di fiori che uno scimpanzé accidioso raccoglie per portarli alla sua bella. Per lo più si nascondeva in campo. Bastava un calcio nello stinco o una gomitata alle costole per fargli passare la voglia. All'epoca i difensori erano carogne sadiche sottratte alla zappa. Si facevano limare i tacchetti di ferro degli scarpini e, appena l'arbitro si voltava, te li stampavano sui polpacci. Il sangue si sprecava, a fiotti, la carne restava attaccata ai tacchetti. Piccoli trofei. Con i tipi come Werner ci andavano a nozze. Anche i più teneri di cuore con lui diventavano killer sanguinari. Se le botte non bastavano, e quasi sempre bastavano, per mandarlo fuori di testa insultavano la madre zoccola e la sorella troia.

Il suo addio al calcio passò inosservato. Prima o poi sarebbe successo. Ne aveva abbastanza. A fantasticare di spaccargli le gambe erano in tanti. Troppi. Lui non ci si vedeva a prendere sputi in faccia e a farsi randellare nei campi in pozzolana delle serie minori per quattro baiocchi.

Gli proposero di dare una mano al Nocera Umbra, un club di prima categoria. Provò da allenatore e poi da direttore sportivo. Capì in fretta che quella era la strada. Era nato per fare l'imbonitore. Una testa brillante, spregiudicata, la parola facile. Una marcia in più, forse due, quanto bastava per spopolare in quel mercato delle vacche.

Da allenatore non aveva pazienza e sapeva che, alla prima testa di cazzo che avesse incrociato, uno tipo lui, gli avrebbe spaccato la faccia o se la sarebbe fatta spaccare. Gli piaceva da matti, invece, girare per i campi con un paio di Ray-Ban scuri sul naso, una sigaretta in bocca e indovinare talenti che nessuno vedeva.

16.

La palla di Nicola. L'ultimo incubo di Werner cade dall'alto

«Buongiorno piezz' 'e mmerda!» Fu Armando a dargli il bentornato in Italia. Memoria notevole, il pennuto sul trespolo. Lo aspettava al varco, il suo padrone. Si ricordava bene di lui e di come andava salutato.

Werner passò la notte a sanguinare dai gomiti, a grattarsi furiosamente l'inguine e a farsi impacchi di acqua fredda e sale. La sua pelle bruciava come non capitava da tempo. Aveva lasciato il tepore carezzevole di Bahia, le chiappe burrose di una negra amica e si ritrovava a sudare freddo, dentro una cappa umida, in compagnia di un pappagallo ostile che lo insultava e cagava a più non posso. Non aveva la minima idea di che giorno fosse. Recuperò la data sul cellulare: 3 giugno.

A peggiorare il suo umore gli era tornata in sogno la palla schifosa e pelosa che cadeva giù dall'alto e via via si gonfiava fino a soffocarlo. Un incubo. Si odiava con tutto se stesso, Werner. Si biasimava per la sua arrendevolezza. Era sempre stato un po' vigliacco nel momento delle scelte estreme, dovette riconoscere. Gli venne in mente Fernanda. «Non ti dimenticare di me...» l'aveva salutato il giorno della partenza, sbattendo i due occhioni umidi di commozione. Era lievemente strabica, probabilmente a causa degli attacchi epilettici. Werner non si era dimenticato di lei, tantomeno del figlio.

In quanto alla palla. Tutto era cominciato una notte, l'inverno dell'anno prima. Un anonimo, una simpatica testa di cazzo, gli aveva spedito la foto di una palla pelosa, mentre se ne stava insonne a grattarsi e a sfumacchiare una delle sue ultime Marlboro chiuso in bagno a combattere con la stitichezza e a leggere *Uno, nessuno e centomila* (allora se la faceva con i testi dell'esistenzialismo spinto, tra Pirandello, Sartre e Camus), le pagine in cui Vitangelo Moscarda scopre d'avere un naso che gli pende a destra.

Una minaccia? Un avvertimento? Che cosa? Intimidito e anche un po' spaventato, Werner passò giorni e notti a scervellarsi e a grattarsi. Turbato. Cos'era quell'orrenda palla tutta peli e grinze? Un messaggio minaccioso? Un avvertimento? Era la versione horror di una luna piena che si stacca dal cielo, stufa di fare da tramite tra la terra e il sole, e precipita con tutti i suoi crateri sullo sventurato di turno? O era la gigantesca scheggia di una cometa deforme? Per come era fatta poteva essere anche un porcospino piovuto dal cielo che via via, rimbalzando, nella caduta diventava enorme, una qualche terribile divinità, con i peli al posto delle spine. Pensò anche a un testicolo, ma gli sembrò un'ipotesi assurda. Chi manda un coglione peloso nel cuore della notte? Solo un depravato grave.

Sta di fatto che la palla era diventata il suo assillo. La misteriosa e poi enorme sfera cadeva giù a picco contro la faccia inerme di Werner, che non poteva scappare, legato com'era a una branda mani e piedi. Un attimo prima dell'impatto, Werner si svegliava terrorizzato, in un bagno di sudore. Quasi sempre, la palla era accompagnata nella sua discesa dalla voce di Fred Buscaglione che cantava *Love in Portofino.*

Non era la luna, non era una cometa e non era nemmeno un porcospino. Era proprio uno schifoso coglione. E non era quello di Buscaglione. A sciogliere il mistero una delle mattine seguenti fu Pierre, la pomposa checca che il Bucaniere aveva assunto con la qualifica nel contratto di "dama di compagnia", facente funzioni di autista, cuoco, cameriere, confidente e massaggiatore.

«Hai idea di cosa possa essere questa roba qui schifosa che mi hanno spedito nel cellulare?»

Werner mostrò la palla a Pierre. Respirava a fatica e sanguinava dai gomiti.

Pierre guardò la foto, la girò, se la rigirò.

«È la palla destra di Nicola» fece senza battere ciglio.

Nicola era il suo amico di sempre, l'elettricista anziano del paese, e quello era il suo testicolo destro. E quelli che sembravano crateri filamentosi erano le rughe dello scroto con qualche sporadico residuo di pelo.

Da bambini giocavano a marito e moglie – Pierre era la moglie – e non avevano più smesso. Si amavano da una vita. Prima da bambini e poi da ragazzi, dove capitava, nei campi di grano, nelle stalle, in macchina, negli anfratti bui della necropoli e ora, da settantenni, nelle loro profumate e macabre alcove dove fingevano di avere ancora una vita. Nel rispetto rigoroso dei ruoli. Come tutti i mariti insoddisfatti, Nicola era una facile preda per Pierre che sapeva restituire agli avanzi umani che gli passavano per le mani tutti i piaceri che le mogli gli negavano da anni.

Detto Polifemo per la fissità del suo occhio di vetro, Nicola. Quello vero gli era cascato da ragazzo il giorno in cui fu trafitto da una scarica elettrica a 2000 volt, la stessa per capirci che aveva incenerito in diciassette secondi Ted Bundy, il serial killer del Vermont, nella prigione di Starke in Florida. Polifemo era sopravvissuto, lui, il suo occhio finto e la sua gigantesca palla, solo che da allora ce l'aveva su con il mondo intero e non perdeva occasione di farlo sapere. Ne stavano tutti alla larga per via del suo caratteraccio e delle sue occhiate assassine. Si scioglieva solo quando stava con Pierre per cui aveva un debole da sempre e con Vincenzina, la sua nipotina, che non aveva ancora imparato a spaventarsi di lui.

«E sai anche dirmi perché io mi ritrovo la palla destra di Nicola nel mio cellulare?...»

«Mi sa che te l'ho mandata io per sbaglio dal mio numero privato, non era per te...»

Pierre parlava e si atteggiava come uno che ha studiato all'Actors Studio il frocio da manuale.

«... Tesoro, non fare lo schizzinoso. Era una foto per il dottore... Nicola ha una palla più grossa dell'altra, la destra, con delle squame che sudano. Mi fa preoccupare quell'uomo... ha un'età, si sveglia sempre con qualche acciacco nuovo.»

Werner lo ascoltava tra l'affascinato e lo schifato, nonostante l'emicrania e le allergie. Non ci faceva mai l'abitudine. Non si stancava di guardarla, quella civettuola porchetta tutta curve, moine e paillette, pronta a sfilare sul ponte di Ariccia con la sua tutina nera, i pantaloni di raso, la blusa tempestata di perline, il catenaccio con il Cristo al collo e due mani di vernice nera stese con perizia sul cranio. Molto mistico Pierre, detto Biancaneve dagli amici, ma anche molto punk. Stavolta aveva esagerato con il borotalco.

«La sua palla non è più stata la stessa da quando lo hanno centrato con una pallina da golf... Però, palla a parte, un bell'uomo, che gli vuoi dire...»

Che ci faceva Polifemo in un campo da golf?, si dimenticò di chiedere Werner.

17.

Il cappone beato fa l'uomo meno tormentato

«Ah, eccolo qui, il signorino di nuovo tra noi... Chi non muore si rivede. A cosa dobbiamo l'onore?»

Così lo accolse Pierre, in uno sbattimento di palpebre, natiche, fianchi e vecchi proverbi. Come le anziane comari del paese. Ruvide ma affettuose, a modo loro.

Werner sapeva come farselo amico, Pierre. Lasciò che finisse di brontolare, lo invitò a sedersi e gli fece scivolare nella tasca della tuta, tutta raso e perline, cinque bigliettoni da cento. «... Per tutto il disturbo e per le spese di Armando.» Fu bello vederlo zittirsi di colpo e accennare una smorfia di piacere.

Continuò nell'opera di lusinga, Werner.

«Vedi, Biancaneve, il tempo è un assassino, ma con te casca male. Non batte un chiodo. Sembri il figlio di quello che ho lasciato l'ultima volta» gli disse mentre pensava esattamente il contrario, e cioè quanto fosse sempre più impressionante la sua somiglianza con i capponi castrati di Natale e quanto grottesco fosse il lucido nero che si spalmava in testa ogni santa mattina.

A Pierre piaceva da matti sentirsi chiamare Biancaneve. Annuì compiaciuto.

«Sei la solita lenza. Dammi piuttosto 'sto impermeabile che porti sempre addosso. Puzzi come un topo morto...»

Il tempo non lo aveva modificato. Pierre era sempre lui. Una matrona sensuale e piena di sé, che barava ogni mattina allo specchio per ingannare i suoi sculettanti settant'anni. Mezz'ora di cosmetica minimo tra creme, gel e tinte.

Werner lo aveva assunto due anni prima, il giorno in cui anche l'ultima sua donna lo aveva brutalmente scaricato per infamità conclamata. Lasciato solo a se stesso e non più di primo pelo, il Bucaniere era serenamente consapevole di rappresentare un soggetto a rischio, un uomo allo sbando e oggettivamente suicidabile. Aveva bisogno di qualcuno che lo accudisse senza pretendere altro che un dignitoso salario.

Mille euro al mese la paga, più benzina e pasti. Pierre arrivava puntuale una mattina sì e una no con la sua Panda celeste e la moltitudine di santi, rosari, madonne e bambini Gesù, penzolanti tra il cruscotto della macchina, il collo da suino messo all'ingrasso e i polsi. Chiamato così, Pierre, perché si raccontava che da giovane avesse consumato più di una notte d'amore con Pierre Clementi, l'attore francese degli anni Sessanta. Circostanza che lui non confermava, ma nemmeno smentiva.

Per quanto un po' lo ripugnasse, Werner aveva un debole per Pierre alias Biancaneve. Aveva anche provato a portarselo a Bahia, ma non c'era stato verso. Come staccare un'ostrica dalla sua roccia o un baiano dalla sua *favela.* Pierre lo irritava, ma lo faceva sentire a casa. Profumava di borotalco e gli ricordava Santina, la vecchia zia ninfomane che lo portava in chiesa tutte le domeniche e a ottant'anni s'impiastrava di ogni cosa per rendersi desiderabile agli occhi dei ragazzi eternamente allupati del paese.

Werner non era un chiacchierone. Gli piaceva parlare, ma solo se motivato. Davanti a un pubblico selezionato, meglio se femminile, nelle conferenze stampa delle grandi occasioni o a tavola, dove gli piaceva tenere banco. La sua vanità toccò il picco non quando fece il colpo del secolo, un ragazzino paulista sconosciuto di diciotto anni comprato al Napoli per un milione di euro e rivenduto l'anno dopo al Real Madrid per 40, ma quando una signora di bell'aspetto gli confessò che la sua eloquenza le aveva provocato la sera prima un orgasmo plurimo, e non per modo di dire, in un programma televisivo di pallone, non sapendo lei nulla di pallone.

Diffidava invece dei giornalisti, Werner. Lo avevano fregato troppe volte. Confidenze carpite e messe in piazza, spesso in modo distorto. L'eccezione era Johnny Mango. C'erano voluti anni ma, alla fine, aveva deciso che poteva fidarsi di lui.

Gli veniva naturale, invece, confessare le sue cose più intime a Pierre. Era come confessarle a un attaccapanni. Werner sapeva di poter contare sul suo assoluto menefreghismo. Era la persona giusta, Pierre, se ne infischiava di tutto e di tutti. A meno che non fosse una celebrità della televisione o di una delle sue predilette soap. Non faceva mai domande e non si offendeva mai, nemmeno quando Werner gli diceva che la sua beatitudine somigliava a quella dei capponi alla vigilia di Natale. Se ne sbatteva sinceramente del prossimo e non faceva nulla per nasconderlo. Anche quando si sforzava per educazione di ascoltare, la sua ottusità era una garanzia. Con lui ti potevi rilassare, la certezza di non essere ascoltato o peggio ancora capito era totale. A richiesta, parlava invece senza pudore o reticenze dei suoi amori.

Una settimana prima di partire per Bahia, per muoverlo a compassione, Werner era tornato sul suo cavallo di battaglia: la teoria del lento, inesorabile declino delle cose e quindi della inevitabilità filosofica del suicidio. Di più, il dovere etico di togliere il disturbo, sparire dalla faccia della terra quando era il momento per dispensare i vivi dall'onere penoso di dover guardare in faccia ciò che tentavano in ogni istante di rimuovere, e cioè la prossimità della fine.

Per rafforzare il concetto mise quella sera mise al centro del tavolo la clessidra che aveva comprato il giorno prima nella bottega di un alchimista. La girò e la rigirò una decina di volte, la durata più o meno del *Settimo sigillo*, il film di Ingmar Bergman che passavano alla tivù. Accucciato nella sua abituale postura fetale, Werner s'era quasi assopito piluccando mollemente chicchi d'uva come Marco Antonio a letto con Cleopatra, mentre Antonius Block giocava a scacchi con la morte.

Al centro del letto Pierre, nella parte di Cleopatra, se ne stette tutto il tempo con la sua aria da bovino sazio, più che altro attento a sopprimere sul nascere i ruttini della digestione e i piccoli, eventuali peti da costipazione di gas. Silenziosi, ma non per questo meno letali.

Werner ogni tanto si rianimava, controllava che Pierre fosse lì attento, come il fido scudiero di Block, a vegliare sul suo riposo e sulle imprese del suo alter ego sullo schermo, il cavaliere che cercava e non trovava Dio. Per essere sicuro che fosse sveglio gli faceva domande, a partire da certe puzze inequivocabili. «Sai quanta materia fecale c'è nel corpo di un uomo adulto? No? Dai 4 agli 8 chili… Nel tuo caso sono sicuramente 8!»

Diligente com'era, Pierre restò sveglio per puro senso del dovere fino alla scena finale, la morte con falce e clessidra che tiene per mano le sue vittime e le invita a danzare nel chiarore dell'alba, mentre la pioggia deterge le loro lacrime, quando se ne uscì con un toccante: «Non ci ho capito niente, ma mi sono commosso lo stesso».

Pierre non si faceva problemi. Assecondare le stravaganze del principale era parte integrante del suo lavoro e dunque del suo salario. Soprattutto, non cambiò idea. A Bahia, quel balordo del Bucaniere ci sarebbe andato da solo con tutte le sue falci, le sue clessidre, le sue domande strane e la sua banda di fantasmi.

18.

Tano Piramide annusa uomini, sospetti e matite

«... Ciao Bucaniere, sei tornato tra noi comuni mortali?» squittiva Piramide.

La sua voce da topo tentava, senza riuscirci, di risultare affabile.

«Passi a trovarmi? Ti offro un caffè e i tuoi biscotti preferiti al cacao...»

«... Ehi, pelandrone, lo so che sei in Italia, infilati una camicia, fatti la barba che ti faccio venire a prendere...

Tre messaggi in segreteria. Tano Piramide sapeva essere assillante. Werner aveva quasi rimosso il vero motivo per cui era rientrato in Italia. L'esplorazione anale subita di prima mattina da un urologo che somigliava a Danny DeVito, con un dito medio grosso come una quercia, l'aveva per di più umiliato nel corpo e nell'anima.

Tano Piramide. Non c'era verso di liberarsene. Werner ci aveva rinunciato. Figlio unico di un ricco notaio, secchione a scuola e nella vita, il destino di Tano era tracciato da sempre. Aveva sempre avuto le idee chiare, Piramide. Facilitato dal non averne molte, sosteneva Werner per farlo incazzare, riuscendoci.

Ultimo venuto e non voluto al mondo, primo e unico maschio dopo quattro femmine, Werner non si affaticava nemmeno a cercare un senso a quello che faceva. Ascoltava con tenerezza mista a commiserazione i racconti del padre che si spaccava la schiena e si bruciava i polmoni trecento giorni l'anno sulle fresatrici a rifare l'asfalto delle strade tedesche e, nonostante questo, un sentimentale come pochi. Volle chiamarlo Werner, il figlio, in memoria dell'amico di Baviera con cui aveva condiviso anni di ghiaia, birra e bitume, morto giovanissimo di cancro. Il padre morì pochi anni dopo dello stesso cancro e il figlio era sulla strada giusta. Enfisemi invece di cancri, ma la sostanza non cambiava. Destini infausti e vite corte.

Il giovane Werner aveva giurato a se stesso che mai avrebbe fatto la fine del padre, piuttosto si sarebbe chiuso in un convento di carmelitani scalzi. Ma il destino è destino e il catrame letale era più o meno lo stesso. I polmoni, alla fine, se li era giocati anche Werner, ma a modo suo.

Della breve e trascurabile storia universitaria gli erano rimasti solo il ricordo di qualche gonnella e la passione per le storie di "nera". Il talento per il pallone gli segnava la strada, ma non gli andava giù l'idea che il talento da solo non dovesse bastare. Da calciatore cominciava a guadagnare cifre che il padre non aveva visto in una vita a buttare sangue sulle strade. E le ragazze non mancavano per un calciatore in rampa di lancio, l'aria spavalda e la Maserati in garage. Non male per uno squattrinato che, fino a pochi anni prima, rischiava la galera scavando tombe nei cimiteri etruschi.

Piramide nel frattempo s'era laureato a pieni voti e aveva fatto carriera nella polizia di Stato, non quella che forse avrebbe voluto, ma il massimo che poteva sperare un onesto rompicoglioni della sua specie. Non un'aquila, ma uomo tenace e paziente come pochi. Un uomo senza stravaganze, tranne una, anzi due: la sua amicizia con Werner e la passione per l'odore della grafite. Da bambino, non poteva dormire senza prima respirare e masticare la matita che la mamma gli metteva sotto il cuscino. Al compimento della maggiore età i genitori gli avevano regalato un astuccio completo di matite e pastelli Faber-Castell. Passione che aveva in comune con il suo musicista preferito, Fabrizio De André, anche se lui somigliava a Giorgio Gaber.

Lungo, smilzo, orbo, ma con un grande naso a becco che gli dava, al netto dei baffi, una certa importanza. Più che guardarle, le persone le fiutava. Fiutava gli uomini e le matite. Il teschio spigoloso, la voce sottile, gli occhi da faina stretti e penetranti, Piramide era un uomo respingente. Averlo di fronte era sgradevole, come uno spruzzo di peperoncino nel buco del culo.

Piramide non parlava, insinuava. Con lui ti sentivi colpevole, ancora prima di capire quale fosse il delitto. Il naso da tapiro spioveva su due baffoni a manubrio stile Dennis Hopper sul chopper stile *Capitan America* anni Sessanta. La faccia sempre un po' schifata, come di uno che sta per vomitarti addosso. Piramide era tutto quello che Werner non era e non avrebbe mai voluto essere. Un uomo che la notte si contava anche i peli del sedere per essere sicuro che non ne mancasse uno all'appello.

Aveva le sue manie. Non sopportava le persone troppo allegre, ma nemmeno quelle troppo tristi, detestava i donnaioli, gli infedeli, gli egoici e i fumatori ed evitava con cura i contatti fisici. Aveva terrore delle malattie. A farla breve, detestava quasi tutta l'umanità e, in particolare, quelli come Werner. Periodicamente era assalito dal sospetto, la quasi certezza, che lo stronzo ci avesse provato con sua moglie Susan. Ogni tanto ci tornava su, tentava di strappargli un'ammissione, ma Werner aveva sempre sdegnosamente negato.

Werner non era da meno. Piramide gli dava sui nervi. Gli evocava ogni volta insulti potenti e fantasiosi ma, alla fine, quando aveva bisogno di qualcosa, era a lui che si rivolgeva. I due non si piacevano e non potevano fare a meno di dirselo.

19.

Gatte da pelare e matasse da sbrogliare: Piramide e Falco non se le mandano a dire

Non gli lasciò nemmeno il tempo di addentare il primo biscotto e finire il caffè. Tano Piramide annusò intensamente la matita che teneva tra le dita e andò subito al sodo con la sua voce da naso schiacciato. Sul baffo spiovente restava una fastidiosa traccia di qualcosa, sembrava latte.

«Dimmi di questo Tony Rende. Lo conoscevi bene?»

Era così magro che la cinta sembrava non stringere nulla. La giacca di velluto verde oliva a coste grandi e la cravatta di filo marrone gli cadevano a perpendicolo lungo la sagoma da spilungone.

«Lo conoscevano tutti. Non mi piaceva. Non mi è mai piaciuto. Ti dirò di più, la sua morte non mi emoziona. Nessuno ne sentirà la mancanza. Era un tipo disgustoso...»

«Al punto da volerlo morto?»

«Dipende dalla quantità del disgusto.»

Gli fece vedere la foto di un martello.

«Questo ti dice qualcosa?»

«Il martello? L'arma del delitto?»

«Tony Rende è stato massacrato da un oggetto simile a questo. Un martello a manico corto, probabilmente di vecchio stampo. La Scientifica ha trovato tracce di polvere sulla vittima riferibili con certezza ai resti lasciati dalla testa del martello nell'impatto dei colpi.»

«Non sono esperto di martelli. L'unico che ho maneggiato da piccolo era quello di mio padre, per spaccare i pinoli...»

«Si comincia così e poi è un niente ritrovarsi assassini... Sai che quella benda all'occhio in fondo ti dona?»

Come tutti quelli privi di senso dell'umorismo, Piramide era uno spericolato e disastroso battutista. Werner scelse di ignorarlo. Questa era l'ultima occasione della sua storia di poliziotto. Non poteva fallire. Dopo tanti anni di mediocre cabotaggio tra piccoli criminali comuni e qualche delitto passionale di facile soluzione.

«Che mi dici del rossetto stampato sulla guancia porcina?» chiese Werner.

«Potrebbe essere la firma chimica del delitto. L'abbiamo inviato in un laboratorio dell'Illinois per vedere se contiene tracce di saliva. Ci vogliono attrezzature molto sofisticate e costose per questo genere di analisi. Un solvente organico scompone e rimuove gli elementi del rossetto, oli, cere, metalli, trasformando i residui in vapore.»

«Sarebbe un'assassina dunque?»

«Un'assassina con un grande uccello in mezzo alle gambe, più probabile, conoscendo i gusti recenti di Tony Rende. È stato visto più di una volta in compagnia di viados...»

«Non sono nemmeno un esperto di uccelli... Povero amico mio, stai cominciando a capire in che bordello sei capitato...»

«A fare quel massacro, oltre all'uccello duro devi avere due bicipiti da bruto.»

«Siamo sulla buona strada, vedo... Basettoni non perdona. Uccelli e bicipiti a parte?»

Piramide si aggiustò gli occhiali sul naso. Un tic nervoso. Stava già perdendo la pazienza.

«Poco o niente al momento. Una vecchia poco attendibile, mezza cieca e con problemi di demenza senile di una casa vicino, che sostiene di aver visto allontanarsi più o meno a quell'ora un tipo con una cosa nera addosso e un cappuccio in testa. Forse. Che correva o forse no, forse zoppicava. Alto e robusto, ma non ci mette la mano sul fuoco. Insomma, aria fritta, e il pubblico ministero intanto mi sta addosso... La morte di quel ciccione inutile sta mandando un sacco di gente fuori testa...»

«Niente male. Per il momento hai un bel po' di "forse" dalla tua parte... Hai cominciato a farti un'idea?»

«L'assassino deve essere un igienista ossessivo o qualcosa del genere. Oltre a ripulire il pavimento e tutto il resto dalle tracce di sangue, ha sistemato saponette, salviette, flaconcini e rotoli di carta igienica secondo un ordine simmetrico che deve stare solo nella sua testa bacata. La donna delle pulizie giura che non è roba sua e che non ha mai visto niente di simile. Non certo da parte di Tony Rende che era, a quanto si sa, un caotico luridone.»

«Immagini dai circuiti delle telecamere interne?»

«Solo un paio di telecamere finte all'esterno, di quelle che si comprano su internet a 20 euro per scoraggiare il coglione di turno. È un albergaccio a ore di infimo ordine. Il proprietario è uno spilorcio, risparmia su tutto. Nessuno incontra nessuno. I clienti hanno le chiavi, entrano ed escono quando vogliono. Tony aveva la sua stanza e una copia fissa delle chiavi...»

«Sospettati, a parte me?»

«Ho già dato incarico ai miei agenti di raccogliere tutte le informazioni possibili nel giro dei viados brasiliani e colombiani che frequentava Tony Rende. Il magistrato mi ha dato per ora ampia libertà su come e con chi condurre le indagini. Ma vogliono risultati e li vogliono presto. Al momento, lo capisci persino te, teniamo tutte le piste aperte. Il tuo amico frequentava il peggio della feccia umana, te incluso. Il rossetto è un indizio, ma non ci dice nulla. Potrebbe anche non essere quello dell'assassino...»

«Mi pare, amico, che sei nella merda...Ne sai meno di una talpa al buio. Annusare matite non ti salverà... Che mi dici piuttosto della scritta "Giuda" trovata nelle tasche dei pantaloni?»

«Dimmi tu qualcosa, saccentone.»

«Vuoi sapere una cosa che mi fa pensare? Johnny Mango, l'unico giornalista di cui mi capita di fidarmi qua e là, mi ha fatto sapere che Tony Rende era scomparso anche lui, come a suo tempo Barnaba Zeno, prima d'essere ritrovato cadavere. Cinque o sei giorni prima. Sparito anche da radio e televisioni locali, dove interveniva quasi ogni giorno. Ma nessuno si era preoccupato più di tanto...»

«Nemmeno la moglie e il figlio?»

«Chi? Cesira, quella povera donna e il figlio mezzo scemo? Loro erano abituati alle sue sparizioni. Non ci facevano più caso.»

«Nomi, voglio nomi. Spremi le tue meningi divinatorie. Ti ho fatto venire per questo.»

«Potrei farti una lista con centinaia di nomi di gente che pensava cose orrende di Tony Rende, a cominciare da me.»

«Comincia a farla, allora, questa lista... Partiremo da lì.»

«Fossi in te, piedipiatti, darei più importanza a quella citazione dantesca del Doré. Quella sì è una traccia mica male... Sappiamo intanto che l'assassino non è un bifolco analfabeta...»

Dei quattro amici all'università era lui, Piramide, il meno dotato. Saperlo non lo mortificava. Al contrario. Con tutti i suoi limiti era lì, probabilmente invidiato da molti colleghi, titolare di un'indagine che era sulle prime pagine di tutti i giornali. Era riuscito a farsi sposare da Susan, una donna bella e intelligente, e ancora si domandava come fosse stato possibile. È vero, Werner lo schifava visibilmente, ma intanto eccolo qui da lui, il saputello, disposto a collaborare. Faceva lo stronzo, sì, e su questo nessuno poteva farci niente, ma aveva lasciato il suo paradiso perché lui, Tano, glielo aveva chiesto. Poteva non farlo. L'aveva fatto. C'era evidentemente qualcosa di buono in lui, Piramide, qualcosa di ammirevole e, se non era il talento, sarà stata la determinazione. Il suo speciale accanimento sulle cose e sulle persone. Tano era uno che non mollava. Susan l'aveva presa per sfinimento. Era stato scaricato, è vero, ma dopo essere stati insieme per un bel po' come una vera coppia. Lei aveva scoperto a cinquant'anni di preferire le donne, e a Tano non era mai venuto nemmeno il sospetto d'essere stato lui la causa della conversione. Sta di fatto che, quando lui chiamava, lei arrivava. Come Falco.

Piramide guardò Werner come avrebbe fatto Nero Wolfe al suo posto. Bonario ma insinuante. La matita pendula tutta rimasticata tra le labbra. La grafite era la sua droga.

«Lo sai perché sei qui?»

«Dimmelo tu...»

«Sei qui perché immagino che ho bisogno di te. Ma forse mi sbaglio e dovrò fare i conti con la tua insana passione di deludermi ogni volta.»

Il commissario aveva le sue teorie originali. Werner? Un buono a nulla con una parlantina da seduttore, uno molto abile nel farsi credere quello che non era. Una disistima di fondo, per nulla attenuata dai suoi notevoli successi nel mondo del pallone. Piramide si era però convinto che una virtù ce l'avesse, l'inetto. Una sua vecchia idea, dagli anni giovanili di quando giocavano ai bravi detective. Werner sapeva entrare nella testa delle persone. Una specie di dote paranormale che gli era poi servita anche nel suo mestiere di cacciatore di bipedi abili con la palla.

Di questo si era convinto Piramide. Werner sapeva

leggere i pensieri inconfessabili delle persone. S'immedesimava con loro quasi fisicamente.

«Non hai un cazzo da fare oggi, oltre che rivangare i tempi andati, vuotare clessidre e importunare le ragazze che ti capitano a tiro... Sono qui per darti la grande opportunità di renderti per una volta socialmente utile. Mi dovrai aiutare a capire chi, come e perché può arrivare a desiderare la morte di un giornalista sportivo. Uno che tu conosci molto bene...»

Non era un fesso Piramide. Il suo amico aveva un dono, ma non gli importava saperlo. Non era mai stato all'altezza delle sue virtù, Werner.

Intercettava soprattutto la paura. Ne annusava l'odore, prima ancora che il sudore. Le paure delle donne. Di restare sole. D'invecchiare. Sapeva riconoscere la paura dei colpevoli che sanno di esserlo e degli innocenti che temono di esserlo. La paura dei bugiardi di non essere creduti e la paura dei sinceri di non sembrare sinceri. Percepiva le paure degli animali, quella dei topi su tutte. Fiutava le paure degli uomini, incluse le sue, si convinse Piramide. Quelle che nemmeno sotto tortura avrebbe ammesso. Lui che s'illudeva di chiudere tutto sotto chiave, uomini, cose e fantasmi.

Era un talento paradossale quello di Werner, uno che, per lo più, se ne fregava del mondo e della gente.

Per il resto, Werner non aveva una grande stima di sé. Sapeva di essere un poveraccio tra i tanti, un cazzone qualunque che cercava come tutti di ballare due passi decenti nel casino stonato della vita. E di svoltare le giornate, una dopo l'altra, con la sola missione di darsela a bere. Aveva imparato che nella testa delle persone frullavano cose per lo più banali e qualche volta abiette. Niente poi di così interessante.

Ora gli stavano chiedendo di entrare nella testa di

qualcuno che aveva ucciso e di qualcun altro che era stato ucciso. Nessuno sapeva bene perché.

Tano non lo sapeva, ma lui era la cavia ideale di Werner. Un pessimo giocatore di poker. Uno di quelli che tutti vorrebbero invitare al loro tavolo. A cominciare dalle narici. Cominciava ad arricciarle come un cane da tartufo quando qualcosa lo eccitava. Werner lo conosceva bene. Un tic fastidioso, quasi insopportabile. Questo caso di Tony Rende lo eccitava molto. Le sue narici ora tremavano di brutto.

Era entrato in possesso di una notizia che avrebbe potuto dare una svolta alle indagini.

«I giornali ancora non lo sanno e dunque farai bene a tenerlo per te se non vuoi che ti faccia ritrovare una bustina di coca nel cruscotto della macchina...»

Piramide adorava minacciare Werner.

«Ho parlato con i colleghi che si sono occupati del suicidio di Zeno: il tuo presunto amico Barnaba Zeno e Tony Rende hanno incontrato la stessa persona prima di morire, tale Max Berengario, e hanno avuto un'accesa discussione con lui.»

«Va' avanti...»

«Va' avanti tu, piuttosto. Dimmi tutto su questo Max Berengario. Chi cazzo è?» Piramide prese la sua detestabile aria melliflua.

«Sei l'unico asino al mondo a non sapere chi è Max Berengario detto il Boss. Lui e il fratello Renzo hanno fatto il bello e il cattivo tempo nel calcio italiano, passandosi i club più importanti. Max alla Juventus, Renzo al Milan e poi all'Inter, ma piazzando i loro scagnozzi tra Roma, Lazio, Napoli e in molte società di B.»

«Solo abili intrallazzatori come te o anche possibili profili criminali?»

«I presidenti vogliono vincere e i due Berengario sanno

come fare. Decidevano le carriere di arbitri, allenatori e giocatori, per questo molto temuti. Meglio dire, sapevano come fare. Renzo ci ha lasciato da cinque anni. Un infarto secco. Ma era già sparito da un pezzo dal giro che conta. S'era sparsa anche la voce che si fosse chiuso da laico in un monastero benedettino, in realtà si era ritirato nella sua tenuta in Calabria. La verità è che i Berengario e quelli come loro, me compreso, ormai perdono colpi. Il calcio di oggi lo decidono i procuratori, squali come Sugar Habens. Max ha la pelle dura e resiste, si ostina, finge di essere quello che non è più, Renzo è crollato.»

«Si ostina. Finge di essere quello che non è più. Parli di Max Berengario o di te?»

«E bravo il nostro Sherlock dalla battuta facile! Io sono rassegnato dalla nascita, Max non si rassegnerà nemmeno da morto.»

«Non mi hai detto se il nostro può essere uno che manda a uccidere le persone.»

«A naso dico di no, ma da vecchi si diventa tutti un po' criminali. Max è uno da sempre convinto che i nemici vanno conosciuti, blanditi e portati tra le mura di casa, dopo di che l'alternativa per loro è solo una: diventare suoi amici o essere annientati. Ci provò anche con Sugar Habens e il clan degli albanesi. Ma Sugar Habens era un osso duro anche per le sue zanne da lupo... Di sicuro, ti dico che i Berengario hanno sempre avuto tanti nemici e che, rimasto solo, senza il fratello, Max è diventato un bersaglio più facile.»

«Nel caso di Tony Rende sappiamo con certezza che Berengario è stato l'ultimo a vederlo vivo. Il portiere dell'albergo di Vulci è pronto a testimoniare. L'ha visto salire in camera sua, un giorno o due prima della sua morte. Non era solo. C'era con lui un tipo dalla faccia poco raccomandabile. I vicini della casa di Londra di Zeno, anche loro, hanno ascoltato e riconosciuto la voce di Berengario.»

«L'hai già sentito Berengario?»

«Aspetto di sentirlo. L'ho convocato, ma non ha mai risposto ai miei messaggi. Aspetto ancora due giorni e poi gli mando un ordine di comparizione...»

«Brutta gatta da pelare, Berengario. È talmente abituato a mentire che lo fa anche quando gli chiedi l'ora...»

«L'ho visto per la prima volta al funerale di Tony Rende, ma non sapevo che era un simile pezzo grosso. Ha passato tutto il tempo a confabulare con un tale che ho saputo poi essere Sugar Habens e altri ceffi simili. Avresti dovuto vederlo genuflesso a capo chino sulla bara di Rende. Non piangeva, era pietrificato. Non si staccava più.»

«C'era anche la moglie di Tony?»

«Tutta vestita di nero. Lei, il figlio e i suoi parenti. Non una lacrima. Non una parola. Fa paura quella donna. Si è sciolta un po' solo quando Berengario l'ha abbracciata. Un abbraccio interminabile.»

«Cosa vuoi insinuare?»

«Non insinuo niente. Racconto solo quello che ho visto.»

«L'ho incrociata solo due o tre volte e mi sono sempre sentito in pericolo. Quella donna è l'odio fatto persona.»

«Sapeva che il marito la tradiva?»

«Lo sapevano tutti, anche Topolino e Minnie. Che la tradiva con donne, uomini, ragazzi. I suoi parenti lo dicevano, che Tony avrebbe fatto prima o poi una brutta fine.»

«Pensi che possa esserci lei dietro la morte del marito?»

«Penso che dovrei parlarci dieci minuti per entrare nella sua testa e capirlo. Di sicuro, avrà fantasticato un milione di volte di farlo ammazzare... Hai sentito Betty?»

«No, ma sto pensando di coinvolgerla. Avresti qualcosa in contrario, nel caso?...»

«Penso che sarà lei ad avere molto in contrario quando saprà che ci sono dentro anch'io...»

«Non preoccuparti di questo, ci metto io una buona parola.»

Il compiacimento disegnò una brutta smorfia sulla già non gradevole faccia di Piramide.

«... Per quanto ne so io, ha passato gli ultimi anni a infilare spilloni nelle mie foto.»

«A giudicare da come sei ridotto ha funzionato... Prima o poi mi dirai cosa le hai combinato di così tremendo, anche se posso immaginarlo.»

«So solo che non vuole più vedermi. Credo di averla disgustata definitivamente...»

«Vecchio Bucaniere, non ti fidi nemmeno del tuo amico commissario...»

«... È riapparsa quando stavo per tirare le cuoia, mi è stata vicina. Non ci avrei mai sperato, poi è scomparsa di nuovo. Ha preferito mollarmi all'epoca piuttosto che uccidermi. Sono stato più fortunato di Tony Rende.»

«Non è ancora detto... Quella donna ha personalità da vendere... Non vorrei mai averla come nemica.»

Werner sentì di dover scansare in fretta l'argomento. Il disagio stava diventando insopportabile.

Piramide non la finiva più.

«... La storia di Elettra. Non ti ha mai perdonato in fondo. Fu una disgrazia, ma ti ha sempre considerato colpevole...»

«Come sta Susan?»

«Felice con la sua compagna, così mi dice.»

«Hai scoperto di chi si tratta?»

«Non lo so e non lo voglio sapere...»

«Tu l'ami ancora, vecchio bacarozzo sentimentale, confessa.»

«Non credo… Forse… Non ha importanza. Tu, piuttosto, so che Betty ha un altro.»

Il perfido sapeva come e dove andare a ferire.

«Non è possibile. Lei è innamorata solo di me e di Cary Grant. Per motivi diversi, si tratta di amori impossibili.»

«Prima o poi dovrai chiedertelo.»

«Che cosa?»

«Perché tutti, uomini e donne, prima o poi scappano da te.»

«Non mi pare, piedipiatti, che le cose vadano molto meglio dalle tue parti. Sei più solo di un cammello nel deserto del Gobi il giorno di Natale. Ti mollano di brutto, non sei diverso da me. Vuoi sapere la differenza? Le donne, dopo essere state con me, cercano uomini che mi somigliano, le tue diventano lesbiche.»

Tano si allisciò il baffo, arricciò lievemente il naso, senza arrivare a nettarsi la traccia di latte. Colpito e affondato. Tano non aveva segreti per Werner. Si finse impassibile e paterno, mentre gli avrebbe ficcato volentieri uno stiletto nelle costole.

«Abbi cura di te, vecchio rudere…»

«Fammi sapere della tua indagine, Nero, hai una brutta matassa da sbrogliare…»

«Abbiamo…»

«Io vado a cercare qualcuno che mi faccia una sedazione volante…»

«Prima o poi non ti sveglierai più…»

«… Hai uno schizzo di latte sul baffo…»

20.

Max Berengario sa come colpire e si affida alla Madonna

Il dossier su Max Berengario, integrato dalla memoria scritta di Werner, arrivò sulla scrivania di Piramide. Era stato negli anni Ottanta e Novanta l'uomo più potente del calcio italiano. Aveva la terza media, un vocabolario limitato, ma una diabolica capacità di arrivare al dunque, ovvero la debolezza delle cose e delle persone. E sapeva sempre come colpire. Agevolato in questo da una congenita assenza di scrupoli e di senso morale.

Calabrese come Tony Rende, ma della parte jonica. Fervente devoto della Madonna Greca, da quando lui e la sua famiglia erano sopravvissuti a un disastroso incidente stradale, un colpo di sonno secco, lui alla guida. Lo scontro frontale con un camion che proveniva dalla direzione opposta. Una volta l'anno, cascasse il mondo, Max andava a pregare nel santuario di Capo Rizzuto, dov'è custodita l'icona della Madonna patrona del suo paese natale, non mancando mai d'inoltrare accorate richieste per sé e i suoi cari e lasciando in cambio generose donazioni.

Aveva vinto da ragazzo un concorso come usciere alle poste di Crotone, una cosa miserabile per uno che sognava in grande. Il mondo del pallone era la terra promessa. La Juventus era la sua passione, Omar Sivori il suo idolo. Giurò a se stesso che un giorno, in qualsiasi modo, ne avrebbe fatto parte. Non erano le fantasie di un adolescente segaiolo, ma obiettivi di una mente lucida oltre che ambiziosa. Niente e nessuno lo avrebbe fermato. Berengario non sognava, pianificava. Aveva provato da calciatore, ma con il pallone era negato. Non gli restava che trovare la strada.

La trovò in fretta. Cinque anni dopo era lì dove sarebbe dovuto essere. Preso congedo dalle poste, era riuscito tramite un suo amico d'infanzia emigrato a Cuneo a farsi assumere come autista tuttofare di Federico Manero, allora presidente del Torino, un industriale milanese di radici sabaude. Un anno dopo era il secondo magazziniere della Juventus. Assunto in cambio di una soffiata, quando faceva ancora l'autista di Manero.

Origliando il presidente che confabulava al suo fianco in viva voce con il direttore sportivo, percepì che stavano parlando di Raymond Levy, non più giovanissima mezzala ma ancora letale palla al piede. Il fuoriclasse francese era alle prese con le pene d'amore, al punto di voler farla finita con il calcio e forse con la vita, per via che si era perdutamente invaghito di una ballerina delle Langhe che non voleva saperne di trasferirsi in Francia. Era possibile portarlo via da Lione, Levy, per una cifra ridicola. Berengario girò la notizia a un dirigente della Juventus e, una settimana dopo, Raymond era a Torino, ma con la maglia bianconera e il numero 10, per le visite mediche. Tifosi pazzi di lui e della sua erre francese.

Di fatto, il suo primo affare di mercato. Il primo di una lunga serie. Un capolavoro. Inclusa la cessione in esclusiva della notizia al quotidiano sportivo di Torino per una cifra che, all'epoca, bastava per comprarsi l'ultima Fiat Coupé di lusso. Berengario ebbe la sua Coupé, il francese sposò la sua ballerina di varietà, tornò fenomeno e vinse tutto con la Juve, fino a quando non si stancò di tutto, della ballerina, delle vittorie e del pallone.

Max Berengario era entrato, nel frattempo, nelle grazie della famiglia di industriali delle auto che da sempre aveva il controllo del club bianconero. La strada era spianata. Da lì in poi, un'ascesa irresistibile. Da magazziniere a segretario, da segretario a dirigente, da dirigente a plenipotenziario.

Werner lo conosceva bene. Se volevi fare affari nel calcio prima o poi dovevi avere a che fare con lui. Meglio stare dalla sua parte. Quanto meno, non remargli contro. Berengario pensava e agiva come un capoclan. Aveva amicizie importanti. Non chiedeva. Fumarti il sigaro in faccia era il suo modo di farti capire chi era lì a comandare. Frequentava sempre lo stesso ristorante, dove aveva una sua sala riservata. Tavolate sempre affollate di fedelissimi e di ex infedeli pentiti e perdonati, diventati più fedeli dei fedelissimi. Tutti addestrati a ridere delle sue barzellette e a perdere nelle sfide a tressette. Pochi temerari ci avevano provato a fargli la guerra. I più erano stati costretti a cambiare mestiere. Berengario finì per credersi onnipotente e lì cominciarono i suoi guai.

Werner aveva sempre evitato scontri frontali con lui. Il Bucaniere era un lupo solitario, non amava il branco, e sapeva quando era il caso di farsi da parte. Come quella volta che rinunciò a Uribe, grande promessa del calcio uruguagio. Lo aveva in pugno, lui e la sua famiglia, ma lasciò stare dopo una telefonata a dir poco intimidatoria di Berengario.

Sapeva anche che, prima o poi, l'uomo avrebbe avuto problemi con la giustizia. Troppo arrogante, troppi sgarbi, troppi nemici. I suoi protettori nel calcio e nella politica non sarebbero durati in eterno. Niente e nessuno dura in eterno. Saperlo era il suo vantaggio su Berengario che, al contrario, ignorava la caducità delle cose e non poteva nemmeno concepire che un giorno il suo toscano si sarebbe spento per mancanza di facce da profanare.

Il boss calabrese non considerava Werner uno della sua cerchia, ma nemmeno un nemico da temere. Se lo ricordava vagamente calciatore. Decisamente più credibile da dirigente, anche se l'uomo era rimasto lo stesso, un anarcoide eccentrico, difficile da inquadrare. Uno con qualche valvola bruciata, fuori da schemi e cartelli. Ne percepiva l'anomalia e a modo suo lo rispettava. Aiutava molto il fatto che i due non razzolavano gli stessi cortili. Berengario era quanto di più lontano si possa immaginare da un esteta. Non amava i calciatori brasiliani, per i quali Werner stravedeva. Meno che mai quelli baiani. Li considerava inaffidabili.

Di fatto, con il mutare delle regole e l'avvento dei nuovi padroni del pallone, gli agenti dei calciatori, personaggi come Max Berengario e Werner Falco erano destinati a sparire in fretta dalle mappe. O a adattarsi da comprimari.

21.

Tony, Max e Sugar, relazioni pericolose

Tony Rende era diventato negli anni l'ombra di Max. Una sua costola untuosa. Il Boss lo istruiva prima di ogni trasmissione, gli spiegava per filo e per segno cosa avrebbe dovuto dire e non dire, chi difendere e chi attaccare, se un arbitro, un presidente o un allenatore. Tony Rende ascoltava ed eseguiva. Uno zelante lacchè.

L'omicidio del noto giornalista sportivo aveva acceso fantasie di ogni tipo, senza suscitare grandi rimpianti. Nel mirino degli investigatori gli ambienti sordidi che il tipo frequentava abitualmente, storie di sesso, gioco d'azzardo, scommesse e cocaina, non riferibili necessariamente al mondo del calcio. I due, Rende e Berengario, avevano condiviso negli anni affari e tresche, non i vizi e le puttane. Il Boss non era certo uno stinco di santo, le donne gli piacevano ma, a differenza di Rende, era molto attento a salvare la facciata di padre e marito devoto alla famiglia. Per il resto, tutti nell'ambiente sapevano che Tony stava sul libro paga di Berengario.

Anche le loro storie si somigliavano. Calabresi e devoti alla Madonna, sposi precoci entrambi. Il giornalista aveva portato giovanissimo all'altare una più giovane di lui di Bagnara Calabra, il suo paese sul Tirreno.

Quando partì per cercare fortuna, lasciò moglie e figlio a casa. All'inizio si faceva vivo ogni santo giorno, negli ultimi tempi due o tre volte l'anno. Si muoveva su e giù tra gli studi televisivi di Napoli, Roma e Milano. In ogni città aveva il suo pied-à-terre di appoggio. I vicini di turno raccontavano il viavai incessante, giorno e notte, di donnine vistose, ceffi poco raccomandabili, ma anche giovani neri importati dalle favelas del Brasile, per lo più da Rio e Bahia, veri o falsi calciatori in erba, con la scusa di proporli ai suoi compari agenti e direttori sportivi.

Tony ostentava pose e gergo da macho da quando aveva scoperto un debole per i ragazzi di colore. Le voci correvano. Erano arrivate anche a sua moglie Cesira. Ragazzi che presentava come promesse del calcio. Se li portava ovunque, nelle trasferte, negli stadi e nelle camere d'albergo. Se ne infischiava, lui, delle male lingue. Se erano bravi si faceva pagare dalle società, se erano scarsi a pagare era la famiglia.

Max Berengario era un tipo vizioso, non quanto Tony Rende, mille volte più prudente e certo più tradizionale nei gusti. Gli piacevano le donne, ma gli piaceva di più il potere. Ostentarlo ancora più che praticarlo. Non aveva amici, solo dipendenti. Si fidava fino a prova contraria. Nulla doveva trapelare della sua vita privata. Non si trattava solo di salvare le apparenze. La famiglia era sacra, ma solo la sua. Tutti sapevano nell'ambiente della sua abilità a procurare donne facili ad arbitri, dirigenti e procuratori per farseli amici e fumargli il sigaro in faccia.

Agnese, la ragazza del paese che aveva sposato giovanissimo, lo aveva seguito con i figli in giro per l'Italia. Berengario era lucido, sapeva bene che quella compagna mite e condiscendente era il pilastro della sua vita, la sua cassaforte. Ogni volta che cadeva in tentazione, si prendeva a pugni in faccia: «Razza di coglione! Vuoi buttare la tua vita? Buttala, avanti, fammi vedere che uomo di merda sei...». Lei, la madre e la Madonna Greca, le donne della sua vita. I tre figli maschi avevano provato a fare il suo mestiere, ma solo uno, Fabiano, sembrava averne la stoffa.

Il declino di Max Berengario iniziò di fatto quando si mise in affari con Sugar Habens, potentissimo agente di calciatori, albanese di origine, ma tedesco di adozione. Avido quanto lui, più di lui.

Il mondo del pallone, nel frattempo, era profondamente cambiato. I nuovi agenti dominavano il mercato. Spregiudicati e senza scrupoli. Erano il coltello e il manico. I calciatori pendevano dalle loro labbra. Marionette ubbidienti. Presidenti e direttori sportivi non potevano fare altro che prendere atto della propria impotenza. Per avere i giocatori buoni, bisognava farseli amici quei "magnaccia", così li chiamavano, e, per farseli amici, c'era un solo modo: pagare commissioni enormi.

Di fatto, un sistema basato sul ricatto. In pochissimi ci provavano, a mettersi di traverso. Uno di loro era stato Barnaba Zeno.

Pur facendo mestieri diversi, Berengario e Habens erano soci di fatto. Un'alleanza fragile. Il tempo di studiarsi e di capire il prima possibile come farsi fuori vicendevolmente. Usavano Tony Rende come gancio e megafono dei loro affari. Per quanto invecchiato e sputtanato, restava il migliore. Nessuno come lui. La faccia di culo più collaudata nel mercato delle facce di culo.

I tre, Berengario, Habens e Rende, erano finiti un paio di volte sotto inchiesta per reati vari, illeciti sportivi e finanziari, tentativi di estorsione, tutto si risolveva sempre in una bolla di sapone. Avevano conti aperti in giro con un sacco di gente, ma anche tra di loro le cose non filavano alla perfezione. Ognuno diffidava dell'altro, diffidando soprattutto di se stesso.

Questo, più o meno, raccontava la memoria scritta che Werner aveva fatto recapitare al commissario Piramide.

22.

L'indicibile melanconia di Atanas

«Non ci credo, dimmi che è vero, Atanas, figlio di puttana, sei proprio tu... il mio prediletto. Dove stai? Come te la passi?»

Una voce familiare. L'italiano incerto, la lieve balbuzie, le lunghe pause.

«Sono in Macedonia, capo, a casa di mia sorella. Mi era venuta voglia di sentirti...»

«Il ragazzo più pigro e smemorato del mondo si è ricordato del suo vecchio mentore! Me la sto facendo sotto dalla felicità...»

Werner aveva esitato prima di rispondere. Una piccola vigliaccheria. Non sentiva Atanas da più di un anno. Sapeva dei suoi problemi, sapeva che Habens, suo agente, l'aveva scaricato, che anche la moglie l'aveva lasciato, e che la nuvola marcia in cielo lo aveva prostrato, mentalmente e fisicamente. Lui, come tanti altri. Aveva provato a cercarlo, due o tre volte, ma non gli aveva mai risposto. Werner non sapeva sostenere la sofferenza delle persone care, meno che mai quella dei suoi giocatori.

La voce puerile di sempre. Più dimessa del solito. Atanas non era cambiato.

«Lo sapevi che ho smesso con il calcio?...»

«Lo so bene. Le cattive notizie arrivano sempre. So tutto di te o quasi. So che hai avuto dei problemi...»

«... Sto cercando di uscirne, capo, provo, ma non è facile...»

«Soprattutto, so che uno come te non può smettere a trentun anni. È una bestemmia, turpiloquio puro. Tu sei nato per fare felice la gente con quel tuo sinistro e di sicuro hai fatto felice me...»

«Ci ho provato. Non riesco. Non posso. Mi sento vuoto dentro. La testa. Questo cerchio che mi stringe la testa giorno e notte. Non mi va più via. E quella merda lassù in cielo...»

«Non dire bestemmie, Atanas, tu sei solo un ragazzo più sensibile degli altri. Una corda di violino in una cagnara di bestie volgari...»

«Le corde si spezzano...»

«Si spezzano, ma si aggiustano, possono diventare più forti di prima. Dammi retta. Basta con le cazzate! Tu adesso verrai a trovarmi, parliamo, io tornerò a fare il mio mestiere e tu il tuo, gli unici che sappiamo fare e li facciamo bene, Dio lo sa quanto. Tu mi salverai la pellaccia come ai tempi del Palermo e io la tua e, alla fine, forse, faremo anche sesso come due checche... una vecchia checca al capolinea e un ragazzo gentile che torna ad amare la vita.»

Parlare con Atanas riportò Werner agli anni di Palermo, a quella che lui, e non solo lui, considerava la sua più grande impresa da direttore sportivo. Una società piena di debiti, i creditori che bussavano alle porte, istanze di fallimento da ogni dove, ultima in classifica, abbandonata dai tifosi. Werner accettò la sfida. Doveva riconoscenza a Barnaba Zeno, il primo presidente a credere in lui. Gli aveva dato carta bianca e non si era pentito.

Rimise in sesto la squadra nelle due settimane finali del mercato invernale con la velocità del predatore e la spregiudicatezza del bucaniere. Una raffica di operazioni in entrata e in uscita, ispirato solo dal suo intuito animale.

In contatto giorno e notte con i suoi informatori e collaboratori sparsi nel mondo. In quei giorni Werner diventava un uomo intrattabile. Un Dracula col sangue agli occhi. La trance del combattente in missione. Un fascio di nervi e tre pacchetti di Marlboro al giorno. Divorava spazio e tempo. Un giocatore doveva essere suo? Sarebbe stato suo. In un modo o nell'altro. Non c'era tempo quella volta a Palermo per andare di persona a circuire i ragazzi, le loro madri e le loro mogli.

Arraffò fulmineo dodici calciatori da tutto il pianeta, in prevalenza argentini e brasiliani. Tra questi, due mancini puri. Werner aveva un debole per i mancini. Matias Pope, un gaucho filiforme cresciuto nella stessa regione di Maradona, un visionario che ti faceva passare la palla in mezzo alle orecchie e indovinava corridoi che solo lui vedeva, e Atanas Ilievski, un buffo macedone asimmetrico, dalle movenze femminee, con le gambe troppo lunghe, i fianchi troppo larghi, da matrona, e una faccia che poteva essere quella di un tonto o di un genio. Werner si convinse che c'era un genio dietro quella faccia e dentro quella sagoma da clown triste. Convinse il presidente dello Skopje a farselo dare in prestito per un tozzo di pane con diritto di acquisto. Sugar Habens gli fece da complice. Aveva distribuito una generosa mancia ai genitori per aggiudicarsi la procura del ragazzo, allora ventenne, salvo poi prendere atto, negli anni a seguire, che la zucca del ragazzo era un campo minato. Una battaglia persa.

A differenza di Sugar, Werner amava le cause perse. Rivedeva in Atanas qualcosa di sé anche se, a differenza sua, il ragazzo tendeva a sprofondare in malinconie grandi come il lago Balaton. Seppe parlargli, trovò le parole giuste e, dopo il primo periodo di ambientamento, il ragazzo di Skopje diventò con Matias Pope l'artefice di una salvezza folle per cui i tifosi del Palermo, a distanza di anni, ancora lo benedicevano e lo chiamavano "il Messia".

Atanas ricordava ogni istante di quell'incredibile favola.

«Eri tu il Messia di quel Palermo, non diciamo balle, io ero solo un discepolo... So che sei stato molto male anche tu...»

«Io non starò mai male fino a quando il mio naso sarà capace di sniffare tartufi pregiati come te. Sono quelli come te che mi tengono in vita... e, vabbè sì, qualche mignotta qua e là ancora ci scappa. Hai qualcosa contro le mignotte? Mai andato tu a mignotte? Certo che no, che domanda assurda, Atanas non va a mignotte, non è il tipo. Ti ho mai raccontato della mia preferita?»

«No» sorrise timido. Tre o quattro volte, in realtà, ma a Werner piaceva raccontarle, le sue storielle. Quell'uomo aveva il potere di divertirlo.

«Era una grande gnocca, fidati, ma non la scelsi per quello. Batteva su un marciapiede dell'Eur a Roma, seduta su una panca, e mentre aspettava i clienti che faceva? Leggeva Immanuel Kant... Ti rendi conto? Leggeva la *Critica del giudizio* tra un preservativo da infilare e un cazzo da maneggiare... Un genio assoluto. Non riuscii nemmeno a scoparla per quanto mi metteva soggezione... L'Atanas dei marciapiedi. Strana forte, ma mai quanto l'altra. Rachele, la cieca di Spoleto. Non ti ho raccontato nemmeno questa?»

«No... non ricordo.» La conosceva a memoria.

«Vedeva solo ombre. Già da come bussava alla porta mi cagavo sotto. Quando mi entrava nella stanza e mi cercava con le mani, era il panico, sembrava di stare in un film di Dario Argento. Ma faceva dei pompini che ti spedivano dritto in paradiso. Batteva per alzare i soldi che le servivano per il viaggio in Russia dove ci sono i più grandi chirurghi degli occhi. Mai più saputo niente di lei...»

Il Bucaniere era in crisi di astinenza. Si alzava e si sedeva dalla sedia, sbuffando il suo vapore fasullo. Tornare in Italia gli aveva fatto male. Casini e delitti a parte, gli mancava il suo lavoro. L'adrenalina del mercato. Passava il tempo da pensionato a fissare quel cappone beato di Pierre che gli stirava le sue camicie bianche e quel parassita bizzoso di Armando sul trespolo che si lisciava il becco e sbucciava metodico i semi di girasole stretti nella zampa. Un ingrato. Pierre gli comprava quelli più cari al supermercato, diceva che erano saturi di vitamina E, soprattutto non gli causavano il mal di pancia e la diarrea, e lui in cambio gli mozzava le orecchie.

Già, quel Palermo... Un gioiello. Messo su in due settimane, una quindicina di samurai al servizio dei due dai piedi di fata. Trovò gli uomini giusti anche per la panchina, i due gemelli Russo, Bernardo e Giona. Due marchigiani sanguigni, permalosi come scimmie, specialmente Giona, il più fumantino dei due. Allievi di Paride Santoni, un praticone della vecchia scuola, non proprio uno stratega ma un motivatore di razza. Sapeva entrare nella testa dei suoi, li caricava come bufali, a volte anche troppo. Bernie sarebbe diventato col tempo una star del calcio, ma all'epoca faceva il vice del gemello, curava la comunicazione e la parte tattica, mentre Giona si occupava del lavoro di campo. Ribattezzati Confucio e il Mongolo dagli amici di quartiere, per via della pelle olivastra e del taglio asiatico degli occhi.

Bernie "Confucio" si atteggiava da sempre a pensatore e quando s'infilava in un discorso poteva uscirne anche una settimana dopo per come si perdeva nelle volute della sintassi. L'altro, Giona il "Mongolo", per via della testa glabra già da ragazzo, al contrario del fratello, parlava pochissimo, s'impappinava. Quando apriva bocca, esplodeva. Per lo più sentenze minacciose, sempre un po' sopra le righe. Una pasta d'uomo, Giona, a saperlo prendere.

Werner era uno dei pochi, anche se poi quando si trattava di cazzeggiare preferiva la compagnia di Bernardo, meno spinoso di Giona e più portato alle cose futili della vita.

«Come stanno i due gemelli?» s'informò Atanas.

«Bernie va alla grande. Sarà il prossimo allenatore della Nazionale. Il suo calcio pressing a tutto campo, uomo su uomo, spopola in Italia. Non sai quanti imitatori. Giona? Non lo sento da una vita, sarà come sempre un po' incazzato con il mondo. Lui non cambia, lo conosci. Vi somigliate in questo, vi manca la grammatica elementare della felicità... Se non gli danno in fretta una panchina, esplode di brutto... Ha fatto il vice di Bernardo nel Napoli, ma questo ha peggiorato la situazione, il merito dello scudetto se l'è preso tutto il gemello. E lì, conosci Giona, il tipo ha rischiato d'impazzire davvero. Sai che ti dico? Ti faccio una profezia. Torneremo presto insieme, i tre dell'Ave Maria, io, te e il Mongolo, a fare sfracelli. Niente prigionieri.»

«E Bernie?»

«Lui no, Confucio è troppo altolocato oggi per tutti noi...»

Sta di fatto che, in quel Palermo, Pope diventò uno dei giocatori più famosi al mondo, Ilievski andò avanti tra alti e bassi, fino a quando non si lasciò cadere in una crisi depressiva senza ritorno. Ogni tanto sembrava riemergere, poi tornava nel tunnel. I farmaci all'inizio lo aiutavano, poi più nulla. Provò a interromperli, a cambiarli. Di male in peggio.

Alla fine, era tornato nella sua fattoria di Markova Susica, un villaggio dalle parti di Skopje, grasso, spento e più taciturno che mai. Aveva buttato nella spazzatura maglie, fotografie e trofei. Girava con un rosario in tasca. Non voleva più sentir parlare di calcio. Habens aveva smesso di seguirlo da un pezzo, da quando non portava più al suo altare uova d'oro ma solo inutili brandelli della sua anima malata. Lui e la moglie l'avevano mollato quando aveva più bisogno di aiuto.

Atanas tacque, prima di un sospiro che somigliava a un gemito.

«Stanno succedendo cose brutte da voi.»

«Uno schifo. Il pallone è diventato un affare sporco, e te lo dice uno che non è un santo. A comandare sono i gangster con la cravatta e i conti nei paradisi fiscali... Non mi diverto più.»

«Di sporco, capo, c'è quella nuvola in cielo. Lì, ferma, puzzolente. È una punizione divina. Non mi crede nessuno, ma io so che è così. Sta mandando fuori di testa tutti. Le famiglie si sfasciano, gli uomini fanno cose che non dovrebbero fare, bevono fino a svenire, ammazzano le loro donne e i ragazzi non credono più a niente.»

«Non so se c'è di mezzo il tuo Dio, ma sai una cosa? Quella maledetta nuvola aveva mandato fuori di testa anche il nostro amico Diego. Si sentiva soffocare. Me lo diceva. Gli venivano emicranie terribili. E sai una cosa da brividi? Lui ci vedeva la sua faccia in quella nuvola... Ma non era una cosa bella. Era come una maledizione... Da lì a poco è morto. E sai un'altra cosa? Ora la vedo anche io la sua faccia nella nuvola...»

«Lo sapevi che mia moglie mi ha lasciato? Che anche Sugar Habens mi ha lasciato?»

Atanas era sempre stato molto religioso. Un paio di volte era finito in processione a Medjugorje e una di quelle aveva portato anche la statua nel fango, tutto vestito di bianco. La genesi del male. Era ossessionato dalla questione del peccato e si confidava spesso anche con Werner, il meno credibile sul tema, o il più credibile, a seconda dei punti di vista.

«Non sapevo di tua moglie, sapevo di Habens. La merda

vera, Atanas mio, non sta in cielo ma in terra, tra gli uomini, e il nostro amato pallone è pieno di questa merda...»

«Sugar mi ha urlato un sacco di volte in faccia che sono stato il peggior affare della sua vita, che sono un fallito, una donnicciola. Una nullità. Mi ha detto che sono un'anatra zoppa, questo mi ha detto, questo mi ha fatto, e tante altre cose che non posso dire...»

«Meglio essere un'anatra zoppa che la scorreggia puzzolente di un porcello scomunicato. Tu, da anatra zoppa, ne fai di miracoli. Mi hai sempre dato retta, fallo anche questa volta, butta nel cesso pillole e cattivi pensieri, vieni a trovarmi. Male che va, ci appenderemo insieme allo stesso gancio, così risparmiamo anche la corda.»

Si ritrovò a cazzeggiare, Werner. Uno come lui, ingolfato di pillole e di cattivi pensieri, peggio di Atanas.

«Ci penserò, capo, te lo prometto, se trovo la forza...»

«Se non vieni tu, vengo io e sono cazzi tuoi, ti porto qua da me a calci in culo!»

Niente di buono, pensò Werner dopo aver chiuso il telefono. Non gli era piaciuta per niente la voce di Atanas.

23.
È davvero lui l'uomo in pigiama e ciabatte che sta mostrando al mondo il suo culo flaccido?

Armando sonnecchiava serafico sul suo trespolo, sotto la copertura, un telo da spiaggia con la sagoma di Maradona che palleggia come una foca.

Werner Falco si affacciò alla finestra. La nuvola marcia era lì. Immobile, minacciosa. A svegliarlo quella mattina era stato un attacco di tosse convulsa. Si guardò intorno. Fu sopraffatto dalla desolazione. Letto sfatto, piatti sporchi, cassetti aperti, stracci ovunque lasciati a caso. L'odore selvatico delle piume di Armando bisognose da una vita di un lavaggio si confondeva con quello della moquette e delle pareti impestate dal vapore delle sigarette finte. Era il caos di un uomo allo sbando. Pierre mancava da tre giorni e si vedeva.

La telefonata di Atanas lo aveva turbato. Ma c'era dell'altro. Un video spuntato dal nulla sul suo cellulare. Non riusciva a smettere di guardarlo. Un uomo in pigiama e ciabatte, strafatto, lo sguardo perso, che si dimenava allacciato a una bionda, sulle note di *El Bombón Asesino* dei Los Palmeras, i Casadei della cumbia argentina. Più appeso che allacciato. La donna non si sforzava nemmeno di nascondere il suo ribrezzo di trovarsi lì nelle grinfie di quel relitto umano. A strascicare passi di danza con quel lirico botolo.

Werner ci mise un po' a identificarlo. Non voleva credere ai suoi occhi. Non era un falso. Quel vecchio e triste orango con tutta quella carne superflua addosso e chissà quante schifezze nella enorme pancia che mostrava il suo culo flaccido al mondo intero, quel relitto umano era Diego Armando Maradona. Due minuti scarsi, poche settimane prima della sua morte. La bionda lo abbracciava, ma non c'era amore. L'uomo che era stato in cima al mondo e dava del tu a Fidel Castro e al Papa era lo stesso zombie osceno che si lasciava filmare da quei mostri, come a dire: «Me ne frego di me, di voi, di tutti, del mio culo peloso e schifoso, me ne frego della fine che ho fatto, non per questo io sarò meno Maradona e voi meno miserabili».

Gli fu impossibile per un bel po' scansare lo sguardo da quelle immagini. Werner le guardò e le riguardò una decina di volte. Disprezzava l'infame che, dopo averle girate, le aveva messe in rete, quel Giuda tra i tanti presunti amici di Maradona, che gli amici quasi mai aveva saputo sceglierli. Quel verme. Allo stesso tempo gli era grato. La grandezza del suo amico Diego non gli era mai apparsa così inesorabile, così abbagliante, come nella pornografia domestica di quel video, in quella sintesi di squallore e apatia. Un maledetto, brutale capolavoro, si diceva Werner piangendo, non sapendo di piangere. Il suo amico Diego, abbrutito, stordito, gonfio, che si trascinava in quei passi di danza, alle porte del macello, con la grazia infinita di un abbandono che era anche un addio alla vita. C'era una forma di grandiosa lucidità spirituale in quel balletto debosciato, sottratto a ogni volontà.

Dopo aver deliziato le folle, sparato la faccia allucinata alle telecamere e sparato di tutto a chiunque e soprattutto a se stesso, Diego mostrava ora il suo sedere sfatto al mondo, non avendo più nulla da mostrare, nulla da proteggere, niente e nessuno da stupire. Nella casa in cui, da lì a poco, sarebbe morto.

Impossibile ormai proteggerlo da se stesso. La strada era segnata. Lo scandalo definitivo. E anche il verso.

«Buongiorno padrone, grandissimo piezz' 'e mmerda!» Armando si era svegliato di buon umore.

Werner si ritrovò a pensare a Diego e poi ad Atanas. Due anime perse. A quando li aveva fatti incontrare in un albergo di Napoli, e a quanto si erano piaciuti. A quella notte che sembrava non dovesse finire mai. Ripensò poi alle parole di un altro sventurato, quel cazzone di Tony Rende: «Diego Armando Maradona non l'abbiamo perso per cause naturali... Qualcuno lo voleva morto».

E se il cialtrone avesse avuto ragione, per una volta? Se esistesse davvero un nesso tra la morte del giornalista e quella del genio di Villa Fiorito?

Werner non aveva più sentito Piramide dopo il loro incontro. Strano. Non era da lui. Cosa stava covando? E perché non lo rendeva partecipe? Aveva poi sentito Max Berengario? Troppe domande. Decise di chiamarlo.

In quel momento suonarono alla porta. Werner si sentì sollevato. Da lì a un istante sarebbe entrato Pierre, la sua Biancaneve, con la tutina nera perlata e gli zoccoli fucsia. La casa aveva un tremendo bisogno di lui e la vita gli sarebbe sembrata più sopportabile.

24.
Max Berengario vuole incontrare Werner Falco

Non era Pierre. Era Johnny Mango, il suo amico giornalista. Aveva la solita aria trafelata di uno che si sta sempre pisciando addosso qualcosa. Werner era in mutande, barba lunga e canotta di lana a maniche corte. Lo accolse con lo stesso calore di uno che aspetta Jayne Mansfield e si presenta un testimone di Geova con la faccia di Peppino di Capri.

«Piezz' 'e mmerda!», il saluto di Armando.

Mango non era permaloso. Non si faceva intimidire facilmente.

«Allora, mi fai entrare o no?»

«Che ci fai qua?»

«Apriamo le finestre... Chiamiamo l'esorcista... Facciamo qualcosa... Questa camera puzza a bestia... Dio santo, come fai a vivere in questa fogna?»

«Sei venuto fin qui, miserabile avanzo umano, per insultarmi o per aiutarmi a spalare questa fogna?»

Una dolorosa fitta al costato gli ricordò che quello era un martedì, un giorno pari. Pierre veniva solo i giorni dispari. Per un attimo si percepì finito, poi si ricordò con sollievo d'esserlo ormai da un pezzo.

Johnny Mango, nel frattempo, trovato uno strapuntino dove sedersi, aveva scansato un paio di mutande e un calzino spaiato. Fissava l'improbabile cyclette accanto al divano.

«La usi? Non posso credere che la usi... Neanche se ti vedo.»

«Vuoi continuare a stare in questa reggia? Hai cinque secondi per farmi un caffè di là in cucina. Proverai per una volta l'emozione di essere un uomo utile...»

«Werner, io ti faccio il caffè, ma tu devi ascoltarmi. Questa è una cosa seria...»

«I biscotti dovrebbero essere in quella dispensa a lato, se non se li è mangiati Armando...»

«Si vede che manca una donna in questa casa...»

«Non mi parlare di donne, ho chiuso con le donne. Mi basta e avanza Biancaneve.»

Mango arrangiò una moka pescandola in una caterva di piatti sudici.

«Mi ha chiamato Max Berengario...»

«Chi?...»

«Max Berengario, proprio lui.»

«Cosa mai può volere Berengario da una nullità come te? Lo sa che lo stanno cercando tutti, polizia inclusa?»

«Lo sa bene, per questo vuole parlarti...»

«Parlare con me? E perché mai? Non ci sentiamo da una vita. Non si è fatto vivo nemmeno quando stavo intubato, più morto che vivo, e sognavo che il paradiso era un emporio...»

«Mi ha detto che è una cosa molto urgente e che solo tu puoi aiutarlo... Mi ha anche detto di ricordarti del Burkinagate...»

«Maledizione!» borbottò Werner. «Aiutami a trovare il calzino bianco mancante. Sai dirmi qualcosa sul mistero dei calzini?»

«Werner, penso che devi prendere molto sul serio questa richiesta di Berengario...»

«Ne sparisce sempre uno. Come se non sopportassero di stare accompagnati… Ti ricorda qualcosa, fessacchiotto?… A me, per esempio, sparisce sempre il calzino femmina… Hai capito ora perché ho smesso di portare i calzini?»

«Okay. Racconterò a Berengario la tua teoria dei calzini. Sarà felice di ascoltarla.»

«Max Berengario… Lui tiene sempre una contabilità aggiornata di tutto, dei calzini persi, dei piaceri fatti e di quelli ricevuti.»

«Dai, non se l'è dimenticata nessuno la storiaccia dei ragazzini aspiranti calciatori del Burkina Faso, trasferiti in Italia con un contratto di apprendisti artigiani…»

Werner Falco era stato accusato di traffico illecito di minorenni e Berengario aveva usato le sue conoscenze insieme a Tony Rende per fargli dimezzare la squalifica: sospeso da ogni incarico su sentenza della giustizia sportiva. Da quattro a due anni, poi ridotti a uno. Werner non aveva mai smesso di giurare ai quattro venti la sua innocenza, ma Berengario gli spiegò che nessuno per definizione è mai innocente, meno che mai se lo sei davvero e non hai santi in paradiso. E che lui di santi ne aveva un bel po', anche per gli amici in disgrazia come Werner Falco.

Aveva deciso di presentargli il conto, Max Berengario? Cosa poteva volere da lui di così urgente e segreto? E perché? Da cosa si stava nascondendo?

Mosso a compassione, Johnny Mango non si era limitato a fare il caffè, aveva dato anche una ripulita al lavello e alla dispensa.

«Ecco, questo è il numero dove chiamarlo. Mi ha raccomandato di non darlo a nessuno…»

«Già che ci sei, Mango, saresti così gentile da rifarmi anche il letto?…»

Non c'era verso di essere presi sul serio da Werner. Mango era stufo di fargli da zimbello. Gli era devoto da sempre, ma quella cinica pellaccia troppo spesso superava il limite. Stava cercando di dargli una mano e quello lo trattava come uno sguattero trovato per strada. Fece per prendere la porta. Werner lo afferrò per un braccio.

«Fermati, scimmia permalosa. Stavo scherzando... Piuttosto, ho bisogno davvero di un grande favore da parte tua. Ti dice qualcosa Atanas Ilievski?»

«Chi? Quel depresso cronico che giocava nel tuo Palermo?»

«Sciacquati la bocca quando parli del signor giocatore Atanas Ilievski...»

«Vai al dunque.»

«Ho bisogno che vai a trovarlo a casa sua in Macedonia. L'ho appena sentito e non mi è piaciuto per niente. Non sta bene. Ti combino tutto io. Gli fai un'intervista memorabile a spese del giornale. Se non gli va di farla, poco male, racconti la sua storia. È la volta buona che vinci il Pulitzer.»

«Mi stai chiedendo di fare l'avvoltoio...»

«No, niente carogne da spolpare per una volta. Voglio che mi dai una mano a tirarlo fuori dall'inferno in cui è finito.»

«Figlio di buona donna... Ti accorgi che esisto solo quando mi devi chiedere qualcosa.»

«E ti pare poco?»

Werner restò un bel po' stranito con il bigliettino di Mango in una mano, la bomboletta dell'ossigeno nell'altra, e un dubbio appeso nella mente: telefonare a Berengario o chiamare prima Tano Piramide, come sarebbe stato doveroso per uno ingaggiato, anche se non ufficialmente, come consulente del commissario, sezione Omicidi?

Come sempre, quando si trattava della sua testa, la curiosità prevalse per distacco sul dovere. Si disse poi, per dare un alibi alla sua eventuale coscienza, che in questo modo, parlando prima con il vecchio boss, sarebbe stato più utile a Piramide.

Chiamò Max Berengario. Rispose al secondo squillo con una voce che sembrava uscita dalla fessura di una tomba di famiglia. «Finalmente… ce ne hai messo di tempo.»

Anche da uomo afflitto, Berengario non perdeva il suo tono padronale.

25.

Werner Falco sa distinguere l'odore della colpa da quello dell'innocenza

Max Berengario lo pregò di non fargli domande. «Raggiungimi questo pomeriggio nell'albergo che sai sul lago di Nepi... la camera è sempre la stessa.» Era l'albergo dove il Boss si fermava ogni volta che scendeva a sud, per fare rifornimento di acqua e recitare il rosario nel convento di San Tolomeo dei Servi di Maria. Gli fece promettere di non dire niente a nessuno, che si trattava di una questione molto delicata, che aveva a che fare con la morte di Tony Rende e che in qualche modo riguardava anche lui, Werner Falco.

Diabolico individuo... non poté fare a meno di pensare Werner dopo aver messo giù il telefono. Anche avesse voluto, ora non poteva più coinvolgere Piramide. Doveva prima sapere. Cosa intendeva Berengario quando scandiva «Riguarda anche te»? Era uno dei suoi tanti bluff? O c'era qualcosa di minaccioso per la sua persona che sarebbe stato meglio sapere? Cosa c'entrava lui con la morte di Tony Rende?

Non c'era altro modo di saperlo che presentarsi all'appuntamento. Quando c'era di mezzo Max Berengario, non potevi mai sentirti al riparo dalle cattive notizie.

Max Berengario lo aspettava in camera con il suo sigaro acceso. Dentro una vestaglia grigia a righe azzurre che gli arrivava alle caviglie.

Gli fumò in faccia un paio di volte, infischiandosene che avrebbe potuto ucciderlo. Werner prese a tossire convulsamente e si attaccò al suo ossigeno. Si disapprovò, mentre stava rantolando, di stare lì in quella camera maleodorante, in compagnia di quell'essere orribile, che la paura o chissà che cosa avevano reso ancora più terreo in volto, il colore giallo degli itterici gravi e dei serpenti.

«Ti trovo bene. Sai che quella benda in faccia ti dona?»

«Non sei il primo a dirmelo di questi tempi... Per la verità, sto a pezzi.»

Non fece nemmeno finta d'interessarsi alla sua salute, il serpente.

«Ti ho chiamato perché siamo amici da sempre, perché eri amico di Tony e, soprattutto, perché mi risulta che sei molto amico di Tano Piramide, il commissario...»

La premessa faceva acqua da tutte le parti. Primo, nessuno poteva dirsi amico di Max Berengario. Secondo, lui non era amico di Tony Rende. Terzo, forse non era nemmeno amico di Tano Piramide. Certo, non lo era di se stesso.

«Il tuo amico commissario mi sta cercando da qualche giorno...» continuò Berengario con una delle sue celebri occhiate tra l'ammiccante e il viscido che poi ti portavi dietro come una fitta nelle costole per giorni interi.

«Tu sai certamente perché mi sta cercando... Sei tornato in Italia, mi risulta, per dargli una mano nelle indagini...»

Werner sentì il sudore freddo sotto il colletto della camicia bianca. Si trovò a immaginare Berengario con un gigantesco martello in mano avventarsi su di lui, lo stesso arnese usato per abbattere Tony Rende. Cacciò via l'orrendo pensiero. No, non poteva essere, era troppo vecchio, troppo viscido, Berengario, per un atto così diretto e brutale. Nel caso, avrebbe usato piuttosto un sicario. Cercò istintivamente con lo sguardo eventuali sagome assassine dietro la tenda.

Percepì il proprio sudore e respirò quello altrui. Quella del Boss era aggressività mista a paura.

«Non so di che stai parlando. Non hai niente da temere. Tano Piramide vuole parlare con te, come vuole parlare con tutti quelli che conoscevano bene Tony Rende. Tutto qui...»

«Tutto qui?... Sei sicuro che sia tutto qui? Non ti ha riferito, il tuo amico, che io sono stato l'ultimo a incontrare Tony Rende nella sua topaia, il giorno prima che lo ammazzassero?»

«Se è per questo sei stato anche l'ultimo a vedere Barnaba Zeno nella sua casa di Londra prima che lo trovassero spiaccicato sull'asfalto...»

«Tu credi nelle coincidenze?»

«Dipende. Non quando ci sei di mezzo tu...»

«Barnaba Zeno si è suicidato, lo sanno tutti. Era un alcolizzato pieno di guai. Hanno trovato anche una lettera di suo pugno nella tasca...»

«Perché ti nascondi, se non hai nulla da nascondere?»

Il lezzo del sudore di Berengario aveva impregnato la stanza. Werner si sentiva mancare. Da un momento all'altro sarebbe spuntato il carnefice per la mattanza.

«Io non mi nascondo. Voglio solo capire cosa c'è nella testa del tuo poliziotto e tu devi dirmelo perché tu lo sai. O devo ricordarti tutte le volte che ti ho salvato il culo per le tue cazzate?...»

Werner si sentì per un attimo spiazzato. Ricordava l'unica volta che Berengario gli aveva salvato il culo, almeno così gli aveva fatto credere, la storia dei ragazzini africani. Non ricordava altro. Meglio non rivangare. Si fidava della sua memoria meno che di Berengario.

«Sei stato l'ultimo a vedere Tony Rende.»

«Non l'ultimo. L'ultimo è stato chi lo ha ucciso.»

«Non hai niente a che fare con la sua morte?...»

«Sulla Madonna patrona di Capo Rizzuto e sulla tomba di mia madre!»

L'occhio vitreo da biscia di Berengario era adesso quello di una triglia a cui avevano appena comunicato la notizia che sarebbe finita in padella. Una schifosa, umida triglia. Non c'era da fidarsi dei giuramenti di Berengario. Più volte aveva giurato il falso sui figli e sulla moglie. Questa volta, però, era diverso, aveva giurato sulle sue donne protettrici, la Madonna Greca e la madre.

Il vecchio Boss non c'entrava nulla con la morte di Tony Rende. Werner se ne convinse. Non certo per i giuramenti. Erano il puzzo del suo sudore e quello sguardo lesso da triglia. Nella testa di Berengario, lo avvertiva, friggeva il terrore inconfondibile del lestofante che, per una volta innocente, teme di essere bollato come colpevole, incastrato per qualcosa che non aveva commesso. Tutto quello che accadeva di losco nella poco limpida terra del pallone era riconducibile fino a qualche anno prima a Berengario. Ma i tempi erano cambiati. Per molti versi in peggio. Quelli come Max Berengario e Werner Falco erano passati di moda, scivolati dietro le quinte e anche più giù.

«Facciamo così… Tu ora mi parli. Mi dici tutto. Tutto quello che racconteresti a Piramide, e io ti dirò se sarai credibile ai suoi orecchi…»

Max riprese la sua posa da boss. Gli fumò in faccia, andò a sistemare un quadro alla parete, si aggiustò il nodo della vestaglia.

«… Sono andato da Tony Rende quel giorno per metterlo in guardia. Lo stronzo stava esagerando. Le sue uscite sulla morte di Maradona stavano disturbando molto certe famiglie di Forcella e non solo. In pratica, sono andato da lui per aiutarlo a salvarsi la pelle…»

«Non è servito un granché…»

«Era troppo tardi. Io già l'avevo avvisato che la cosa non andava fatta, che stava diventando pericolosa, ma lui niente, lo sai com'era, questo ritorno di popolarità gli aveva dato alla testa… Non mi sentiva.»

«Quanto sapeva Tony?»

«Ne sapeva quanto ne so io, zero. Forse non c'era niente da sapere, ma a qualcuno non piaceva che lui facesse finta di sapere…»

Poteva essere bizantino, Berengario, quando voleva.

«Come hai saputo delle minacce a Tony?»

«Me ne ha parlato Sugar Habens. Lui certa gente la conosce bene…»

«La conosci bene anche tu.»

«È diverso, lui con loro ci fa affari. Lo sanno tutti, lo sai anche tu…»

«E tu fai affari con lui.»

«Tutti oggi fanno affari con tutti. Anche con Sugar Habens, te incluso. Non fare la verginella. Nessuno può muovere una foglia nel calcio di oggi senza fare affari con Sugar Habens e i suoi compari.»

«Tu sei stato anche l'ultimo che ha visto Barnaba.»

«Mi aveva chiamato almeno tre volte. Si sentiva in pericolo. Non era affidabile, Barnaba. Una testa matta, un po' come la tua, vi somigliavate in un certo senso, ma a modo mio gli volevo bene…»

«A modo mio…» Fosse stato per Werner avrebbe parlato solo di quello da lì in poi. Il modo suo di voler bene.

«… Avevo un affare a Londra, ne ho approfittato per andare a trovarlo. Mi chiese di aiutarlo a liberarsi di quel giocatore, Genius Mokambo, che tu gli avevi consigliato di prendere e gli stava rovinando la vita…»

Werner Falco sapeva che Berengario era innocente ma questo non gli impedì di desiderare la sua morte immediata, possibilmente violenta. Se solo avesse avuto la forza di farlo lui in persona. Debole com'era, poteva ammazzare solo zanzare e mosche a Bahia.

«Altolà... Sei la solita serpe, Max. Sai bene che le cose non sono andate così. Io non gli avevo consigliato un bel niente. Ho provato anzi a scoraggiarlo, ma lui era infatuato perso...»

«Vallo a dire alla sua famiglia...»

Werner andò alla finestra per cacciare i suoi demoni. Aprì e respirò per quello che poteva. La richiuse.

«Cosa vuoi da me?»

«Cosa farai per me?»

«Dirò a Tano Piramide che parlerai con lui, racconterai la tua versione e gli chiederò di ascoltarti senza pregiudizi.»

«Gli dirai che ho parlato prima con te?»

«Non glielo dirò. Per il tuo bene. E per il mio. Piramide è un tipo molto permaloso oltre che sospettoso.»

Uscì da lì con un'urgenza precisa in testa. Arrivare a casa il prima possibile, spogliarsi nudo, immergersi in una vasca di acqua bollente e lasciarsi svenire. Doveva liberarsi di tutti i cattivi odori. Doveva liberarsi di Max Berengario.

Pierre e Armando, nel caso fosse sopravvissuto, lo avrebbero svegliato.

26.

Betty Spina, donna di nessuno sei tu

Pierre stava invecchiando. Si era dimenticato di prendere i giornali. Mai successo in tanti anni. I tre sportivi e i due nazionali con la cronaca locale.

Una vecchia abitudine. Li sfogliava appena, Werner, a volte nemmeno quello, ma non poteva farne a meno. Era anche un modo per sostenere Maria, la vecchia edicolante, l'unica rimasta in paese, quarant'anni dopo. Era grassa, aveva la gotta, i reumatismi e non gliene fregava niente di dove andava il mondo, un mondo senza più giornali. La figlia l'aveva aiutata per un po', poi aveva preferito andare a fare la cameriera tuttofare in un camping della zona. Werner non li sosteneva gli occhioni da mucca triste di Maria con il presagio della fine, per questo mandava Pierre, che invece sosteneva tutto. Ultimamente li usava, i giornali, per cambiare la lettiera di Armando, accendere il camino d'inverno e ammazzare le mosche d'estate.

Che sarebbe stata una giornata speciale lo si capiva anche da altro. Armando si era dimenticato quella mattina d'insultarlo al risveglio.

La conferma arrivò presto con la prima telefonata. Werner, nel frattempo, si era stufato della solfa degli alpini. Vecchie reminiscenze dei racconti del nonno materno, uno che puzzava di Merlot già di prima mattina. Le storie di trincea che lui aveva vissuto in prima persona e raccontava al presente, come se ci fosse ancora dentro, calato in quei budelli infernali, quelle marce nel fango, al buio e al gelo, le donne che abortivano in sella ai somari, da un tornante all'altro, i muli e gli obici, i pezzi di artiglieria, le scarpe bucate sui sassi taglienti, i piedi che urlavano, le baionette puntate, le fosse piene di terrore e di carne da macello, gli atti eroici in assenza di eroi, contadini diventati soldati dalla sera alla mattina che si alitavano addosso per farsi caldo e coraggio. Militi quasi sempre ignoti, carichi di anice o di grappa, dentro le divise e i corpi umiliati dalla paura. All'arma bianca contro i cannoni, dilaniati dalle schegge in pieno petto. Cose che di solito non si raccontano a un bambino nell'ora della buona notte. Quelle storie gli erano restate dentro, al piccolo Werner, diventarono uno dei suoi incubi preferiti. Gli sembrava di sentirli, dentro l'alito greve del vecchio, l'odore e la tosse isterica della paura, il fracasso impazzito delle budella attaccate alla vita più che alla patria. Da grande sentì di assolverlo il patriarca. Era quello il suo modo di liberarsi di quell'orrore, scaricandolo con un pizzico di vanità su quella creatura innocente.

Trovò perfetto e allo stesso tempo inquietante che, a inaugurare la sua nuova suoneria, *Donna di nessuno* di Fred Buscaglione, fosse Betty Spina, la sua amatissima ex moglie. Non la sentiva da mesi. Dopo averlo accudito nelle sue notti comatose e assistito fino a che non fu certa che potesse camminare con le sue gambe, era sparita dietro le sue faccende.

Ritrovarsela al capezzale. Per niente scontato, con tutto quello che si erano lasciati alle spalle, lutti, bugie e tradimenti. La morte della loro bambina era la colpa che continuava ad ammazzarlo a distanza di anni. Werner era sicuro: senza Betty al suo fianco, in quei giorni senza respiro, non sarebbe sopravvissuto. Che l'avesse fatto per dovere e non per amore, cambiava poco. Betty restava la donna più importante della sua vita. Lei e la sua bambina. E le aveva perse entrambe.

«... sei rimasta sola ad aspettare il grande amor, donna di nessuno... sola coi tuoi sogni, disprezzi la realtà, ma cerchi il sole dell'oscurità...»

Werner ci mise un po' a realizzare quando vide il nome di Betty lampeggiare sul display. Frenò l'impulso di rispondere subito e lasciò che Buscaglione finisse il concetto.

«... la felicità ti sei negata in gioventù, donna di nessuno, piangi sul passato che non tornerà mai più, donna di nessuno sei tu...»

Fu in quell'esatto momento che giurò solennemente a se stesso che quel pezzo e quella voce sarebbero stati l'accompagnamento della sua ultima gita in mare con la barca di Roger, l'amico pescatore di Imbassai a cui avrebbe affidato il compito di disperdere le sue ceneri nell'Atlantico. Sarebbe stata una cerimonia struggente e tutte le ragazze di Bahia che lo avevano amato o solo immaginato di farlo avrebbero dalla riva versato almeno una lacrima e speso una preghiera.

«Sei abbastanza lucido per realizzare con chi stai parlando?...»

Werner sapeva essere brutale, ma era un dilettante rispetto a Betty. Provò a risalire dalla buca del lirismo estremo in cui era sprofondato con Buscaglione per recuperare un assetto virile di cui il suo Fred sarebbe stato comunque orgoglioso.

Fu, come al solito, prolisso.

«Abbastanza lucido sì, quanto basta per capire che sto parlando con la donna più importante della mia miserabile vita, l'unica, la donna che mi ha salvato e ucciso più volte di quanto sia umanamente sopportabile... Volevi essere certa che fossi ancora vivo?»

«Nemmeno per sogno. Quelli come te campano a lungo, tranquillo. Come tutti i moribondi di professione...»

«Fa' pure, infierisci, sventrami, schiantami, fa' di me il tuo zimbello. Ti risulta almeno chiaro abbastanza quanto sia immutato il mio amore per te, lo stupore e ancora più grande la felicità nel sentirti?»

«Più che altro mi risulta, poeta dei miei stivali, l'odore di cose andate a male che ti stanno intorno. Non mi serve stare lì. Lo stato penoso dalla tua camera, è come se lo vedessi...»

«Non ti preoccupare, donna, Pierre è qui e si prenderà cura di me... *Donna di nessuno sei tu...*»

«Di sicuro, non sono la tua donna...»

«Me lo sono chiesto mille volte e continuo a chiedermelo. Perché tu, donna crudele, ti sei presentata al mio capezzale e mi hai fatto da infermiera caritatevole quando ero più di là che di qua?»

«Me lo chiedo anche io se è per questo...»

«Perché l'hai fatto? Non lo meritavo. Mi uccide la generosità che non merito.»

«Dovresti essere morto mille volte allora. Il tuo guaio è che sei vigliaccamente attaccato alla vita come tutti anche se ti piace credere il contrario...»

«Perché sei venuta?»

«Forse perché mi facevi pena o forse perché sapevo che da vivo saresti andato incontro a un castigo peggiore...»

«Qualunque sia il motivo, ti perdono, donna malvagia come poche, quando vuoi...»

«Con te mi capita di volerlo spesso...»

«Com'è potuto succedere?... Me lo chiedo ogni santo giorno.»

«Succedere cosa?»

«Che abbiamo smesso di prenderci cura l'una dell'altro.»

«Risposta facile per quanto mi riguarda. Non ti sei mai

preso cura di me e di nessuno. Della nostra storia mi resta solo il dolore che mi ha spezzato la vita, i tuoi tradimenti da sano e i tuoi deliri da malato.»

«Non è giusto... L'abbiamo avuto e l'abbiamo perduto insieme, il nostro bene più prezioso...»

«Io l'ho avuta, io l'ho perduta. Tu eri troppo impegnato a pavoneggiarti in mutande per quattro più imbecilli di te, giocare a poker la notte e scommettere sui galli da combattimento di Singapore per accorgerti che avevi qualcosa da perdere.»

«Non finirò di darmi pace, amore mio perduto, da qui alla morte che verrà... In quanto alla storia di Susan, ne è passato di tempo. Mi chiedo a volte se sia mai accaduta veramente. Ci sentivamo soli e un po' infelici con voi due e le vostre stranezze. Tu non eri più tu dopo la morte di Elettra. Odiavi la vita, odiavi me, e qualunque cosa ti distogliesse dal tuo odio. Quella sera con Susan. Lei che mi parlava della freddezza di Tano. Qualche bicchierino di troppo, un po' di disperata allegria, fingere un desiderio che non c'era e ritrovarci a fare una cosa che nessuno voleva... è successo questo, la stupida inerzia finita male di due infelici.»

«Non è finita così male per te. Nemmeno io so perché non ti ho ammazzato... Se lo sa Tano Piramide lui non ti risparmia, ti sopprime all'istante... Aspetta solo un pretesto per farlo.»

«Sospetta qualcosa, credo, ma non conviene a nessuno che lo sappia. Un uomo morto e un uomo ferito non rendono il mondo migliore.»

«Ma fanno due donne felici...»

«Perché mi chiami? Solo per ricordarmi che sono uno stronzo infinito?»

«... Il tatuaggio del mio nome ancora fresco d'inchiostro sulla schiena...»

«Ecco, vedi, era come se tu fossi in qualche modo con noi... Ce l'ho ancora, sai, il tatuaggio intendo...»

Si morse le labbra. Era un autentico stronzo. Uno squallido cabarettista di terzo rango. Uno che cercava da una vita un autore decente per una vita degna di nota ma, alla fine, non avendolo trovato, ecco, cos'era, un battutista da strapazzo. Uno che s'era dovuto accontentare di fare il mercante di calciatori, e cioè di giovani ottusi, più stronzi di lui, che almeno leggeva Eduardo Galeano prima di capire che era meglio leggere qualunque altra cosa.

Se lo disse da solo "stronzo". Non aveva più bisogno di saperlo da Betty.

«Tano Piramide mi ha chiesto di unirmi alla squadra che indaga sull'omicidio di Tony Rende» troncò lei gelida il piagnisteo, rinunciando a infierire su quei resti d'uomo.

«Tu, Susan e Tano. L'assassino non ha scampo...»

Di nuovo, la battuta. Incorreggibile, lo stronzo.

«Ci sei anche tu dentro, che io sappia. Questo fa sì che le probabilità di successo diminuiscano enormemente.»

Non giocare al sarcasmo con Betty, sei battuto in partenza, pezzo di merda che sei, si disse Werner, anticipando Armando che stava per ricordarglielo. Che era un pezzo di merda.

«Tano ha un debole per me... Lo sai bene. È davvero convinto che io abbia doti paranormali.»

«Ti ho in pugno. Una sola mossa sbagliata e l'uomo che ha un debole per te si trasformerà nel tuo spietato assassino...»

«Hai qualcosa da comunicarmi che non somigli al disprezzo o a una minaccia?»

«Una domanda di riserva?.»

«Riesci a volermi un po' di bene?...»

«Potrei anche farcela, ma non voglio.»

«Che mi dici di Susan? Le porti ancora rancore?»

«Rancore? Acqua passata. Siamo amiche più che mai. Lo stronzo infinito sei tu. Vuoi sapere come abbiamo fatto a riconciliarci? È stato facile. Ci siamo dette che per pareggiare i conti mi farò prima o poi una lurida scopata con Tano… Susan mi ha dato il suo benestare.»

«Non puoi farlo, tu ami solo me e Cary Grant. E poi sai che non lo potrei sostenere.»

«Questo è un buon motivo per farlo… Anzi, non è detto che non l'abbia già fatto…»

«Se è successo non lo voglio sapere. Ne ho già troppi di motivi per lasciarmi morire…»

«Se non succede è perché scopare quel manico di legno che sa di muffa è superiore alle mie possibilità… Ti sei fatto piuttosto un'idea sulla fine di quel tuo amico, quello schifoso di Tony Rende?»

«Comincio a farmela e non era mio amico. Intanto so chi escludere, chi con certezza non ha a che fare con la sua morte…»

«Ce lo farai sapere, Dylan Dog dei miei stivali. Ora ti lascio, mi sta cercando per l'appunto Susan. Tano mi ha fatto sapere che vuole vederci tutti insieme… Ricordati di pulire la gabbia di Armando. Lui non è come te. Non sopporta di vivere nella sporcizia.»

Werner fissò Armando sul trespolo. Aveva un'aria ostile.

27.
L'assassino non ha pietà degli uomini anziani che aspettano la morte dentro una vestaglia grigia

«Non mi sono ancora rincoglionito del tutto, tesoro...» ribatté Pierre cavando dal suo culo parlante una mossa che disegnò un arco perfetto, vezzoso e ammiccante. «L'edicola era chiusa. La vecchia si sarà presa un coccolone. Dovrai farne a meno, dei tuoi giornali... Meglio così, sono sempre le stesse cose, non succede mai niente di nuovo a questo mondo...»

Werner lo guardò torvo. Gli stava più che mai sulle palle quella mattina. Pierre aveva questo talento speciale: non parlava mai quando doveva e viceversa.

«Oh, figlio mio, quando parli con la tua ex dopo ti girano sempre, diventi un altro omo. Te fa proprio un brutto effetto quella donna. Quando lo capirai che le donne e il demonio sono il culo e la camicia della stessa medaglia sarà sempre troppo tardi.»

Questa volta era Johnny Mango al telefono. Più concitato che mai. «Hai saputo? No?!... Accendi subito la televisione per l'amor di Dio...»

L'immagine di Max Berengario era lì, inconfondibile, sparata in primo piano al Tg1. Aveva la stessa vestaglia grigia a righe azzurre del giorno prima, nel suo hotel affacciato sul lago di Nepi. Werner seguiva la voce dello speaker come un uccello tramortito da un colpo di fionda. Ascoltava, ma non capiva.

«... La scena del crimine presenta una somiglianza impressionante con quella del giornalista Tony Rende. Il corpo in bagno prono a terra, la testa infilata nella tazza del water, in tasca il foglio con la scritta "Giuda", l'illustrazione del Cocito, il lago che nell'Inferno di Dante è il luogo dove vengono puniti i traditori, e l'astuccio con la moneta da un centesimo. Anche l'arma, a un primo esame, sembra la stessa, un martello cha ha ripetutamente colpito la vittima con inaudita violenza. Pochi dubbi che si tratti della stessa mano omicida...»

Era il secondo omicidio in fotocopia nel giro di pochi giorni. Ed era sempre lui, quel corvaccio di Mango a dargli la notizia.

E ora gli stava facendo anche domande. «Sei riuscito poi a incontrarlo?»

«Sì, ma questo non vuol dire che l'ho ammazzato io...»

«Ti vedo nella bufera più nera, caro mio, il tuo amico Piramide ti torchierà ben bene... Hai qualcosa da dire di confidenziale al tuo amico Johnny sul tuo incontro con Berengario?»

«No, non ce l'ho... Anzi, una cosa sì ce l'ho: vaffanculo!»

«Non sarà mica colpa mia se si sono messi in testa di ammazzare tutti i tuoi amici...»

«Aspetto solo la prossima, quando mi darai la notizia della tua morte...»

«Ti capisco, sei sconvolto, ma voglio darti una buona notizia, te la meriti... Partirò a giorni per la Macedonia, ho convinto il direttore. Sarà un pezzo memorabile, per la serie "l'insostenibile fragilità del talento". Atanas non ne voleva sapere di farsi intervistare, ma quando ho fatto il tuo nome ha ceduto. Sei molto importante per lui. Ti farò sapere... Sempre che nel frattempo non ti sbattano dentro...»

Werner si spaventò di se stesso. Per la seconda volta in poco tempo aveva fantasticato la morte violenta di qualcuno e la cosa era accaduta. Prima Tony Rende, ora Max Berengario. Due facce note nel mondo del calcio, un giornalista popolare e un dirigente famoso, potente, entrambi finiti a martellate con la faccia infilata a mo' di sfregio in un water. Due cadaveri eccellenti, anzi tre, considerando Barnaba Zeno, sulla cui morte restavano parecchi dubbi. Sarebbe bastato molto meno per mandare in tilt un sistema che già faceva acqua da tutte le parti. Erano di nuovo in ballo le sue facoltà paranormali o più semplicemente era saltato il coperchio di quella putrida fogna che era diventato il circo del pallone?

E se fosse davvero quella nuvola schifosa a guastare le menti già deboli degli uomini? Werner cercò il volto di Maradona in quella pozza scura lassù, ma non lo vide. Da qualche tempo sembrava sparito anche da lì. Come finito sepolto in quella enorme bara di pece e cemento, prigioniero. E stava lì, magari, invocando che qualcuno lo aiutasse a uscire. Diego era diventato la nuvola stessa quel giorno, il giorno della sua ultima danza. Il presentimento ballato della fine. Del suo amico Diego non si parlava più, ma lui era più che mai ovunque. Una nostalgia che continuava ad ammalare le anime.

Si moltiplicavano i casi di suicidio. La gente s'impiccava nei modi più fantasiosi, volava dai tetti dei palazzi e si buttava nelle acque dei fiumi. Un contagio silenzioso? Un chiamarsi fuori in nome di qualcosa che era andato perduto? Che cosa? Maradona sapeva, ma non parlava.

I giornali sapevano lo schifo del pallone, ma tacevano. Era una marea viziosa che stava contaminando tutto e tutti. Rompere il giocattolo significava scavarsi la fossa. Le cose andavano già a rotoli così, le edicole chiudevano per mancanza di lettori e quei pochi non volevano sapere. I giornalisti ci avevano preso gusto a sbraitare i loro anatemi davanti a microfoni e telecamere. Gli scandali duravano il tempo di una flatulenza. L'ultimo, un noto arbitro indagato per traffico di stupefacenti. L'avevano beccato che girava per Milano con il portabagagli della sua Mercedes carico di cocaina. Una settimana dopo non ne parlava più nessuno.

Questa volta era diverso. Due omicidi, due persone note uccise barbaramente, le teste ficcate nel water. Impossibile far finta di nulla. Un regolamento di conti? Ne aveva tutta l'aria. Il mondo del pallone era sotto shock. Scandali e schifezze di ogni tipo, va bene, ci si fa il callo, ma adesso c'erano due cadaveri ridotti in poltiglia.

28.

Tutto precipita. Si salvi chi può

Quella di Tano Piramide era la voce delle peggiori occasioni. Werner la conosceva bene. Fredda, metallica, ostile. Temeva quella telefonata ed era preparato al peggio.

«Ho provato a cercarti...» mentì Werner. «Mi chiedevo il perché del tuo silenzio.»

Piramide saltò i convenevoli. La voce di Werner era un metallo duro.

«So che hai incontrato Max Berengario nel suo hotel, il giorno prima della sua morte... Non hai avuto nemmeno la decenza di dirmelo. Sono stato lì per chiedere al pubblico ministero di farsi autorizzare un mandato d'arresto nei tuoi confronti ma poi, dopo una lunga e sofferta riflessione, ho deciso di darti un'ultima chance... Io e te dobbiamo parlare. Di tante cose...»

«Non so cosa ti frulla nella testa, ma qualunque cosa sia ti stai sbagliando di brutto...»

«Fossi in te non mi fiderei troppo della nostra amicizia per immaginare di farla franca anche questa volta... Sei ufficialmente nei guai. Il pubblico ministero non sta nella pelle, dammi un solo motivo credibile per non scagliartelo contro.»

Tano era furioso. Werner lo vedeva mentre torturava il suo spezzone di matita, lisciandosi il baffo, le narici tutte un fremito di rabbia. Il secondo delitto in pochi giorni, in fotocopia, questa volta un pezzo da novanta del pallone. Si stava scatenando una tempesta perfetta, addosso a lui e al suo amico Piramide.

Un delitto come quello di Tony Rende capita una volta nella vita di un commissario di provincia, se sei fortunato, ma se, da lì a poco, ne capita un secondo ancora più eclatante, stesse modalità, stesso ambiente, stesso martello, stesso probabile assassino, la storia da eccitante può trasformarsi in un incubo.

Era già un incubo. L'indagine della sua vita rischiava di diventare la sua fossa. E quel Werner, quello scellerato, stava scavando la sua parte di buca. Tano aveva bisogno di una buona notizia. Gli arrivò invece una telefonata più che sgradevole dalla procura di Viterbo. Il pubblico ministero in persona.

«... Piramide, sai da quanto tempo stai lavorando a questo caso?»

«... Andiamo al dunque, risparmiami le premesse...»

«Capisci bene, niente di personale, il fatto è che qua la faccenda precipita, è diventata molto più grande di noi. È stato deciso molto in alto che saremo affiancati nelle indagini con decorrenza immediata da una task force di detective speciali delle questure di Roma e Milano...»

«Somiglia tanto a un siluro... Se non c'è più fiducia nella mia persona basta dirlo, ci metto un secondo a fare un passo indietro...» Piramide non l'aveva presa bene.

«Calmati Piramide, i siluri, quelli veri, quando arrivano fanno molto più male. Prendila così, qua la cosa si è fatta molto seria, non possiamo fare passi falsi... I piani alti vogliono l'assassino e non sentono ragioni. Mi hanno appena autorizzato a usare tutte le intercettazioni ambientali e telefoniche che ci servono. Sta per scatenarsi l'inferno... Sai che ti stimo, ma sai anche che non mi faccio trascinare nella merda da un poliziotto che non riesce a fare il suo mestiere.»

«Posso sopportare tutto, ma non una gogna pubblica...» riuscì appena a mormorare Piramide, ma l'altro aveva già chiuso il telefono.

Quella feccia di Werner! No, stavolta non glielo avrebbe salvato il culo. A meno che non trovasse Werner il modo di salvarlo a lui. E doveva farlo in fretta.

Cadeva l'ipotesi del viado criminale. Max Berengario non era tipo da travestiti o da abitudini perverse. Niente omosessuali, drogati e pervertiti nella sua agenda del peccato. Sapeva di Tony Rende e di Sugar Habens, dei loro vizietti, gli facevano ribrezzo ma, finché gli sarebbero serviti, li avrebbe sopportati. Era un regolamento di conti nel calcio criminale o poteva esserci dietro una storia di donne tradite e di vendette femminili?

Werner provò a distogliere l'amico dai suoi pensieri più neri. Il più nero di tutti, sentirsi travolto da quel casino.

«Nessuna differenza degna di nota sulla scena del delitto rispetto a quello di Tony Rende?»

«... L'unica differenza. La dentiera di Berengario sistemata come una corona sulla testa del morto.»

«Dettaglio assai macabro. Dubito fosse un attestato di stima...»

«La faccia di Max Berengario, estratta dal water, era una marmellata di carne, ossa e sangue. Nel taschino interno della sua giacca hanno trovato un santino logoro della Madonna Greca e un numero di cellulare scritto su un pezzo di carta. Le tracce del rossetto fucsia sulla guancia erano questa volta più evidenti. Un bacio più convinto, quasi un morso più che un bacio.»

«Che io sappia il nostro non se la faceva con vampiri o satanisti... E poi quelle tracce di rossetto così vistose.

Così esibite. Non mi convincono. La faccenda, a occhio, mi sembra assai complicata.»

«Complicata mi sembra per ora la tua posizione. Continui a fare il cazzone, ma hai tanto da chiarire e faresti bene a farlo in fretta!»

«Fidati di me, Tano, per una volta! Per Dio! Se vuoi, ti raggiungo in un'ora e ti spiego tutto di persona...»

Werner capì di aver fatto una cazzata. Aveva esagerato questa volta. Si era cacciato nei guai e le circostanze non l'avevano aiutato.

«Ne parleremo dopo il funerale, quando sarà. Non prima di una settimana. I parenti vogliono farlo nella cattedrale di Capo Rizzuto, nella cappella della Madonna Greca. Ci saranno tutti. Ho chiesto anche a Susan e Betty di venire. Dobbiamo raccogliere idee e informazioni, senza farci troppo notare. Dovremo parlare poco, guardare e ascoltare molto, soprattutto ascoltare. Vedi di non mancare quando sarà...»

Restò assorto per un bel pezzo, Werner, nella sua camicia bianca infilata a metà e il dopobarba rimasto in bilico sulla mensola. Pierre gli ronzava attorno come una papera molesta, indaffarato a spolverare, a lucidare e a origliare. Moriva dalla voglia di dire la sua.

«Non farti ingannare, questi sono omicidi passionali... Da' retta a me che ne so qualcosa, questa è roba di froci o forse di donne tradite. Quelli erano due viziosi. Non c'entra niente il calcio. Fidati del tuo Pierre.»

Una giornata orribile. E non era finita.

«A proposito, hai presente la vecchia dell'edicola? L'hanno trovata morta stamattina, nel suo letto. Morta nel sonno, beata lei...»

Pierre lo informò della morte di Maria come si fosse trattato di un rubinetto guasto.

Werner sentì che era arrivato il momento di farsi la sua dose di Minias. Urgente. Venti gocce. Meglio trenta. Cancellarsi dalla faccia della terra. Svenimento garantito.

29.
I cadaveri se ne fregano del tuo eventuale dolore

Betty passò tutta la notte sul cadavere di Max Berengario. Steso sul marmo dell'obitorio. Non si stancava di fissarlo, con la scusa di studiarlo. Nudo così, senza sigaro in bocca, era quello che era, un deperibile e docile verme alla mercé di chiunque.

Confrontava la faccia maciullata delle immagini con quella ricostruita che ora stava davanti a lei. Lo avevano rimesso insieme in modo credibile dopo le martellate dell'assassino e i ferri dell'autopsia. I frammenti del cranio rimontati uno a uno e incollati con un mastice speciale, la dentiera rigenerata e reinserita nella bocca, la guancia ripulita dalle tracce di rossetto. A giudicare dalle foto, sembrava lo stesso stampato sulla faccia di Tony Rende.

Il laboratorio di Chicago aveva, nel frattempo, inviato l'esito delle analisi: si trattava di un fucsia pop freddo della Ever 43, detto *Volcan de Fuego* perché s'ispirava alle eruzioni del Colima, un vulcano messicano. Decifrato anche il profumo dolciastro di gelsomino e vaniglia trovato addosso agli abiti delle vittime. Betty non si era sbagliata: si trattava di un J'adore di Dior, lanciato mesi prima in tutto il mondo da una Charlize Theron rivestita di polvere d'oro.

Le avevano affidato il compito di ricostruire la faccia di Max Berengario. Betty ci sapeva fare in questo genere macabro. Era un vero talento e si era esercitata parecchio in passato. Il master preso in America le era servito. Aveva imparato a ricostruire i volti nei minimi dettagli grazie anche alle proiezioni tridimensionali fatte al computer.

A differenza di Werner, Betty subiva il fascino dei cadaveri. La loro fissità non la spaventava, la rassicurava anzi, le sembrava un esempio di perfezione. Il suo primo cadavere, quello della bisnonna Kathy, morta a novant'anni masticando tabacco.

Allo stesso tempo quei volti, da morti, potevano essere plasmati come pongo, truccati, trasformati in bambole o vampiri. Werner ne era terrorizzato. Non reggeva l'inanimato degli ex viventi, il loro affilato e minaccioso pallore. Gli sembrava uno scandalo. Non bisogna mai fissare troppo a lungo un cadavere, perché quello prima o poi si vendica, e non sei tu a piangere per lui come sembra, ma è lui a piangere per te, solo che le sue sono lacrime invisibili, e forse non sono nemmeno lacrime, sono risa di scherno, proiettili beffardi, profumati di larve e di fiori marci, che partono dal pianeta incomprensibile del non esserci più. Era l'epoca in cui s'era preso un'infatuazione per Mishima, secondo il quale non c'è bisogno di avere davanti mille cadaveri per precipitare nell'orrore, basta fissarne uno con spasmodica attenzione.

Betty vedeva nei morti un'inconfutabile prova della loro superiorità sui vivi. La loro disponibilità a essere fissati, accarezzati, baciati, solleticati, in qualche caso stuprati, senza battere ciglio, ne faceva dei sovrani alteri e irraggiungibili. Attori perfetti e crudeli di un chissà dove che ammette solo la purezza dell'inanimato. Aspettando di decomporsi, il cadavere non si scompone, non fa una piega se le persone che lo hanno amato in vita ora lo strattonano perché non ha più vita. Se ne frega dell'indecenza propria e altrui, di stare, verme nudo, davanti a te più nudo di lui.

Se ne frega del tuo sguardo sgomento. Delle lacrime che gli versano addosso isterici e teatranti.

Ci mise un bel po', Betty, ad aggiustargli gli occhi per farli sembrare vivi. Gli occhi che aveva, l'attimo prima di realizzare che sarebbe stato ucciso.

Era complicato con Berengario. Anche da vivo, i suoi occhi avevano l'inespressività del morto. Ritoccò la palpebra destra, collassata. Si divertì poi con le mani a comporre un lieve ghigno all'angolo della bocca. Non un ghigno di divertimento, sarebbe stato troppo, e nemmeno il ghigno della iena che, pure, stava fisso nella faccia di Berengario da vivo. Ma, verosimilmente, l'ultima smorfia fotografabile nell'atto di ricevere il primo colpo. Ricostruire quell'attimo di terrore e, insieme, lo stupore misto a disappunto che si stampava sul suo verso congenito di arroganza, storpiandolo per sempre. Nel momento in cui l'assassino, qualcuno che quasi certamente conosceva bene, stava per precipitargli il martello sulla faccia inerme.

Erano stati colpi d'inaudita violenza. Avevano frantumato tutto, i denti, il naso, le cartilagini, gli ossicini. Niente era rimasto intatto. Betty non era mai stata impressionabile. Nemmeno agli inizi. Quando le erano capitati per le mani i primi sacchi di plastica pieni di resti umani, vittime di incidenti, attentati o delitti, corpi bruciati, crani scuoiati, facce scorticate, braccia e gambe disossate. L'odore, quello era pesante da smaltire, della carne in putrefazione, ma poi ci si abitua. A tutto.

Guardò il corpo di Berengario, ripensò alla sua morte e si convinse una volta di più che non si trattava di un serial killer, uno di quei maniaci psicotici alla Jeffrey Dahmer. Quelli non si accontentano di uccidere, vogliono l'oltraggio del cadavere, la sua mutilazione, in qualche caso la profanazione, lo mangiano a volte dopo averlo stuprato e fatto a pezzi. Sulla testa di Berengario l'assassino aveva sistemato tipo corona la sua dentiera, quello che ne restava. Uno sfregio? Un messaggio mafioso nei confronti di un uomo che aveva parlato troppo e agito peggio?

Quell'uomo che dettava legge e fumava i sigari in faccia alle persone era lì ora come la bambola di creta con cui giocava da bambina. Come la sua bambina che non avrebbe più giocato con nessuna bambola. La faccia di Elettra si sovrapponeva a quella di Max Berengario. Tutti uguali, vecchi e bambini, una volta reciso il filo. Aveva parlato, minacciato, mentito, pregato, Berengario da vivo, e ora stava lì arreso e trionfante a fregarsene di tutto e di tutti, a cominciare da se stesso. Werner sarebbe morto di paura. Sicuro. Berengario si sarebbe risvegliato da un momento all'altro e l'avrebbe inseguito per tutto l'obitorio con il suo occhio da triglia e il suo sigaro puzzolente.

La sfrenata immaginazione di Werner aveva sempre divertito Betty. Si era chiesta spesso che cadavere sarebbe stato, come l'avrebbe interpretata una parte per lui così complicata, starsene muto e inerte nei secoli dei secoli. Era stata molto vicina a saperlo nei giorni del coma. Pensava a come sarebbe stato difficile restituirgli da morto il ghigno sardonico e gli occhi spiritati, che da giovane erano quelli del cacciatore e ora dell'animale braccato.

Werner ci teneva a dire sempre che non voleva essere un cadavere dignitoso. Una salma da esposizione. «Da morto, voglio disgustare i vivi, piuttosto che farmi compatire.» Avevano passato una notte intera a discutere della cosa. Lui si era infervorato, come spesso gli capitava. «Non ti azzardare a ricostruirmi se un giorno dovesse servire. Mi devi bruciare un secondo dopo. E poi fate delle mie ceneri quello che cazzo volete… Uno strudel tirolese, ecco, sì.»

Betty non aveva grandi pretese. Un giorno sarebbe toccato a lei guadagnare la stessa perfezione e qualcuno, il vivo di turno, si sarebbe lasciato andare agli stessi pensierini di circostanza. Lei, da morta, sperava solo una cosa, di somigliare il più possibile alla sua perduta bambina.

Si tolse il camice bianco, si sfilò i guanti, accavallò le lunghe gambe flessuose e si accese una sigaretta. Era venuto il momento di lasciare il cadavere di Max Berengario ai becchini. Per l'ultimo trucco e il vestito di circostanza. Tutto seguiva il suo verso.

30.

Al funerale del Boss ci sono proprio tutti

C'erano tutti al funerale di Max Berengario. Un migliaio sotto la nuvola fetente che non la smetteva di ammorbare il cielo di mezza Europa. Parenti e amici ammassati nella cappella con l'icona sacra della Madonna, tutti gli altri dentro e fuori la cattedrale di Capo Rizzuto. Una marea di carne sudata e boccheggiante.

Era la prima vera domenica calda dell'estate che stava arrivando. Tantissimi i curiosi smaniosi di strusciare da vicino tante fotografabili celebrità. Dirigenti, allenatori, calciatori, giornalisti, più o meno famosi. I più erano venuti dalla Calabria, tanti altri da Torino, Roma, Napoli, Milano, tutte le città in cui Berengario aveva lavorato come direttore sportivo o consulente. Si era presentata anche una delegazione di Little Italy da New York con tanto di tricolore e un poster gigante del defunto. Televisioni e giornali avevano spedito sul posto i loro migliori inviati.

Pagine intere sulla morte di uno dei padroni del calcio, mille illazioni sulle indagini in corso. Ognuno diceva la sua. Tutti a scavare nella vita pubblica e privata di Berengario e ognuno trovava quello che voleva trovare, che Berengario era un poco di buono, uno spocchioso boss capace di qualunque nefandezza, e che invece no, era solo uno più abile degli altri, diffamato da invidiosi, moralisti, e perdenti. Sta di fatto che, chiunque fosse, qualcuno aveva trovato un motivo sufficiente per sfondargli il cranio a colpi di martello.

Sfilarono a centinaia per rendere omaggio alla salma. Molti di loro irriconoscibili dietro la mascherina che li proteggeva dalle esalazioni della nuvola e dei fiori. Nella sua bara di noce, Max Berengario incuteva più soggezione del solito. Il doppiopetto gessato marrone di lana misto cashmere, le scarpe nere, la camicia celeste, la cravatta gialla, il rosario e l'immagine della Madonna Greca tra le dita. La faccia ricostruita con il gesso e la creta. Una lieve smorfia appoggiata sull'angolo della bocca.

«... Come una cerva anela ai corsi delle acque, così la mia anima anela a te, o Dio...»

Sostenuto dal canto ispirato delle monache, don Raffaele concluse la sua omelia, dopo aver accusato e superato un lieve malore al momento di commentare la lettera di San Paolo ai Corinzi, al centro di un altare ammorbato dal puzzo dei fiori e dal viola degli arredi mortuari.

Tano Piramide si guardava intorno. Le braccia conserte. Muto e impeccabile nel contesto. Lungo e spiovente nell'abito nero, un incrocio tra un beccamorto, un avvoltoio e un lampione incurvato dal tempo. La forte miopia lo dispensava dal dover simulare un qualsiasi sentimento. C'erano proprio tutti. C'erano le mogli. Quella di Berengario, Agnese, aveva un mancamento ogni due secondi, sorretta dai figli e dai nipoti. Avevano dovuto strapparla via in tre dal cadavere del marito. Avvinghiata con tutta la forza dei nervi alla bara, singhiozzava: «Perdonami, amore mio, che non ti ho saputo proteggere, che io sia maledetta...».

Distante da lei Cesira, la moglie di Tony Rende, più cupa che mai, nella veste nera che le scendeva alle caviglie, le labbra strette, serrate. Si diceva che da mesi non parlasse più con nessuno e che, dopo la morte di Tony, il suo mutismo si era aggravato. Un caso patologico, secondo i medici. Anche quel giorno, al funerale di Berengario, la videro scambiare solo due parole con la sorella, il figlio ritardato mentale e le due sconosciute che le si erano avvicinate.

Betty e Susan non passavano inosservate. Le più eleganti nella folla. Due magnifiche ragazze, e nessuno sano di mente avrebbe mai potuto credere ai loro sessant'anni e passa. Davano nell'occhio, anche standosene in disparte dietro le lenti nere. Più rughe nella faccia di Betty e qualche chilo in più nelle gambe e nel culo di Susan. Due intruse, si capiva, in quel funerale.

Si avvicinarono a Cesira prima della fine della messa. Betty ci sapeva fare, quando si trattava di recitare la parte della donna empatica.

Cesira non fece in tempo a mostrare la sua ostilità. Betty l'aveva già presa al laccio con il suo accento esotico e il sorriso complice della donna che sa il fatto suo.

«... Lei non sa chi siamo noi, ma noi sappiamo tutto di lei, del suo infinito dolore, della sua dignitosa solitudine. Di tutto quello che ha dovuto sopportare in questi anni, da donna abbandonata, tradita e ora sola con se stessa, con un figlio che ha bisogno di lei. Solo le donne possono capire le donne...»

Cesira le fissò gelida. Non disse una parola.

«Si fidi di noi, ci chiami se le viene voglia di farlo, anche solo per sfogarsi...» Betty, che aveva dimestichezza con i cadaveri e la loro ostilità, l'abbracciò senza problemi, quel tronco di donna. Il tempo che serviva a Susan per mettere qualcosa nella mano della vedova di Tony Rende e chiudergliela subito dopo con energica dolcezza. Cesira non reagì. Non ne ebbe il tempo. Le due erano scomparse nella folla. Fece scivolare il bigliettino da visita nella borsa e tornò al suo scontroso silenzio.

C'era anche Werner Falco con la sua faccia da lupo sofferente, la benda nera all'occhio, le mani in tasca, la sinistra stretta sulla sua bomboletta d'ossigeno. Elegante nella sua consunzione. L'aria di uno che stava maledicendo il fatto di stare lì invece che affacciato a una finestra sull'oceano, il più lontano possibile da quella calca maleodorante. Ne approfittò per salutare vecchie conoscenze che non vedeva da una vita. Gli allenatori con cui aveva lavorato, ancora attivi o in pensione. C'erano quasi tutti i calciatori che Berengario aveva avuto nelle sue squadre, incluso il francese, Levy, il suo primo colpaccio da faina.

«Ora lo vedi con quella pancia, senza i capelli, l'occhio da mucca sazia, ma era un fico della Madonna da calciatore e, ti dico, forse scopava anche più di me... Ha lasciato presto il calcio come me, il fessacchiotto, a sua volta lasciato dalla ballerina per cui aveva perso la testa...»

Ignorantissimo di pallone, Piramide non conosceva nessuno e tanto meno questo Levy. Chiese aiuto a Werner per orientarsi. Gli indicò un vecchio panzone in tuta che aveva attirato la sua attenzione, a pochi metri da loro.

«... E quello chi è? Bella faccia da marpione. Devo averlo visto in qualche foto o alla tivù.»

«Ah quello... È Ze Lino. L'unico allenatore brasiliano che capisce qualcosa di calcio... Quello vicino a lui, secco come un'acciuga, è invece il maestro ungherese Karel, l'altro grande vecchio. Lui e Berengario si detestavano. Karel diceva che Berengario truccava le carte, si comprava gli arbitri, l'altro diceva che Karel puzzava di vecchio, di nicotina e di fallimento, che non aveva mai vinto nulla ed era bravo solo a intortare i suoi amici giornalisti per rimediare qualche titolo nei giornali.» Karel, l'unico nel mondo del calcio che poteva vantarsi di fumare più Marlboro di Werner Falco, non ne voleva sapere di mollare. Era appena uscito da un infarto quasi letale e aveva firmato un annuale per una squadra pugliese di prima divisione pur di posare le sue chiappe rugose su una panchina qualsiasi.

Era arrivato all'ultimo momento da Bari anche Totò Barone, l'allenatore del momento, il più pagato d'Europa. Piramide capì che doveva essere un pezzo grosso. Gli stavano tutti addosso come le mosche. Tutti, meno Werner.

«Quello? Totò Barone. Ha appena vinto lo scudetto con il Milan. Per dirti il tipo, si faceva le foto con i tifosi, si batteva la mano sul cuore, e aveva già in tasca un contratto con gli americani padroni del Manchester United. Ponti d'oro. Un triennale, 15 milioni di sterline l'anno. Mai fidarsi di Totò Barone. Ti prende, ti spreme, ti succhia e ti butta via. Vive solo per la gloria del suo uccello. Si venderebbe la madre per un titolo in più. La parola "mercenario" l'hanno inventata pensando a lui.»

«E quei due soggetti in disparte? Dimmi di loro.»

A catturare l'attenzione del commissario erano ora due tipi non comuni, molto palestrati e decisamente somiglianti a cominciare dall'incarnato olivastro, anche se uno, quello dentro una tuta da allenamento molto vissuta, sembrava uno spinone. Irsuto, la barba incolta e completamente rasato in testa, mentre l'altro, il più elegante nel suo completo gessato, sfoggiava un'improbabile chioma bionda con tanto di frangettone.

«Ah, quelli... Davvero non sai chi sono?»

«È molto grave?...»

«Abbastanza. Sono i Russo. I gemelli più famosi d'Italia. Uguali sputati, anche se s'inventano qualsiasi cosa per sembrare diversi. Li chiamano i siamesi, si detestano, non fanno che bisticciare, hai presente cane e gatto, dicono cose tremende l'uno dell'altro, ma fanno una fatica bestia a stare separati più di due giorni...»

«Quasi come noi due...» non poté fare a meno di notare

Piramide. «... Quello biondo, l'elegantone, adesso che lo guardo bene, mi sembra d'averlo visto da qualche parte...»

«L'hai visto sì. Per forza. È Bernardo Russo, detto Bernie, Confucio per gli amici, il prossimo allenatore della Nazionale. Tutto fatto, deciso, la notizia sarà ufficiale a giorni.»

«Non sono così uguali. Lui ce li ha i capelli, l'altro, il Maciste gemello, è completamente pelato...»

«Non ti fidare. Quei capelli color polenta sono un parrucchino. Non se lo toglie nemmeno la notte. Bernardo ha voluto umiliare il gemello anche con i capelli. Giona ci soffre. È convinto d'essere lui il vero genio di famiglia, e ha ragione, ma gli gira tutto storto da sempre. Bernardo gli faceva da subalterno ma, dopo i tonfi del gemello, i ruoli si sono ribaltati e Giona ora per tirare a campare si è rassegnato a fargli da vice...»

«Hanno l'aria di due macchiette.»

«Bernardo è il damerino di casa, tutto profumato e griffato a cominciare dalle mutande. L'altro, Giona, fa schifo ai topi, puzza di sterco di vacca a dieci metri e ha scelto la tuta come stile di vita. È un tipo strano, ascolta musica metal e gli piace dormire nelle stalle con gli animali come il Bambin Gesù. A parte una moglie che l'ha piantato in poco tempo, non l'hanno mai più visto con una donna... Vieni che te li presento, loro sì possono esserti utili. Conoscevano bene Berengario. Bernardo soprattutto gli deve molto. Fu lui a portarlo al Napoli.»

Bernardo salutò Werner con un abbraccio vigoroso. Con Piramide fu cerimonioso, dopo avergli quasi frantumato la mano. Giona il Mongolo non era così affabile. Lasciava volentieri al gemello quella parte. Restò in disparte. Si limitò ad annuire. Si salutarono con la promessa di rivedersi presto.

«Il gemello bacato non è molto espansivo, il Mongolo,

come si chiama, non ha detto mezza parola» sottolineò il commissario.

«Stiamo parlando di un balbuziente grave e pare abbia un cancro alla prostata. Non ha motivo di fare quello loquace...»

«Da gemello monozigote, dovrebbe essere balbuziente anche l'altro e invece parla come una locomotiva...»

«Da bambini il balbuziente grave era Bernie. Solo che lui guarì e l'altro invece è peggiorato... La loro madre era un'alcolista cronica e aveva occhi solo per Bernie.»

«Gli dice sempre così male a Giona?»

«Anche peggio. Era lui da giovane l'allenatore rampante. La grande occasione ce l'ha avuta, anni fa con il Milan. Il treno della vita. Perse lo scudetto per un punto all'ultima giornata: una cazzata dell'arbitro, un rigore non dato al novantesimo. E ci sta ancora sotto quel treno... Ha provato a rifarsi una verginità all'estero, l'hanno chiamato ad allenare quelli dello Spartak, a Mosca, una barca di soldi. È scappato anche da lì. Niente da fare. Non se l'è più tolta la fama del perdente, ma il peggio doveva ancora capitare. Il fratello Bernardo che vince lo scudetto con il Napoli, portato in trionfo come San Gennaro, e lui da vice, secondo alcuni il vero artefice dell'impresa, ignorato come una bistecca in una cena di vegetariani. Puoi capire la rabbia del Mongolo?»

«Povera stella. Un vero inferno. Quel bellimbusto sadico del fratello se lo porta sempre dietro per farlo crepare d'invidia?»

«Possono litigare a morte e dirsi addio, è successo più volte, ma sono condannati a sopportarsi e persino ad amarsi. È più forte di loro... Sai, quelle cose malate...»

«Bah, magari è una cosa invece bellissima e tutti dovremmo avere un gemello...»

Werner raccontò a Tano che lui di Giona era stato pure

compagno di squadra, e una volta gli aveva pisciato negli scarpini, al Mongolo, prima di una partita importante. Uno dei suoi tanti scherzi pesanti. «Di solito, si limitava a menarmi bonariamente, quella volta mi prese per la collottola e mi trascinò nel balcone dell'albergo, mi sollevò di peso e mi tenne sospeso per quasi un minuto sull'abisso. Cinque piani. Mi sono cagato sotto... Soffro di vertigini. Verso il basso, ma anche verso l'alto. E lui lo sapeva...»

«Non l'ha fatto?»

«Non ha fatto cosa?»

«Buttarti di sotto... Io l'avrei fatto per molto meno, uno stronzo in meno sulla faccia della terra.»

«Ho visto la morte in faccia. Mi salvò Bernardo che stava nei paraggi. Per un momento ho pensato che sarebbe stato capace di farlo. Da allora ci vado cauto con Giona.»

«Magari si è pentito di non averlo fatto...»

«Alla fine è un bonaccione, un autentico pezzo di pane... Se c'è uno cattivo e calcolatore, quello è Bernardo.»

Piramide sentì in cuor suo di stare dalla parte di Giona. Forse perché si sentiva anche lui la parte venuta male di due eventuali gemelli, lui quello sfigato cosmico nella sua topaia di provincia, mentre l'altro, eventuale, stava spopolando chissà dove, magari negli alti piani di Scotland Yard al quinto piano del Curtis Green Building.

«I due hanno una tenuta tra le colline, nella campagna di Camerino. Giona ci vive a tempo pieno, a mangiarsi il fegato e le unghie e a vomitare arsenico dalla mattina alla sera, mentre Bernardo fa il divo in giro per l'Italia, le sue tante case e le sue tante donne. Giona è l'opposto. Dategli le sue bestie, a Giona, le sue mucche, i suoi cavalli, gli unici con cui si capisce al volo... Non gli serve altro. Una disgrazia vivente, Giona. Se vince la lotteria, lui è quello che perde il biglietto. Sicuro.»

C'erano i nuovi padroni del calcio, i procuratori. C'era Sugar Habens, il numero uno, con i suoi compari albanesi schierati. Una mezza dozzina di ceffi. Tano poteva finalmente vederlo da vicino. Un grassone deforme. Più largo che lungo. Non superava il metro e sessanta. I rotoli di trippa gonfiavano la sua Lacoste viola chiazzata di sudore. Impassibile per tutta la durata della cerimonia, si limitò a un buffetto sulla guancia gelida del cadavere amico, mentre altri avevano stampato ben altro su quel volto. Baci e carezze, quanti il Boss non ne aveva ricevuti in una vita intera.

Sugar accolse con un sorriso da cerimonia il commissario Piramide che si fece sotto e si presentò quando capì che Habens e la sua ghenga stavano per sgattaiolare via nella loro Bentley.

«Un piacere conoscerla, commissario. Ho sentito parlare di lei, leggo i giornali... Un terribile momento per il mondo del calcio... Davvero.» Il suo italiano era perfetto. Aveva un talento per le lingue e non capivi mai se ti stava prendendo per il culo.

Piramide lo scrutò dall'alto in basso, perimetrando l'untuosa sagoma del botolo, difficilmente distinguibile al suo occhio schizzinoso da quella di uno scroto.

«So che lei e Berengario eravate molto amici...»

«Povero Max, che tristezza! Ne aveva di amici, ma anche tanti nemici. Chi poteva immaginare una fine così...»

«La stessa fine di Tony Rende...»

«Altra brutta storia. C'è molto lavoro per lei commissario. Posso esserle utile in qualche modo?»

«Sono sicuro di sì. Molto utile. L'aspetto al più presto, diciamo in settimana, nel mio ufficio di Viterbo...»

«A sua disposizione, commissario. Max e Tony erano due amici e i criminali che li hanno uccisi non devono passarla liscia... Mi stia bene.»

Restò lì, Piramide, a riflettere su quella frase di Sugar Habens: «I criminali che li hanno uccisi...».

Perché aveva usato il plurale, scartando l'ipotesi che si trattasse di uno stesso unico solista del delitto? Alludeva, forse, agli eventuali mandanti? Era un lapsus o un messaggio che gli trasferiva? Di sicuro, se c'era di mezzo la criminalità del pallone, Sugar Habens qualcosa doveva sapere.

Werner fu stupito nel non vedere Johnny Mango tra la folla. Era già in viaggio per la Macedonia? Si appartò e provò a chiamarlo. Gli sembrava strano che fosse partito senza sentirlo.

«... Sono già qui da un paio di giorni, comandante. Stavo appunto per chiamarti.»

La voce gli arrivava metallica e aveva sempre quella fessa concitazione che mandava in bestia Werner.

«E dunque?»

«Una buca totale... Un fallimento grandioso. Ti avrei chiamato, ma sapevo che stavi a quella farsa di funerale. Il tuo uomo sta sotto un treno. Credimi. Parlo di Atanas. Mi ha ricevuto, ma non ha voluto parlarmi, non se la sentiva, stava depresso di brutto...»

«Dovevi chiamarmi, pezzo d'imbecille, ci avrei parlato io.»

«E secondo te non l'ho fatto? Fai pace con quel cazzo di cellulare. Non ti fischiano le orecchie? Faccio prima a parlare con il tuo pappagallo. Il tuo uomo mi ha cacciato di casa dopo mezz'ora. Mi ha detto che non gli piacevo, che puzzavo di bestemmia, cose così...»

«Ha ragione...»

«Ragione cosa?»

«Che puzzi di bestemmia... Stava solo?»

«C'era la cugina, Berenika, una povera crista, non sapeva come fare per calmarlo. L'ho visto proprio male, pesa almeno un quintale, più gonfio che grasso. Mi sa che lo imbottiscono di farmaci, parla solo con il suo cavallo e una badessa che viene ogni tanto a trovarlo… Ha bisogno di aiuto.»

«Hai intenzione di mollare?»

«Non mi passa nemmeno per la mente. Ritorno alla carica nei prossimi giorni. Gli do il tormento fino a che non cede. Non posso tornare con le mani vuote, sai che figura di merda…»

«Insisti e se serve fammici parlare, ci penso io. Naturalmente me lo devi far leggere, il pezzo, prima, se non vuoi che ti faccia sodomizzare da una dozzina di beduini…»

«È il tuo modo di motivarmi?»

«Ti conosco mascherina. Se non riesci, torna a casa muto e inventati una scusa col tuo giornale. Non ti azzardare a scrivere cose strane, di come l'hai trovato… Ti vengo a cercare a casa… Con i dodici amici.»

Nel frattempo, mentre la folla cominciava a defluire composta al canto di *Mira il tuo popolo o Bella Signora…* Susan e Betty avevano raggiunto Piramide, che sudava anche dai gomiti. Si unì anche Werner. La squadra al completo. Sarebbero tornati insieme nelle rispettive case, tra Roma, dove vivevano le due americane, poi a Tuscania e a Viterbo. Un lungo viaggio.

Dalla fila delle persone al seguito del feretro che stava uscendo dal santuario tra gli applausi della folla si sfilò con gli occhi di fuori la vedova di Berengario. Si avventò come una belva contro la vedova di Tony Rende che se ne stava silenziosa in coda.

«Maledetta strega! Puttana! Lo sanno tutti che sei stata tu!…»

La bloccarono in tempo parenti e amici, mentre quella continuava a sbraitare: «Li hai fatti uccidere tu, tutti e due.

Prima l'uno, poi l'altro. Infame, assassina, rovinafamiglie, che Dio ti maledica!».

A Piramide e compagni non sfuggì l'occhiata ferma e sprezzante che Cesira lanciò ad Agnese, non arretrando di un millimetro. Un'occhiata di sfida. Ma, forse, era altro.

31.

I quattro amici in viaggio: segreti, sospetti e fantasie

Betty Spina assorta al volante, Werner Falco al suo fianco, che pescava aria dal finestrino, Tano Piramide e Susan Darryl taciturni dietro. Ognuno perso nelle sue fantasie.

«Avete letto di Mike Tyson? Ha detto in un'intervista che si sballa regolarmente fumando il veleno di rospo.» Fu Betty a rompere la cappa di un silenzio che stava diventando pesante.

Werner aguzzò le orecchie. Se si trattava di come sballarsi lui era sempre vigile, pronto all'apprendimento. Convinto com'era di essere arrivato a un guado della vita che poteva attraversare solo con l'aiuto di droghe pesanti, in alternativa ai potenti anestetici. Doveva solo individuare quella giusta. Niente lacci, niente buchi in vena e nessuna dipendenza da starci male.

«Veleno di rospo? Questa mi mancava. Sicura che non fosse una battuta?...»

Betty non mancò l'occasione.

«Avete sentito, ragazzi? C'è qualcuno in questa macchina molto interessato alla faccenda...»

«A Bahia ci sono rospi grossi come piccioni...» bofonchiò tra sé Werner, non raccogliendo la provocazione. «Se trovo il modo di catturarli posso farci una scorta che ci vado avanti per anni.»

«Ti ci vedo, vecchio fattone, che infili una siringa nel culo di un rospo gigante e ci estrai il veleno…»

«… Ha detto proprio così, sono sicuro: "I criminali che li hanno uccisi…". Ha usato il plurale…». Piramide se ne fregava dei rospi. Stava sul pezzo. Era rimasto lì, a quella frase di Sugar Habens.

Giornali, radio e talk show televisivi non parlavano d'altro. L'omicidio di Berengario aveva sollevato il coperchio sul verminaio del calcio. S'era scatenata una faida tra bande o, dietro tutto quel sanguinario casino, c'era solo una banale storia di corna, gelosie e vendette? Donne, uomini, trame vecchie quanto il mondo. Tu sei mio, tu non sei più mio? E dunque non sarai più di nessuno.

Ognuno aveva la sua congettura preferita, ma Tano Piramide era tenuto ad avere molto più che una congettura. Gli servivano prove. Gli servivano testimoni credibili e moventi che stavano in piedi.

Piramide se lo chiedeva ogni tanto. Era stato un patetico dilettante a rimettere insieme la sua banda di vecchi amici per un caso così spinoso? Un'idea più romantica o più idiota? Era dentro un patetico film in bianco e nero?

Sabbia tra le dita, ecco cos'era la sua indagine al momento.

Le sue attenzioni si stavano focalizzando sempre più su Sugar Habens e la sua ghenga di albanesi e macedoni. Intrecci malavitosi di ogni tipo si saldavano tra la gente che sbafava a quattro ganasce nella mangiatoia del pallone. I corruttibili erano una folla, la maggioranza, a tutti i livelli. Da qualche tempo s'erano fatto furbi anche i capi tifosi, racket dei biglietti, società sotto ricatto, infiltrazioni criminali. I calciatori? Bambocci utili dello show. Le facili pedine per arrivare al cuore della vacca grassa. Ingordi anche loro, se c'era da fare soldi facili. Non c'erano più i ricchi scemi a buttare capitali nel calcio, il sistema era una macchina per fare denaro, c'era da razzolare per tutti.

La molla era sempre la stessa, l'avidità. Svegliarsi la mattina e sapersi schifosamente ricchi, non avendo la minima idea di che farci di tutti questi soldi. Vanità e avidità hanno sempre infettato il mondo e moltiplicato il deserto. Tony Rende era avido e vanitoso. Max Berengario era più avido e meno vanitoso di lui. Quanto era avido Sugar Habens? Di sicuro, dei tre era il meno vanitoso, il più ignorante, ma anche il più intelligente.

Non veniva trascurata la pista dell'odio e della vendetta. Ci credevano soprattutto le due americane. Piramide era scettico, ma non voleva lasciare niente affidato al caso. Gli piaceva ripeterselo a voce alta per crederci sino in fondo.

«Stiamo facendo tutto quello che serve. Stiamo ascoltando testimoni, setacciando tracce. D'accordo con gli uffici di Londra e le procure di Milano e Reggio Calabria abbiamo piazzato microspie nei due uffici principali di Habens, a Milano e a Londra. Altre le abbiamo nascoste nella casa in Calabria della vedova di Tony Rende...»

«La sua famiglia è da sempre sospettata di avere rapporti organici con la 'ndrangheta di Bagnara Calabra...» Betty era stata la più decisa a chiedere le microspie.

«Il numero di telefono trovato nella tasca del cadavere di Berengario apparteneva a Pinuccio Maso, zio paterno di Cesira, precedenti penali per furto, violenza aggravata e riciclaggio» rinforzò il concetto Susan.

Ma la vera bomba, in pieno funerale, era stata l'aggressione di Agnese a Cesira.

«Avete visto quanto odio tra le due donne?»

«Se è vero che Cesira e Berengario erano amanti da tempo, tutto torna. Dobbiamo solo capire se è un pettegolezzo da strapaese o c'era del vero.» Susan aveva un'idea ben chiara in proposito. Non aveva dubbi. Cesira e Berengario erano amanti. Betty concordava, anche se con meno certezze. Il rossetto non era la prova regina. O, almeno, non solo quello.

«Troppo odio per una questione di corna...» sibilò Tano.

«La chiami questione di corna? Davvero la chiami così? Troppo odio? Quella donna, Cesira, e la sua famiglia sono capaci di tutto l'odio del mondo. Siamo riuscite ad avvicinarla alla fine del funerale. Un animale quieto pieno di artigli... Le donne ferite non vanno mai sottovalutate, quella donna in particolare. Tony Rende era un bastardo senza limiti, ne aveva fatte di tutti i colori. Odiarlo era il minimo e il delitto d'onore da quelle parti non è mai scaduto come opzione...»

Susan frenò a stento l'irritazione. Tano Piramide le sembrava un ottuso. Forse non odiava le donne, ma certo non le capiva. Lei ne sapeva qualcosa.

«In quanto a Berengario... fosse vera la sua storia con la vedova di Tony...» Tano aveva ripreso a masticare la sua matita preferita. Una Faber da collezione.

Werner era lì con loro, in realtà disperso nelle sue fantasticherie. Si sentiva per una volta libero di far uscire la sua anima da romanticone, di non dover recitare la parte del cinico o del pagliaccio.

Li passò in rassegna nella mente. Loro quattro insieme, come una volta, nella stessa macchina e per lo stesso viaggio. Non capitava da una vita. Li amava e non li sopportava, ognuno per un motivo diverso. Tano, il suo amico tutto d'un pezzo, così insopportabilmente ligio al dovere, avendo equivocato, povera stella, cosa fosse il dovere. Susan, l'ex donna di Tano, fredda e rigida come un salmone dell'Atlantico, lui, Werner, un cazzone sempre all'opera, perfino commovente per quanto impegnato a buttarsi via. E Betty, la sua Betty, ancora così insopportabilmente bella, concentrata e seria al volante.

Era stata troppo quella donna per lui in così poco tempo. La donna della passione, della tragedia e ora dell'indifferenza. Se n'era andata da una vita e continuava a essere il chiodo fisso della sua testa per fortuna sul punto di svanire. Sarebbe diventata mai un giorno la sua ex? No, mai. Troppo tardi.

Quella macchina in viaggio e i quattro tipi al suo interno, una rappresentazione esatta della condizione umana: dritti, spediti, eleganti, seriosi, pieni di dubbi, verso un precipizio certo, guidati dalla mano ferma di una donna.

Lui, Werner, era quello che era, un morto che camminava e ogni tanto respirava. Tano Piramide era sano come un pesce, forse, inutilmente sano, ma invaso dalla peggiore disgrazia, l'essere Tano Piramide. Una tristezza da tagliarsi le vene, dentro e sotto quella sua impenetrabile fissità. Triste dalla nascita e, a seguire, oppresso dalla responsabilità di un mestiere e ora di un caso da risolvere più grandi di lui. Non delle sue capacità forse, ma del suo fegato e del suo cuore. «Black Spaghetti Football», così i tabloid inglesi avevano cominciato a chiamare questa faccenda italiana di delitti, avrebbe ucciso anche lui se non avesse trovato il bandolo al più presto.

Betty al volante era Superwoman. Come sempre sapeva dove andare, perché andare e come andare. Susan era la sua sorellina uguale e diversa. Più silenziosa, ma non meno lucida e analitica. Stavano raccogliendo insieme un dossier sulle donne in ballo e tanto di profilo psichiatrico. Mentre Tano continuava a gemere e a brontolare torturandosi i baffi e Werner contemplava il suo moccolo spegnersi neanche troppo lentamente, le due ragazze avevano la testa sulla strada da prendere. In tutti i sensi.

«L'assassino tende a colpire la testa della vittima quando c'è da sfogare una rabbia tremenda...»

La voce di Betty spezzò il silenzio. Lei e Susan avevano

interrogato e studiato decine di criminali negli anni. Ogni tanto si erano confrontate anche con Werner. In privato lo maltrattavano con il loro sarcasmo, ma si fidavano del suo sguardo sulle cose e sulle persone. I rapporti analitici erano tutti custoditi nei loro archivi. Insieme, le due avevano rispolverato i casi più eclatanti di martellatori omicidi della storia. Il martello, una delle armi preferite dagli psicopatici. Che fossero assassini occasionali o serial killer.

Susan era una specie di computer. Non sbagliava un nome, una data. La chiamavano capitan Memo da quando giocavano agli investigatori da ragazzi. «Rodney Alcala di San Antonio. Il più sadico. Una bomba di rabbia e odio in 172 centimetri e 80 chili di involucro umano. Feriva brutalmente le sue vittime con un martello e poi le soffocava mentre agonizzavano solo per il piacere di sentirle morire... Perversi allo stato puro i due ucraini, Igor e Viktor. Due maniaci. Tra le loro vittime, un disabile minorenne. Si fecero una foto a cavalcioni del poveraccio agonizzante, dopo che lo avevano massacrato a coltellate e gli avevano piantato un cacciavite nell'occhio.»

Betty la surrogava quando Susan ometteva i dettagli più spettacolari: «... I due non si limitavano a ucciderle, andavano ai funerali delle loro vittime mettendosi in fila per lisciare le bare, confusi tra amici e parenti...».

«Stavo giusto pensando a Sugar Habens e alle sue moine sul cadavere di Berengario...»

Susan sarebbe andata avanti fino a notte fonda. «... Gli uomini della famiglia Bender, coloni di origine tedesca, erano invece un'altra tipologia: bruti, senza perversione. Sfondare i crani dei loro ospiti nella locanda che avevano messo su nel deserto e seppellirli poi nel retro era solo il modo più spiccio per derubarli di ogni avere...»

Betty e più di lei Susan non avevano troppi dubbi sulla matrice passionale dei due delitti. Scartate le ipotesi del maniaco sadico e quella del furto, restavano in ballo la vendetta e l'odio. L'immagine di Cesira stava lì a dominare la scena. Insieme a tante domande. Poteva essere stata una donna così esile, per quanto moltiplicata dall'odio, a sferrare quei colpi su uomini che erano il triplo di lei? Si sarebbe dovuta servire di un sicario e questo complicava ma non troppo le cose. Nella famiglia di Cesira non mancavano gli assassini potenziali. E il rossetto? Che diavoleria? Era forse una trovata per depistare le indagini? Il profilo di Cesira parlava chiaro: lei disprezzava smalti, trucchi e rossetti. «Tutta roba da puttane» era solita dire.

32.

Werner vede con l'unico occhio sano qualcosa che non avrebbe mai dovuto vedere

Werner se ne stava aggrappato alla maniglia dell'auto a farsi sbatacchiare da quel poco di vento che entrava dal finestrino aperto e a cercare, invano, la faccia del suo amico nella nuvola sporca.

Pensieri malinconici e anche un po' crudeli che il Bucaniere spartiva solo con se stesso. Le parole dei compagni di viaggio, un rumore di fondo. *Due donne, due uomini*. Un patetico film di Lelouch. "Due decrepiti coglioni, questo siamo." Si erano accorti di amarle, le loro donne, solo dopo averle perdute. Un classico. "E invece di ammazzarci come sarebbe stato decente, eccoci qua che ci ostiniamo a scimmiottare la nostra miserabile vita immaginaria. Il poliziotto fallito e il Dylan Dog dei poveri. Alla mercé di due donne che, nel migliore dei casi, ci compatiscono... Due babbei fatti e sputati."

Non lo avrebbero confessato mai nemmeno sotto tortura che sì, avrebbero fatto carte false e ponti d'oro per riaverle a casa, tra i piedi, anche così, con tutte le loro rughe, le due magnifiche tardone, per farci piedino la notte nel letto e magari, perché no, qualche acrobazia senile da "Risveglio dei sensi", o anche solo per farsi allungare qualche carezza su quel loro scheletro disgraziato di bebè invecchiati male e bisognosi d'affetto. E, invece, meschini, si dovevano accontentare di averle a fianco qualche ora a settimana come supponenti e qualche volta acide colleghe di elucubrazioni criminali.

«Eccoci qui, tutti e quattro, a discutere, ad accapigliarci, come facevamo da studenti...» Werner ricordava poco o niente di quegli anni. Di quando passavano le ore a lambiccarsi sulle tresche dei delitti insoluti. In alternativa, si davano ai delitti simulati. Una specie di gioco di ruolo, dove ognuno doveva fingersi un personaggio. Era un gioco, solo che loro lo prendevano molto sul serio, ci stavano dentro con tutte le scarpe. L'unico che ogni tanto cazzeggiava era sempre lui, Werner, un po' Dylan Dog, un po' Frate Indovino. Si ritrovavano ora, anni dopo, a farlo sul serio e non era poi molto diverso.

«... Vi ricordate quella volta che siamo quasi venuti alle mani sulla storia del mostro di Udine, l'assassino delle prostitute tra gli anni Settanta e Ottanta?»

«Me lo ricordo sì...» fece Tano Piramide. «Un serial killer mai più identificato. Allora non c'era la prova del dna... Oggi sarà quasi certamente morto. Io, Susan e Betty non avevamo dubbi dopo aver studiato le scene dei crimini e i profili dei sospettati: il mostro era un medico chirurgo, un professionista cinquantenne, scapolo, molto rispettato nella zona, chiacchierato solo per il suo rapporto morboso con una madre dominante» «... Un soggetto probabilmente affetto da una scissione importante della personalità» rinforzò il concetto Susan. «... Particolare rilevante: le incisioni a S sulla pelle delle vittime, tutte uguali, potevano essere opera solo di una mano esperta. Tu Werner, come sempre, ci tenevi a distinguerti dalla massa... Tu non avevi mai dubbi nel pensarla diversamente. È la tua abilità diabolica, te la riconosco, costringere l'umanità a chiedersi: ma questo uomo è un genio o un cialtrone? Ci hai campato una vita su questo dubbio...» Werner aveva sempre fatto di tutto per alimentare il dubbio. In fondo la cosa gli piaceva. «Ne sono convinto ancora oggi: il carnefice era un macellaio di Codroipo, parente alla lontana di Primo Carnera. Andai a trovarlo nella sua tana sanguinolenta. Mi spacciai per un giovane giornalista che stava scrivendo una biografia del gigante di Sequals. Mi bastarono pochi minuti. Le antenne mi cominciarono a vibrare. Lo sciame nella testa. Il killer era lui. Resto della mia idea...»

Werner ripiombò nel silenzio e nei ricordi. Era così intento che non si era nemmeno accorto di avere gli occhi bagnati. Le lacrime gli stavano rigando le guance scavate da troppo debito di ossigeno.

Li guardò, i suoi amici. Si guardò, insieme a loro, e fu invaso da una tenerezza inaudita.

«E se fosse il tempo, il vero feroce assassino di tutti noi?» si ritrovò a dire con la voce che si ritrovava dopo la malattia, incrinata, sempre spezzata da qualcosa, come uno stridore di gomme consunte, che fosse un polmone di meno o un'emozione di troppo.

Si voltò verso l'interno della macchina. «Dico sul serio... E se fosse il tempo il vero macellaio? L'assassino seriale che stiamo cercando da una vita. Talmente sotto gli occhi di tutti che nessuno lo vede... Ci ammazziamo come cani tra noi per ammazzare il tempo.»

La domanda restò appesa nell'aria. Liquidata come una delle tante farneticazioni di Werner Falco. Che ritornò subito nella parte del clandestino a bordo. Con gli anni aveva capito quando non era il caso di insistere. In questi casi rimpiangeva Pierre. Con lui poteva dare sfogo a qualunque assurdità, senza essere giudicato. Che il cuore di Chopin era conservato in un barattolo di cognac, che Stalin conservava le feci di Mao per studiarle e che i sette nani erano esistiti veramente, erano rumeni, sopravvissuti per miracolo ad Auschwitz e al boia Mengele che li voleva vivisezionare. Pierre lo lasciava dire. Con lui era come confidarsi con un blocco di calcestruzzo. S'incazzò una volta sola, Pierre, quando Werner disse che le mucche possono salire le scale ma non scenderle, sostenendo che la sua mucca di famiglia faceva entrambe le cose. Pierre somigliava a una mucca.

«Betty, fermati alla prossima stazione di rifornimento. Non sono io che te lo chiedo, è la mia prostata gigante...»

La prostata di Werner era un argomento sufficientemente minaccioso. Meglio fermarsi appena possibile che subire i lamenti e i brontolii del rudere. Scesero tutti tranne Piramide, che aveva una prostata di ferro e doveva fare le sue telefonate, oltre che masticare e annusare la sua matita di turno.

Werner si svuotò e non poté fare a meno di notare che quello era stato l'unico momento felice della sua giornata.

Andare nei bagni pubblici era sempre stata una tortura per un fobico grave come lui. I bagni delle autostrade. Ci finiva solo quando proprio non poteva farne a meno, in quel calvario di vesciche urlanti. Varcata la porta del non ritorno, se ne stava tutto il tempo in apnea per non inalare quel tanfo di urina che altrimenti gli sarebbe restato nelle narici una vita. Senza contare l'umiliazione del camionista o del pischello nella latrina accanto che schizzano come elefanti, mentre tu fai fatica a mettere insieme tre gocce di fila. Ogni volta usciva da quelle latrine portandosi dietro una visione apocalittica della vita.

Lui, si trovò a pensare, non si sarebbe mai spinto a ficcare la testa della sua vittima, per quanto odiata, dentro il vaso di una latrina, correndo tra l'altro il rischio d'incappare in qualche odore disgustoso o visione orrenda. Doveva essere uno schifoso coprofilo, l'assassino. Di quelli che affondano le mani nella tazza dei cessi per ricavare emozioni forti. Un tipo alla D'Annunzio. Doveva tornare alla carica con Piramide sull'ipotesi dello sporcaccione, si disse.

Per non parlare della tristezza infinita delle signore in guanti e ramazza, all'entrata dei cessi, o lì, nella tua area, mentre sei lì consumato dalla vergogna che te lo tieni in mano, e loro, noncuranti, che spazzolano e rassettano come furie, dieci, venti volte al giorno, confidando nella tua pisciosa mancia. Werner non la dava mai, la mancia. Non gli piaceva umiliarle. Se l'avesse data sarebbe stata la prova che si era accorto di loro, della loro miserabile esistenza, mentre quelle avevano una sola chance, risultare invisibili. In compenso, le aiutava a tenere puliti i gabinetti. Quello suo, lo restituiva sempre impeccabile. Non dimenticava mai di tirare lo sciacquone, pur sapendo che ogni volta erano miliardi di batteri che si liberavano nell'aria. Qualche volta tirava anche quello dimenticato dagli altri.

Prese un caffè e non aspettò le due amiche. Un giorno si sarebbe ricordato di fare la domanda a Betty: «Perché le donne vanno sempre al bagno in coppia e perché ci restano dentro un tempo incomprensibile?».

Tornò alla macchina, ma si accorse d'aver lasciato l'orologio sul lavandino. Un Rolex vero, una possibilità su cento di ritrovarlo. Si precipitò. L'orologio era ancora lì. Un miracolo. C'erano ancora degli onesti al mondo. Si sentì invaso da un'insopportabile sensazione di felicità. Non vedeva l'ora di raccontarlo ai suoi amici.

Nella tortura dei gabinetti pubblici, Werner aveva sempre fantasticato di sbagliare porta un giorno e di finire in quel conturbante mistero che era il bagno delle donne. Quali meravigliose e innominabili sconcezze accadevano là dentro, in quel carosello di mutande calate e specchi lungamente interrogati? Quanti grandiosi amori sarebbero rimasti in piedi, quanti avrebbero retto alla visione o quanti, magari, avrebbero trovato invece nuova linfa? Non mancava mai, Werner, di allungare l'occhio, a trafugare un'istantanea, uno scorcio qualunque di quel mistero.

La porta quella volta era rimasta socchiusa, una tentazione troppo forte per quel mezzo guardone di Werner. Abbastanza socchiusa da consentirgli di sbirciare nitidamente con l'unico occhio sano due donne avvinghiate in un bacio appassionato. Bocca a bocca. Incollate a ventosa.

Erano due donne che conosceva bene. Betty e Susan.

Una pacca da dietro lo fece traballare. Era Tano Piramide.

«Ehi, ti ho beccato... qui siamo nel penale, il guardone sporcaccione che spia il bagno delle donne... Mi chiedevo dove diavolo eravate finiti. Capisco le donne, ma tu che odi tanto i cessi pubblici?»

Teneva in una mano una lattina di Coca-Cola, nell'altra un panino con le verdure.

«Mi è venuta voglia di mettere sotto i denti qualcosa. Una telefonata dei miei investigatori mi ha messo di buon umore...»

Werner aveva tanti buoni, certificati motivi per restare senza fiato. Ma questo, decisamente, non era nel mazzo.

Doveva rispondere a Tano e, allo stesso tempo, nascondere il suo stato di shock ai suoi occhi da faina. La sua ex moglie e quella di Piramide s'erano appena scambiate un appassionato lingua a lingua davanti a lui. Avevano una relazione chissà da quanto e loro due, un commissario in età da pensionato e un detective da strapazzo, non si erano mai accorti di nulla.

«Mi racconti poi tutto in macchina...»

Ripartirono. Werner, più taciturno di prima, si era già dimenticato la storia dell'orologio. Chiese con una scusa di sedersi dietro, voleva guardarle alle spalle con occhi nuovi, le due fedifraghe. "Due tremende puttane" si disse in cuor suo. Nel pensarlo, si rese conto che nell'insulto c'era un brivido di ammirazione. Si diede dell'imbecille. Ma cercava un termine più crudele. "Coglione", sì, funzionava sempre. Un bell'impasto di vocali e consonanti. "Coglione!" Arriva come una fucilata. Una sintesi sprezzante e definitiva. Se poi te lo dici da solo, aggiungi il piacere sottile dell'autofustigazione. "Ti sta bene, coglione, il più coglione di tutti in un mondo di coglioni, te lo meriti, sempre così concentrato su te stesso e le tue ridicole vicende."

Salirono anche loro, una alla guida, l'altra al suo fianco. Di ottimo umore. Betty era la spiritosa delle due.

«Ah, vedo che voi masculi avete ritirato fuori la vostra omosessualità latente...»

"Sfrontata. Puttana. Troia inverosimile" digrignò Werner tra i denti, consumato dall'odio e dal piacere.

Si aggiustò la benda all'occhio, mentre Susan si aggiustava le labbra allo specchietto. Il rossetto al punto giusto.

"Eccole le donne, perché si dilungano in bagno, devono fare le loro tresche e poi pulire per non lasciare tracce" Werner si disse, perso nelle sue morbose fantasie.

Fu Piramide, questa volta, a farlo trasalire.

«Ehi, genio. Non ti sei ancora pronunciato. Che ti dice invece il tuo infallibile sesto senso?...»

«Mi dice che tu, Tano, hai come sempre torto marcio... Vuoi sapere la mia? Sono più dalla parte delle due ragazze. Loro sì sono una vera squadra. Pensano e funzionano all'unisono. Con la stessa testa. La stessa lingua. Avere la fica invece che l'uccello non è un dettaglio da poco... L'uccello a noi ci porta sempre fuori strada, a sentirci re di una foresta che non è mai esistita e, se esiste, non ci riguarda. Te la faccio breve: siamo due coglioni. Dietro i due delitti c'è molta rabbia e molto dolore. O forse c'è una grande paranoia, sicuramente una gigantesca mente malata.»

«Spiegati meglio.»

«Giustiziere o giustiziera che sia, vedo una persona solitaria con tratti paranoici, che magari non c'entra niente con il calcio, o forse sì. Un anonimo, un signor nessuno che a un certo punto decide di diventare qualcuno e si mette i panni del supereroe. Ripulire la feccia del calcio e prendersi tutte le prime pagine...»

«La fantasia non ti è mai mancata, Werner...»

«Da quando ho scoperto che la realtà supera la fantasia.»

Nel dirlo, fissava la nuca inespressiva delle due donne avanti a sé.

Piramide scosse la testa. Si sentiva invaso dal prepotente demone della certezza. Non gli capitava spesso.

«Vi sbagliate di grosso, tutti voi tre. Stanno arrivando i primi tabulati delle intercettazioni di Sugar Habens e dei suoi tirapiedi. Cose molte interessanti. Saprete tutto al momento giusto. Sentirò lui per primo, a seguire la vedova di Tony Rende, per ultima la vedova di Max Berengario... Fatevene una ragione. Siamo sulla retta via...»

Werner non ascoltava più. Era tornato alle sue eccitate fantasie e alla sua nuvola. Aveva deciso che avrebbe tenuto per sé la storia delle due donne e di quel lingua a lingua. Max Piramide andava protetto. Era un uomo fragile sotto le apparenze, più che mai in quei giorni.

«La chiave è in quel foglio. La parola "Giuda". Giuda è il traditore per definizione. Colui che ti bacia e poi ti vende per trenta denari. Aggiungi il rossetto... Per me c'è una mano femminile in tutto questo. Due uomini, due amanti, due cadaveri. La stessa donna.»

Era la voce di Susan ora, mentre continuava a rifarsi il trucco allo specchio. Piramide non era per niente convinto. Ora meno che mai.

«L'ipotesi della donna tradita e offesa non regge e sapete perché? La moneta. Il centesimo nella tasca della vittima. L'equivalente ai giorni nostri dei trenta denari. Qui si va a punire qualcuno che si è venduto per denaro. Qui stiamo dentro una logica maschile e malavitosa. Il bacio sulla guancia è solo un modo per depistare, o uno sfregio estremo sulla vittima, l'equivalente di uno sputo.»

«E se fosse il contrario?» insisteva Susan. «Se fosse il centesimo nell'astuccio la mossa per confondere le acque?»

Giuda Iscariota. Werner non poté fare a meno di pensare che anche lui era stato un Giuda nei confronti di Tano. Guai ai traditori, c'era scritto da qualche parte. Il suo peccato con Susan. Ora, la storia delle due donne. Troppe cose non sapeva, Tano. Ed era meglio che continuasse a non saperle.

Non sapere una verità che ti avrebbe stravolto la vita. Non male per uno che di mestiere fa il cacciatore di verità.

«Un Giuda con la passione per i cessi, meglio se sporchi. Un probabile coprofilo. Un Giuda dannunziano» si sentì dire Werner tra l'ilarità generale.

33.

Il mondo del pallone somiglia sempre più a un bordello: affari sporchi e storie viziose

Scaricate le due donne, Piramide e Werner Falco si sentirono più tristi, ma più liberi di parlare. Betty e Susan erano speciali nel farti sentire una specie di idiota. Tano amava Susan e soffriva. Werner amava Betty ma s'impediva, anche solo di pensarlo, di soffrire. Betty era la sua spina nel fianco. E quello che aveva intravisto nel bagno delle donne complicava tutto. Una storia durissima da mandare giù.

«Finalmente soli...» mentì a se stesso Tano. Werner combatté per un paio di minuti con la tentazione di spiattellare tutto. Che le due avevano una storia, a quanto pare anche molto passionale o quanto meno perversa, perché di solito non ci si slinguazza nei cessi pubblici. Pensò di nuovo alle catastrofiche conseguenze nella testa di Tano e rinunciò. L'amico non aveva bisogno di questo. Meno che mai adesso. Fu lui a dargli una mano, parlando d'altro. C'era ancora un bel po' di strada per arrivare a casa.

«Questo Sugar Habens... Parliamone. Devo sapere tutto di lui, prima d'incontrarlo... A prima vista mi risulta uno stronzo di prima categoria. Raccontami tutto quello che sai... Tutta la merda in cui questo albanese affonda le mani. Tu la conosci bene...»

«Non così tanto come immagini, ho giocato sempre da lupo solitario in questo bordello...»

«Che non ti ha impedito di scavarti la tua confortevole nicchia...»

Werner ne aveva fatto il suo romanzo di cappa e spada, di malinconie e furori. Prima o poi, prima di lasciare questa terra, l'avrebbe raccontata, la sua storia. A favore di chi? Della sua piccola Elettra, nel frattempo diventata donna. Dall'abisso spaventoso dov'era finita, lei aveva occhi e orecchi solo per lui.

«... Tony Rende, Max Berengario e Barnaba Zeno li conoscevo bene. Un po' meno Habens. Pochi affari insieme e tutti molto sgradevoli. Quando l'albanese diventò il numero uno degli agenti, io era già abbastanza fuori dal giro. Sai com'è. Alle prese con le mie seghe mentali.»

«Il tuo quinto o sesto senso della catastrofe immanente...»

«Sugar Habens e Tony Rende li avrò visti insieme un paio di volte, forse tre, nelle hall degli alberghi. Due palle di lardo arroganti e molto viziose...»

«Che ne sai della parte viziosa?» Piramide non la considerava rilevante ai fini dell'indagine, ma non poteva permettersi di tralasciare niente. Aveva ben poco per le mani.

«Il mio Pierre giura di averli incrociati una volta in un club gay di Roma che lui ogni tanto frequentava. Non sapeva chi fossero, fu un amico a presentarglieli e se li ricordava bene, specialmente il più piccolo dei due, per quella sua aria da porcello insolente.»

«Non avevi nessuno di meglio di questo Pierre da sceglierti come badante? Una checca mitomane che frequenta depravati e battone. Mai una cosa normale tu...»

Werner sentì di detestare Piramide, ma scelse di ignorarlo.

«... Si dice in giro di Pierre che abbia avuto nel lontano passato una storia con un calciatore, un attaccante famoso della Lazio. Quarant'anni fa. Una vita. Ogni tanto provo a cavargli qualcosa, ma lui su questo si chiude a riccio... So per certo che lui ha continuato per anni a bazzicare di straforo i locali dove si davano appuntamento le star dello spettacolo e dello sport.»

Si vociferava di questo famoso giocatore, un brasiliano di Rio noto soprattutto per essersi portato a letto le più belle donne della capitale, mogli incluse. Soprattutto le mogli.

«Una notte, era quasi l'alba, lo beccai fermo al semaforo sul lungotevere a Roma, dalle parti di Trastevere, nella sua Mercedes coupé con due viados a bordo. Lo salutai, ma lui fece finta di non conoscermi. Ma sono sicuro che era lui. Si dice anche di un altro della Juventus, sposato e padre di due figli. Due insospettabili. Pierre non mi ha mai confermato, ma nemmeno smentiva. Se la cava ogni volta con quel sorrisino furbetto, ammiccante, da zoccola, e il ritornello che gli piace tanto: "Amico mio, sotto le lenzuola ognuno è padrone di fare quello che vuole".»

Piramide non era troppo coinvolto dalle storie viziose di Pierre.

«Si parla nell'ambiente della probabile omosessualità di Sugar Habens?»

«Qualcosa si dice, ma non troppo... Il mondo del pallone è marcio da ogni punto di vista, ma l'omosessualità resta un tabù.»

«Dimmi dei metodi di Sugar Habens... Della sua combriccola.»

«Di lui si sa che lavora gomito a gomito con Branko il Macedone e la sua gente. Si conoscono da una vita, da quando erano due straccioni e lavavano piatti, bicchieri e tegami nei pub di Berlino. Mai sentito parlare di Branko il Macedone? Uno da prendere con le molle. Un violento. Per dirtene una, gira la voce, e a quanto pare non è una voce, che abbia strangolato al suo paese un barista che la notte prima si era rifiutato di dargli da bere. Nessuna prova, ma lo sanno tutti che è stato lui... Da qualche anno è in affari nel calcio.»

«Che genere di affari?»

«Ha aperto un'agenzia di mediazione, compravendita di calciatori, diritti televisivi, consulenze societarie, ma è più che altro una copertura. Risulta intestata a un suo lontano parente anche una società di scommesse. Di fatto, Branko è quello che fa il lavoro sporco anche per Habens.»

«Che intendi per lavoro sporco?»

«Minacce, ricatti, ritorsioni, pestaggi. Manda i suoi gorilla da arbitri e calciatori per costringerli a vendersi le partite e a dargli una lezione quando non ci stanno o fanno finta di starci e poi si cagano sotto al momento giusto...»

«Racconta...» S'era fatto buio. Avevano lasciato l'autostrada e Tano, alla guida, strizzava gli occhietti da topo. Doveva una volta di più ammettere a se stesso che Werner ci sapeva fare con le parole.

«... Una volta riempirono di botte un arbitro del campionato macedone che si era rifiutato di fischiare un rigore al novantesimo per la squadra di casa. Gli hanno quasi cavato un occhio e questo nemmeno ha potuto denunciare perché la volta dopo, oltre a cavargli l'altro, sarebbero passati alla famiglia...»

«E canaglie così girano ancora a piede libero, fanno affari e tresche con i pezzi grossi del calcio?»

«Mai una prova contro di loro. Ogni tanto ci provano a incastrarli, ma niente da fare. Tutti sanno che funziona così il sistema ma fingono di non sapere, nessuno ha interesse a parlare. Oggi nessuno vuole essere nemico di Sugar e di Branko... E sai una cosa, la vera bomba deve ancora scoppiare, ci sono anche calciatori famosi nel giro delle scommesse clandestine. Gente che scommette sulle proprie partite...»

34.
La fantasmagorica storia di Sugar Habens detto Baby Lonza e la sua irresistibile ascesa

Tano Piramide chiese ai suoi un dossier dettagliato su Sugar Habens. Il tipo era uno tosto. Non aveva paura d'inventarsi la vita. Da Valona se n'era andato ventenne con pochi dollari in tasca e un vecchio zaino sulle spalle, a cercare fortuna in giro per il mondo. Non gli bastava più sbarcare il lunario con i soldi in nero che guadagnava come lavapiatti stagionale nei ristoranti del Salento, arrotondando con qualche furtarello nelle ville dei ricchi. Cose facili, niente muri e cornicioni da scavalcare, per uno già appesantito in tenera età da rotoli di grasso.

Sugar Habens c'era nato con il pelo sullo stomaco. La mamma morì mettendolo al mondo. Lui diceva di ricordare l'odore buono del suo seno e il battito del suo cuore. Il padre no, non ce la faceva proprio ad amarlo. Lo considerava la causa della sua infelicità. Fu così che il piccolo Habens, cresciuto in un collegio per orfani, venne su con la penosa sensazione di essere stato l'assassino della madre e il nemico del padre. Il mondo era una giungla ostile e lui non avrebbe avuto bisogno della carezza di nessuno. Meno che mai di una donna. Questo aveva verosimilmente giurato a se stesso e così era stato.

Imbarcatosi come mozzo in una baleniera islandese, poi arrangiandosi come sguattero, s'era distinto per aver tramortito e quasi ammazzato con una padellata un emissario di Greenpeace, salito a bordo per contestare i cacciatori di balene. Cameriere e cuoco in un ristorante italiano di Anversa, finì a ripulire le pozze acide di vomito degli ubriachi in un pub di Berlino. Da lì, in una pizzeria al centro di Dortmund, un locale molto frequentato da calciatori e manager non solo del Borussia.

Il titolare era Cesaretto, un ex rapinatore che aveva passato i suoi anni migliori a Regina Coeli. Una volta sposato, si era rifatto una vita e una famiglia in Germania. Viveva per il figlio Emiliano. Era il suo chiodo fisso. Un giorno avrebbe vestito la maglia della Nazionale azzurra. Giocava nelle giovanili del Borussia, un buon mediano, due piedi discreti.

Lui e Sugar si erano presi dal primo istante. Storie difficili in comune, la stessa smania di rivincita. Cesaretto lo aveva adottato come un figlio, quel barilotto. Un tipo sveglio. In pochi anni aveva imparato a parlare tedesco e inglese. L'italiano lo conosceva da sempre, tra i lavori estivi e la tivù, cresciuto in una casa accesa a tempo pieno su Raiuno, Mike Bongiorno, Baudo e la Carrà.

Non aveva complessi, Sugar, e non si offendeva nemmeno quando gli amici italiani di Dortmund presero a chiamarlo "Baby Lonza". Aveva naso per gli affari e la giusta audacia. Dopo tre anni, firmò un pacco di cambiali per rilevare una pizzeria in fallimento nei pressi del Signal Iduna Park, lo stadio del Borussia. I tifosi di lì erano pazzi della loro squadra. *Sold out* tutta la stagione. Le tribune, un'unica macchia gialla. Gole spianate per novanta minuti. Se ne infischiavano loro della nuvola schifosa, non gli importava del risultato. L'ebbrezza era garantita da altro. Si facevano di birra, crauti e würstel dalla mattina e non si fermavano fino a che non stramazzavano su qualche branda. Vinti o vincitori tornavano a casa sulle proprie gambe, cantando e bevendo, ciucchi d'amore. Si picchiavano solo due volte l'anno, nei derby della Ruhr, con i tifosi dello Schalke 04.

Sugar sapeva farsi benvolere. Era un ruffiano nato. Fu lì, prima nel locale di Cesaretto, poi nel suo, che partì la storia dell'agente più potente al mondo, a furia di strusciare i clienti e metterli in contatto tra di loro. Era diventato così la mascotte dei dirigenti del Borussia.

Gli portava le pizze e le birre a tavola, qualche volta anche a casa, e gli spiegava con la sua faccia di culo che «non capivano un cazzo di calcio» e che Gesù Bambino gli aveva mandato tra i piedi questa palla di lardo miracolosa e non dovevano sputare in faccia alla fortuna.

Uno di loro decise che era venuto il momento di metterlo alla prova, questo spaccone albanese. Sugar cominciò a trafficare con i giovani delle serie minori e dei club satelliti del Borussia. Ci sapeva fare. Il primo colpo lo fece quando piazzò il figlio di Cesaretto dalle giovanili del Borussia a quelle della Sampdoria, dove aveva un amico dirigente. Sarebbe stato più facile arrivare in Nazionale giocando in un club italiano.

Un mitomane o un genio, questo era Sugar Habens. Forse, le due cose insieme. Ci mise poco a fare le scarpe a quelli che gli avevano insegnato il mestiere. Diventò a nemmeno trent'anni uno dei più influenti agenti del mercato in Europa, allargandosi a Inghilterra e Francia. Nel frattempo, aveva stretto una vantaggiosa alleanza con i due fratelli Berengario in Italia, terra per cui Habens aveva da sempre una devozione, e soprattutto con Branko detto il Macedone. L'aveva conosciuto nel pub di Berlino, a spartirsi le chiazze di vomito e i propositi per l'avvenire. Mentre raschiavano il sudicio dai pavimenti, congetturavano il loro grandioso domani. I due impararono a rispettarsi e a temersi. Avevano capito in fretta che non era il caso di farsi la guerra. Arrivò il momento in cui si ritrovarono a spartirsi qualcosa di meglio, il mercato balcanico, da bravi compari. I talenti da quelle parti si sprecavano. Bastava solo trovarli e aiutarli a crescere.

Max Berengario rimase presto solo (al fratello questo Baby Lonza non era mai piaciuto). Lui, Tony Rende e Sugar Habens avevano fatto squadra negli anni ed erano molto temuti nell'ambiente. Si diceva che avessero una società d'affari in comune. Di fatto, una vera e propria cosca.

Max e Sugar erano stati più volte indagati per associazione a delinquere e condannati in un caso dalla giustizia sportiva per illecito sportivo e condizionamento degli arbitri, assolti poi in appello. Di Sugar Habens si diceva anche che fosse coinvolto nel giro delle scommesse e delle partite truccate, molto forti nei clan albanesi e macedoni.

35.
Sugar Habens fa lo spaccone con Piramide

Sugar Habens si affacciò nella stanza di Piramide con quella sua aria da furbetto e il sorrisino di superiorità che gli veniva da chissà dove. Vestito come un troglodita. Una tuta dozzinale, viola, extralarge e le scarpe da basket. Era la sua teoria: è quando diventi veramente ricco e potente che «puoi permetterti di vestirti a cazzo di cane, come ti gira la mattina, e puzzare peggio di un cane. Non hai più bisogno di far parlare i vestiti e le firme per te». Aveva un debole solo per le auto e per gli orologi, Sugar. Non avrebbe mai rinunciato alla sua Bentley Continental argento dove le sue flatulenze e quelle dei suoi sicari erano comunque assorbite dall'odore dominante dei due strati di pelle bovina nei cinque metri di interni e al suo Hublot Big Bang da 15.000 euro al polso, duecento esemplari in tutto il mondo.

Piramide lo squadrò. Non poté fare a meno di ammirarlo. Habens non era certo il tipo della serie "anche l'occhio vuole la sua parte". Fosse capitato a lui di venire al mondo con quella sagoma da luna park si sarebbe sotterrato a vita in una buca e sarebbe uscito solo di notte come i sorci.

«Le spiace lasciarli, i due gentiluomini, nella sala d'attesa?»

Sugar era accompagnato dai suoi sgherri, due animaloni tatuati da cima a fondo, bicipiti e femori da sbarco. «I miei collaboratori di fiducia», così li chiamava. Se li portava dietro anche al gabinetto.

Sugar non batté ciglio.

«Sono due ragazzi molto sensibili, ci resteranno male, ma fa niente, così va il mondo, ci si ferma alle apparenze...»

Sembrava perfettamente a suo agio. Nessuna traccia di ansia. Sudava come un tricheco, ma erano la ciccia in eccesso e il caldo bestia di quel giorno.

«Eccomi qua, commissario, tutto per lei, pronto a collaborare, come le avevo promesso... Le dispiace se le chiedo un caffè e un bicchiere di acqua? Mi sono svegliato all'alba per lei... Che mi dice delle indagini? Facciamo passi avanti?»

«Sugar, vogliamo andare d'accordo io e lei? Teniamoci al rispetto delle parti. Le domande qui le faccio io.»

«Mi piace il rispetto delle parti. Fuori la prima domanda.»

«Mi dica nei dettagli dei suoi rapporti con Max Berengario e Tony Rende. Voglio sapere ogni particolare, anche quello che a lei sembra il più inutile. Partiamo dall'inizio.»

«Sarò brevissimo, commissario, c'è poco da sapere.»

«Non si preoccupi di farla breve, le ho dedicato tutta la mattinata.»

«Via, commissario, tutta questa attenzione non la merito. Non mi dica che sospetta di me...»

«Il mio dovere è sospettare di tutti, a cominciare da me stesso.»

Le narici di Piramide cominciarono a fremere. Aveva capito che la partita sarebbe stata più complicata del previsto. Quella palla di grasso incartata nella tuta viola ci sapeva fare.

«Questo le fa onore, del resto mi parlano tutti benissimo di lei. "Un osso duro" si dice in giro. Ma voglio semplificarle la vita e spiegarle perché a me mi deve togliere dalla lista. Li ha presente quei due? Le due vittime, intendo?»

«Erano di fatto suoi soci nei vostri affari del pallone, mi risulta. Compravendita di giocatori, contratti, commissioni da spartire, tanta altra carne al fuoco.»

«Così partiamo male, commissario. La storia è molto più semplice. Voi italiani dite anche "molto fumo e poco arrosto". Mettiamola così: Tony Rende non era mio socio, non era niente. Mi stava addosso come una cozza, tutto qui. Ti si attaccava e non ti mollava più. Non era facile liberarsene. Peccato che Berengario non può confermare, ma lo chieda a Werner Falco. So che siete molto amici...»

«Lasci stare i miei amici.»

«Tony Rende? Io gli davo qualche dritta e lui mi trattava bene nelle sue trasmissioni. Era un simpatico rubagalline. Che io sappia, l'unica che lo voleva veramente morto era la moglie Cesira. Poveraccia, quante ne ha passate...»

«Mi sta dicendo che dovrei sospettare della vedova?»

«Ci mancherebbe... Non le rubo il mestiere. Voglio solo dire che quella donna era la sua vittima. E le vittime, prima o poi, non ci stanno più a fare le vittime. Una cosa è certa, me l'hanno confermato in tanti: il suo stile di vita non piaceva per niente alla famiglia di lei.»

«Max Berengario diceva le stesse cose di Tony Rende. Un parassita, un buono a nulla, però, strano a dirsi, vi si vedeva spesso tutti insieme a confabulare.»

«Commissario, è il nostro lavoro confabulare. Siamo uomini, ci diamo delle arie, giochiamo a fare i padroni del mondo, in realtà non contiamo un cazzo. Vogliamo parlare di Berengario? Un grande uomo, un grande passato, ma sul suo sigaro c'era scritto "scaduto". Game over. Aveva fatto il suo tempo.»

«Avete fatto affari insieme fino a poco prima della sua morte. L'ultimo, la cessione per 70 milioni del croato dalla Fiorentina alla Juve, come si chiama...»

«Baldo Zantev... Mi dicono che lei non ama il calcio.

Fa bene, è diventato uno schifo, non ci sono più i valori di una volta, la passione, il piacere della maglia...»

Piramide non credeva alle proprie orecchie. A fare il sermone sul calcio che non aveva più maglie e valori era, davanti a lui, l'uomo che più di chiunque altro s'era dato da fare per trasformarlo, il calcio, in un suk di ladri e papponi.

«Non so perché, la conosco appena, ma mi aspetto molto da lei...»

«In generale fa bene, ma su questa storia di morti ammazzati ho paura che sarò una delusione...»

«Non si sottovaluti. Mi dica almeno una cosa che non so di Max Berengario.»

«Berengario? Vuole la verità vera o una versione di comodo?»

Piramide capì che era più utile tacere. Il lestofante era abile a giocare di rimessa. Bisognava farlo parlare. Lasciarlo cuocere nel suo brodo e aspettare che si tradisse.

«Max era finito. Non contava più nulla. Lui credeva d'essere ancora il più furbo di tutti, si voleva convincere d'essere ancora in sella, il numero uno. Se la dava a bere, come dite voi italiani. Non aveva più nemmeno tanti nemici. E questo non è mai un buon segno. Io lo compiacevo, lo aiutavo a illudersi. Un giorno toccherà a me, pensavo, di diventare un vecchio coglione come lui che ha bisogno d'illudersi, anche se io sono sicuro che mi toglierò dalle palle prima.»

«Vi conoscevate da una vita.»

«Max mi aveva insegnato molte cose quando ero un ragazzo che cominciava e tutti mi pigliavano per il culo, mi pisciavano addosso come fossi la loro latrina. Doveva vedere la sua faccia quando gli ho detto: "Max, te lo devo dire: mi dà fastidio che mi fumi in faccia". Diventò giallo come quel suo portacenere.»

«Prove e testimoni dicono il contrario. Mi risulta che le

due vittime contassero ancora, eccome, e che, ultimamente, ce l'avessero parecchio con lei. E viceversa.»

«Mi permetta di farle io una domanda, commissario: perché mai avrei dovuto desiderare la loro morte? Berengario non esisteva più nemmeno quando si guardava allo specchio. Per non parlare di Tony Rende. Lui è sempre stato una nullità. Con rispetto parlando non lo cacavano nemmeno le mosche.»

«Sapeva della relazione di Cesira con Berengario?»

«Se ne parlava nell'ambiente, ma io non me ne sono mai interessato. Io sono un uomo pratico. Non perdo il mio tempo a ficcare il naso in certe cose o a chiedermi cosa succede sotto le lenzuola della gente.»

«Si dice anche che Tony Rende la ricattasse. Frequentavate gli stessi locali. Locali particolari...»

«Tony Rende non poteva ricattare nessuno, per un semplice motivo: era l'uomo più ricattabile del mondo. Ladri, drogati. Puttane, soprattutto. Chi più ne ha, più ne metta. Per sua sfortuna, aveva sposato una donna molto gelosa e molto vendicativa. Una iena. Che con gli anni è peggiorata.»

«Mi risulta anche che fosse lui a ricattare lei, Sugar, a proposito dei suoi gusti particolari in fatto di sesso...»

«Che sarei frocio? Commissario, mi delude. Ora è lei che vuole indagare nelle mie lenzuola. Tony era, in fondo, un bravo ragazzo, ma molto vizioso. Mi divertiva dargli una mano, tutto qui. Lui aveva i suoi vizi, io sapevo come farlo felice. Qualche volta lo accompagnavo, è vero, in questi locali particolari, mi divertivo a vederlo sbavare. Mi metteva di buon umore tutta quella bava.»

«Che mi dice del suicidio di Barnaba Zeno?»

«Che non c'è mai stato nella storia un suicidio più annunciato. O vuole dubitare anche di questo? Commissario, non mi faccia l'amico del giaguaro, qualche certezza bisognerà pure che se la dia, altrimenti la vedo dura, come fa a campare?… Non è vita.»

Quel foruncolo scoppiato ora gli stava dando anche lezioni di vita. Sembrava sempre come se da un momento all'altro potesse uscire un fiotto di liquido purulento da quella boccaccia o da quelle orecchie accartocciate.

«Per oggi può bastare, ma si prepari a tornare molto presto. Ho diverse altre cose da chiederle.»

«Mi saluti il suo amico Werner. È mica un sospettato anche lui?… A proposito, commissario, io i martelli non li ho mai usati in vita mia, nemmeno per attaccare i quadri di casa.»

Habens era palesemente compiaciuto della sua battuta. Il triplo mento gli ballava dalla libidine.

Piramide si liberò in fretta della sua mano sudata.

Restava ora Cesira da sentire, tra i testimoni chiave. Faccenda complicata. La vedova spediva un certificato medico dopo l'altro. L'ultimo, la depressione acuta dovuta alla maledetta nuvola in cielo.

Più semplice raccogliere la deposizione di Agnese, la vedova di Berengario. Piramide aveva un aereo per Milano il giorno dopo. Non lo prese mai. All'alba gli arrivò la telefonata dei colleghi della questura di via Fatebenefratelli: Agnese era morta durante il sonno. Un infarto fulminante al miocardio.

«Questa storia sta diventando un cimitero maledettamente affollato…» commentò Werner quando Piramide gli riferì la notizia.

E non sembrava finita lì.

36.

Per niente facile smascherare lo stronzo. Werner ci prova

«Maneggiare e ascoltare con cura.» Un biglietto scritto a mano accompagnava la busta sigillata.

Lo stava aspettando. Il file audio e video del primo interrogatorio di Sugar Habens. Tano Piramide gliel'aveva girato con mille raccomandazioni e qualche sarcasmo di troppo. «Fai vorticare le tue celebri antenne, fenomeno, sempre che nel frattempo tra il sole di Bahia e i pompini delle baiane non si siano fuse. Mi aspetto qualcosa d'illuminante...»

Werner mal sopportava le aspettative della gente. Il suo genio amava sguinzagliarsi inatteso, libero da ogni pressione. E questo Tano non l'aveva ancora capito, o forse l'aveva capito fin troppo. La loro amicizia era un ibrido che camminava da sempre sul filo del rasoio. Bastava un colpo di tosse, uno sguardo partito male, una parola sbagliata e si ritrovavano in un attimo dal volersi quasi bene all'astio più rabbioso.

Se lo ripassò un paio di volte il video, avanti e indietro, rallentando e stoppando, soffermandosi sui dettagli, i silenzi, gli sguardi, gli sbattimenti di palpebra, le sfumature della voce e le latenze nei tempi di risposta. Werner era lì con la sua torcia puntata a prenderlo in castagna, Sugar Habens. Indovinare il non detto e il non confessabile.

Qualcosa sfuggito alla sua sapiente gestione della scena e della parola. Per niente facile. Sugar era la classica faccia da stronzo. Ci fosse mai stata un'anima dietro non ce la farebbe a bucare quell'irrespirabile strato di grasso, pelo e gomma. Tutto il contrario di Piramide. Che ci provava, a fare il duro, ma era il primo a non crederci. Troppo facile da decifrare il suo imbarazzo, i suoi tic sopra e sotto pelle, la sua fatica. Animali viscidi e sfrontati come Sugar non erano pane per i suoi denti.

Habens era un uomo senza scrupoli. Non fumava sigari, ma se doveva mollare un rutto o un peto in faccia a un cristiano lo faceva senza problemi. Da morto non sarebbe stato da meno. Quel tipo di cadavere pornografico, per capirci, che non prova nessuna vergogna nel mostrarsi ignudo sul marmo dell'obitorio. Compiaciuto, anzi, come solo certi cadaveri. Guardandolo e riguardandolo, gli venne in mente Atanas e la telefonata di Johnny Mango, per niente rassicurante. Ce l'aveva lui, Habens, in buona parte sulla coscienza, quell'anima in pena. E chissà quante altre. Lui e Berengario avevano ammorbato la vita di decine di disgraziati. Peggio della peste.

Chiamò Berenika, la cugina fedele di Atanas. Lo aveva seguito anche nei suoi anni italiani. Non fu più rassicurante di Mango. Scoppiò in lacrime.

«Sta peggiorando, ogni giorno di più. Delira, dice cose senza senso. Non so cosa fare...»

«Devi convincerlo a parlare con Johnny Mango. Raccontarsi gli farà bene. La sua storia devono conoscerla tutti...»

«Ci abbiamo provato, è un muro. Dice che quell'uomo non gli piace, ha la faccia di una civetta, lui odia le civette, dice che della sua storia non frega niente a nessuno...»

«Sta lì con te? Passamelo!»

«Sta riposando. Ci proverò a farti chiamare, ma non parla con nessuno, non esce mai dalla sua stanza, ha staccato il cellulare, lo sento che parla da solo. Ce l'ha con tutti, con noi, con gli uomini, con il Papa...»

Era Piramide ora che lo stava chiamando con insistenza.

«Allora hai visto e ascoltato tutto? Illuminami, genio della lampada...» All'altro capo del cellulare c'era un uomo ansioso. Tano Piramide aspettava di sapere cosa passasse nella testa di quel balengo di Werner.

«Risulta evidente che Habens ti ha incartato come una spigola al mercato...»

«Faccio volentieri a meno delle tue premesse. Andiamo al sodo...» Il commissario non aveva prove su Habens, se non qualche generica intercettazione. Solo indizi e induzioni. Molto forti, ma non bastavano.

«Vuoi sapere la mia?...»

«Secondo te sono qui al telefono a quest'ora per sapere il colore delle tue mutande?»

«Per me Habens non può essere il mandante di questi omicidi... Troppo furbo e troppo lucido per sporcarsi le mani con delitti così eclatanti e così brutali. Dietro quella sagoma da porcello c'è una mente fina che lavora.»

«I suoi sicari, però, sono bestie capaci di prendere un uomo vivo e smontarlo pezzo a pezzo...»

«Te lo confermo, e sicuramente si sono dati da fare in giro, ma non certo con bersagli così vistosi e così facilmente riconducibili a Sugar. Sono bestie ubbidienti, e Sugar è il loro padrone.»

«Ti richiamo, ho due telefonate urgenti in attesa...»

«Vaffanculo Tano, ho fatto il pieno, ti ho sentito troppo in questi giorni, devo disintossicarmi... Ora lo stacco, il cellulare...»

La bacchetta di Werner vibrava altrove, ma non sapeva bene dove. Al momento erano solo fantasie oziose, con alcune licenze poetiche. Come quella che Atanas Ilievski sarebbe stato il killer perfetto di un noir di successo ambientato nel mondo del calcio: un cattolico integralista, molto morboso, dalla mente debole ma capace di fissazioni forti, che sognava il ritorno della Chiesa a un Papa con l'ermellino e le pantofole rosse. Uno che vedeva nella gente come Rende, Berengario e Habens il demonio da estirpare dalla faccia della terra. Ma Atanas era un uomo lontano, solo, debole e depresso, che aveva buttato nel secchio il suo oro e la sua vita. Non sarebbe stato capace di uccidere una mosca, cosa che persino al derelitto Werner di quei tempi ogni tanto ancora riusciva.

Le indagini di Tano Piramide andavano dritte nella direzione del clan di Sugar Habens. Non si trattava più solo di procure chiacchierate, scommesse clandestine e partite truccate. Grazie anche agli amici di Branko, le sue reti mafiose si erano estese al controllo della droga e della prostituzione femminile, in combutta con gli alleati serbi e ucraini.

I verbali delle testimonianze raccolte non lasciavano dubbi: negli ultimi tempi tra Sugar Habens e Max Berengario era guerra aperta. Max si lamentava in privato con Habens di «accordi non onorati» a proposito dell'affare Zantev. Il trasferimento del calciatore croato dalla Fiorentina alla Juve. Qualcosa della ricca commissione di Habens sarebbe dovuto rientrare nelle tasche di Berengario. E non era successo.

Due scagnozzi di Habens erano stati molto espliciti in una delle intercettazioni disposte dal magistrato dopo la morte di Berengario nel raccontarsi che tra i due erano volate parole grosse e minacce.

«... Che si credeva questo cazzo... Ha trovato pane per i suoi denti...»

«Alla fine se l'è cercata...» Le poche frasi decifrabili. Parlavano evidentemente di Sugar e Max.

Stesso concetto per Tony Rende.

«Quel coglione stava alzando un polverone con la storia della morte di Maradona. Ci stava portando gli sbirri dentro casa. Con certa gente non si scherza...»

Quando i due boss erano finiti ai ferri corti, Tony aveva cercato in un primo tempo di barcamenarsi, salvo poi mettersi dalla parte di Berengario che lo stipendiava da anni. Di Sugar Habens non si era mai fidato.

«... Vecchio marpione, ti sei già infilato in uno dei tuoi orrendi pigiami? Ho roba grossa per noi...»

Werner si era dimenticato di staccare il cellulare.

«Aguzza bene le orecchie... Quello che sto per dirti ti piacerà. Mi è appena arrivato il testo di un'intercettazione che riapre il caso di Barnaba Zeno.»

Il nome dell'amico Zeno animò Werner, ricaduto nella sua abituale abulia.

«Florian, il braccio destro di Branko, e un compare di Habens, tale Ivan, parlano del presidente come di "un infame di meno", a proposito della sua intenzione di vuotare il sacco sugli affari sporchi di Berengario, Habens e Tony Rende... Capisci?»

«Barnaba era fuori controllo, non si teneva più niente. Due bicchieri di scotch in più e avrebbe spifferato qualunque cosa all'autista o al primo che passava...»

«L'aveva fatto. Dei tre soci che lo avevano svenato, delle pressioni per indurlo ad acquistare a peso d'oro una nullità come Genius Mokambo, calciatore della scuderia di Habens, l'origine della sua rovina.»

«Hai informato le due ragazze?»

«Lo farò. Con tutta la calma del mondo. Non voglio distrarle. Betty e Susan continueranno a seguire la pista della vendetta d'onore...»

«Le hai autorizzate tu a farlo...»

«Le conosciamo bene, io e te, sono due teste dure, tanto vale scatenarle là dove si sentono più sicure...»

«Come l'hanno presa, la morte della vedova di Berengario?»

«Ha rafforzato le loro convinzioni. Tanto più che hanno appena ricevuto una soffiata molto attendibile...»

«C'è di mezzo Cesira?»

«Lei e la sua gente per l'esattezza. Una famiglia dai notevoli trascorsi criminali. Sembra sia stato stretto a suo tempo un patto di sangue per dare una punizione esemplare a Tony Rende. Un uomo che tradiva, abbandonava e umiliava moglie e figlio. Un infame dal loro punto di vista. Negli ultimi mesi aveva smesso anche di trasferire denaro alla moglie, con la scusa di essere nei guai con la finanza.»

«Una resa dei conti...»

«Di questo sono convinte Betty e Susan. Più Susan di Betty. A quanto pare erano stati fatti arrivare a Tony messaggi espliciti di avvertimento dal clan calabrese di Cesira, ma il tipo se ne infischiava alla grande...»

«Strano tipo Tony. Si cagava addosso per ogni cosa, ma fare il verme era più forte di lui...»

«Non basta... Le nostre magnifiche amiche m'informano che anche Berengario era finito nella lista degli infami. Aveva una relazione con Cesira, ma l'aveva scaricata dopo la morte di Rende...»

«Interessante...» sbadigliò Werner.

«Una storia di donne... Donne ferite, fragili, passionali, violente, vendicative...»

"È la storia che piace alle nostre magnifiche amiche..." non poté fare a meno di pensare Werner.

37.
Vedove smaniose di vuotare il sacco

Cesira Miceli si attaccò al citofono della caserma dei carabinieri. L'appuntato di turno si trovò di fronte un'esagitata, l'aria di una scappata da un manicomio, vestaglia da camera, pantofole e bigodini. Gli occhi di fuori e una busta in mano.

«Prendi qua! Non ho tempo da perdere. Sono stata sveglia tutta la notte. Non sapevo se scriverla o no questa lettera e non sapevo come scriverla. Alla fine l'ha scritta per me la Madonna della Consolazione, di suo pugno...»

L'appuntato non ebbe il tempo di replicare.

«... Io l'ho solo firmata, da consegnare il prima possibile al commissario Tano Piramide... Contiene importanti rivelazioni sugli omicidi di mio marito Tony Rende e di Max Berengario...»

Cesira scambiò la reticenza del ragazzo in divisa per ostilità o rifiuto. Era solo il silenzio di un poveraccio investito all'alba da una pazza forsennata.

«State buttando via miseramente il vostro tempo. La verità è tutta in questa lettera... Sono io la responsabile di tutto, qualcuno doveva farlo...»

Cesira era molto agitata. Scandì quest'ultima frase in un modo tale che il carabiniere, pur continuando a non realizzare, s'impressionò vivamente.

Buttato giù dal letto, il maresciallo arrivò di corsa con

la bandoliera in disordine e un bottone della giubba slacciato da cui s'indovinava la pancia pelosa. Si preoccupò come prima cosa di calmare quella furia. Conosceva bene la donna, la conoscevano tutti a Bagnara Calabra. Le sue vicissitudini. E conoscevano ancora meglio il marito, il fu Tony Rende. La fece sedere nel suo ufficio e le portò un bicchiere d'acqua.

«Volete un caffè, Donna Cesira?...»

«Non voglio niente... Voglio solo che questa lettera...»

«Ho capito, non vi affannate troppo. La lettera sarà tra poche ore nelle mani del commissario incaricato delle indagini... Mi faccio io da garante.»

«Ma sia chiara una cosa, l'ho scritto nella lettera e lo dico anche a voi: parlerò a una condizione, non trattabile, lo farò solo in presenza delle due signore dall'accento strano che mi hanno avvicinato al funerale di Max Berengario... Voglio loro e nessun altro... Fatelo sapere a chi di dovere...»

Werner Falco salì l'ultima rampa di San Siro, le gambe molli, il respiro corto e il torace in fiamme.

Non gli piaceva troppo doverlo ammettere: non era solo la cattiva salute a piegargli le ginocchia, c'era di mezzo l'emozione. La più bieca. Del ragazzo che si ostinava in lui, nonostante tutto, nonostante lui. Era il suo cuore che annegava stavolta, non i suoi polmoni.

Mancava in uno stadio da quasi due anni, un'eternità. San Siro era la cattedrale del calcio. Insieme a poche altre. Wembley, il Bernabeu, il Camp Nou, il Maracanã, la Bombonera. Era stato il teatro del suo debutto in serie A da calciatore. Un Inter-Vicenza della preistoria. Dopo mezz'ora la botta da genio pazzoide, s'inventò un tunnel irridente tra le gambe di Giacinto Facchetti, monumento nazionale a fine carriera. Per la prima volta nella sua storia il gigante buono desiderò e forse cercò di spezzare la gamba a un avversario, aizzato anche dalla folla inferocita che non aveva gradito quella mancanza di rispetto. A fine partita Helenio, il Mago, prese da parte il teppistello e lo spellò vivo, prima con gli occhi e poi con le parole. Occhi che sputavano fiamme, dentro il suo leggendario trench nero: «Sei solo uno stupido ragazzino. Un idiota. Tu pensi di avere le palle, di dimostrare chissà cosa, ma sei solo un pagliaccio da circo. Il calcio è un'altra cosa. Tu non hai un futuro e se te lo dico io ci puoi credere... Finirai a vendere violette ai semafori».

Il giovane Werner, forse, non aveva un futuro, ma decise di avere un presente. Niente violette ai semafori. Alla faccia del Mago. Si convinse che meritava una lezione quel profeta da strapazzo. Quel ciarlatano. Iniziò con il molestare al telefono la giovane e avvenente compagna di Helenio che lo prese subito a benvolere. Ci sapeva fare Werner quando si trattava di fare il simpatico. Anche perché l'amore della donna per il Mago evaporava nel frattempo tra le calli nebbiose di Venezia. Li trovava ovunque, anche sotto il materasso del loro letto matrimoniale, i messaggi bollenti che le amanti lasciavano all'incorreggibile casanova. Si divertiva, la non ancora vedova, ad ascoltare gli sproloqui da megalomane del giovane Werner. Forse le ricordavano il suo gitano, quello ardente degli inizi.

In quanto a lui, Werner, il ribaldo si fidava del suo talento maliardo e, soprattutto, aveva imparato che da cosa nasce cosa. Al diavolo il Mago! Avrebbe avuto la sua donna e poi anche il suo trench nero. Osare, prima di tutto. E giocare. Sempre. A Werner piacevano le partite in cui nessuno ti può spedire in panchina.

Evitò di prendere l'ascensore. Voleva assaporare e soffrire ogni singolo gradino dei tre piani, appoggiandosi alla ringhiera, fermandosi ogni cinque secondi, per tirare il fiato e allungare il più possibile quella sua via crucis, l'estasi che si confondeva al calvario.

Quando si affacciò sulle tribune piene, il rettangolo verde illuminato a giorno dai riflettori fu uno shock mistico, ancora prima che visivo. Come solo tanti anni prima a Rio de Janeiro, la sua prima volta da ateo ai piedi del Cristo Redentore, una vertigine tra terra e cielo che lo lasciò senza fiato. E, nel suo caso, non era un modo di dire.

San Siro era uno spettacolo. Tutto talmente potente da cancellare la nuvola lercia che s'intuiva galleggiare lassù, ferma, inesorabile, sospesa su tanta bellezza. Al suo fianco, Tano Piramide. Lui non entrava in uno stadio da una vita. Da quella volta in cui l'amico Werner, dopo avergli dato il tormento con la promessa che gli avrebbe dedicato un gol da favola, pensò bene di scoparsi la donna del mister nel garage dell'albergo, a poche ore dal fischio d'inizio.

Era sconvolto anche Tano Piramide. Ma non tanto per la meraviglia di San Siro. A mozzargli il respiro fu la telefonata che aveva appena ricevuto dalla procura di Reggio Calabria. Dovette farselo ripetere due volte. Il baccano dello stadio si aggiungeva all'incredulità. Tano urlava. Qualcuno all'altro capo del telefono urlava più di lui.

«Cosa vuol dire che vuole confessare?...»

«... Glielo ripeto, commissario. Cesira Miceli ha consegnato questa mattina ai carabinieri di Bagnara Calabra una lettera scritta e firmata di suo pugno in cui ci sarebbero rivelazioni decisive sugli omicidi del marito Tony Rende e di Max Berengario... Da come parla, ha fatto capire di essere lei la responsabile di tutto.»

Piramide, che non si fidava dei carabinieri, si prese tutto il tempo per realizzare e deglutire.

«Cosa vuol dire responsabile?...»

«Di più al momento non sappiamo...»

Piramide ammutolì, prima di esplodere.

«Che cazzo aspettate a spedirmi la lettera sul mio cellulare? Subito!... Come fate a essere certi che sia una lettera autografa?»

«Cristo santo, Piramide, la donna dice che gliel'ha scritta non so quale Madonna, ma la calligrafia è la sua. Si è presentata lei di persona a consegnare la busta sigillata al maresciallo...»

«Sembrava in sé?»

«Sembrava più che altro fuori di sé, così mi dicono, ma si può capire.»

«Ha detto altro?»

«Sì. Ha detto che parlerà solo in presenza delle due signore che ha conosciuto al funerale di Max Berengario, le due americane che lavorano con voi, devo presumere...»

Piramide era frastornato. Ascoltava la notizia che non avrebbe voluto ascoltare in un luogo dove non sarebbe voluto stare. Le sue teorie rischiavano di finire miseramente nella spazzatura. Sentì una fitta al costato. La parte peggiore di sé registrava l'ennesimo scacco della sua non esaltante carriera di investigatore.

«E ora...?»

«Ora, sta a casa sotto custodia e le cose sono due: o venite voi prima di ieri con le vostre donne a raccogliere una deposizione della vedova o ci pensiamo noi...»

«Fermate tutto, datemi il tempo necessario, non più di ventiquattr'ore, e arriviamo...»

Werner si accorse del turbamento di Piramide. Non si mostrò particolarmente sorpreso nell'apprendere la notizia. In ogni caso, non lo lasciò vedere.

C'era un volo da Milano per Reggio Calabria l'indomani all'alba, ma bisognava prima rintracciare Betty e Susan. La vedova di Tony Rende era stata chiara: avrebbe parlato solo in loro presenza.

Nel frattempo, sul cellulare del commissario era arrivato il testo integrale della lettera di Cesira. Scritta a mano con calligrafia infantile e incerta. Piramide e Falco trovarono un anfratto nel bar di San Siro dove tenersi lontani dal casino. Il commissario la lesse a voce alta.

«... Ero poco più che una bambina. Tony mi aveva preso con la sua simpatia e la sua dolcezza. Alla mia famiglia non era mai piaciuto, lo vedevano come un poco di buono, senza arte né parte. Dio solo sa come avevano ragione. Lo costrinsero a sposarmi dopo che mi aveva messo incinta. Avevo sedici anni ed ero felice di diventare sua moglie e la madre di suo figlio. Non sapevo a cosa sarei andata incontro, che triste storia, non m'importava. Dopo la nascita di Peppino, lui cominciò ad allontanarsi sempre più spesso. Non sopportava l'idea di avere un figlio "scemo" come lo chiamava lui. Ci ha abbandonato e ci ha umiliato. La bambina che era diventata donna, che si era data a lui con tutta se stessa, e questo figlio, nato sfortunato e senza un destino, per non avere avuto un padre, prima ancora che per non essere nato sano come tutti i bambini della Terra... All'inizio tornava a casa e in lacrime mi chiedeva perdono. Io gli credevo. Sembrava sincero. Ma non era così. Restava pochi giorni e ripartiva. Spariva per lunghi periodi e poi un giorno sparì per sempre. Se ne fregava del nostro dolore e dei nostri guai. Trovai rifugio e consolazione nelle braccia di Max Berengario. Sapevo che era sposato, ma mi sembrava l'uomo saggio e protettivo che non avevo mai avuto. Mi diceva che Tony aveva perso la testa da quando frequentava questo Sugar Habens e che da allora non aveva più controllo su di lui. Mi prometteva che avrebbe lasciato la moglie Agnese. Mi ripeteva che non vedeva l'ora di liberarsene, che voleva prendersi cura di noi, di me e di mio figlio, che lo sentiva come un debito morale. Gli credetti, come avevo creduto a Tony, mi abbandonai a lui, e feci il mio secondo, imperdonabile errore. Mi voltò le spalle anche lui. Lo vidi l'ultima volta da vivo il giorno del funerale di Tony. Mi abbracciò forte, mi disse parole di conforto e poi non si fece più sentire. Smise di rispondere anche alle mie telefonate... Due volte abbandonata e umiliata. Mi restava un solo modo per dare pace alla dignità ferita, mia e di mio figlio: volere anche la morte di Max dopo aver voluto quella di Tony. Desiderarla più di ogni altra cosa. Così è stato. L'ho fatto per noi, l'ho fatto per me e l'ho fatto per mio figlio, che me l'ha chiesto anche se non aveva le parole per dirlo. Non mi bastava che morissero, era troppo poco, ho voluto che fossero massacrati e sfigurati, al punto che nemmeno i loro cari potessero riconoscerli, così come non ero più riconoscibile io ai miei e a me stessa allo specchio... Agnese, pace all'anima sua, e trovi lassù quello che ha non ha trovato in terra. Presto la seguirò. Uomini non degni ci hanno precipitato nel disonore. Aveva ragione lei, commissario, io sono la colpevole di tutto e ora merito di pagare per questo. Volete sapere tutto il resto, tutti i particolari disgustosi e orribili che mi hanno spinto alla sete di vendetta? Non sono cose da dire a un uomo. Non capirebbe. Racconterò tutto, ma solo alla presenza delle due donne straniere che mi hanno avvicinato al funerale di Berengario. Non chiedetemi perché, ma mi fido solo di loro... Loro e nessun altro. Me lo dice il mio istinto di donna.»

Tano Piramide lesse e rilesse la lettera, mentre lo speaker dello stadio annunciava con enfasi le formazioni e San Siro era un bordello udibile a chilometri di distanza.

Qualcosa non gli tornava. Sentiva in cuor suo che quella lettera era un falso, forse lo auspicava. Fin troppo dettagliata nella spiegazione dei moventi, del tutto omissiva sulle modalità. Nessun riferimento ai materiali esecutori dei due omicidi.

Ma c'era poco da dubitare. Era stata Cesira in persona a presentarsi spontaneamente dai carabinieri. Il malessere di Tano dipendeva da altro, il dover ammettere a se stesso di aver preso una cantonata. L'ennesima. Di essersi affezionato a una falsa pista, cosa che un poliziotto non dovrebbe mai fare. E, però, nonostante tutto, in qualche nicchia del suo cervello turbato lui ci credeva ancora, voleva crederci. Il clan di Sugar Habens, Branko e tutta la ghenga che si muoveva intorno. Era lì il marcio criminale. Troppi conti sospesi. Come dubitare? Di più, lo turbava dover dare ragione a quelle due saccenti di Susan e Betty. Dal primo momento, avevano indicato in Cesira e nella vendetta d'onore la traccia da seguire.

Non si capacitava. Non poteva nemmeno credere che tutto quel brutale e sanguinario massacro fosse stato concepito e portato a termine da quella donnina minuta, tenuta insieme solo dallo sguardo allucinato e dalla smania di vendetta.

38.

San Siro è un casino ribollente di ogni cosa. C'è chi esulta e c'è chi insulta

Milan-Juventus era l'amichevole tra vecchie e qualche volta decrepite glorie che chiudeva di solito la stagione. Si giocava, ad anni alterni, tra Milano e Torino, e questa volta toccava a San Siro. Un omaggio voluto anni prima dall'ex presidente rossonero, politico e magnate della televisione, tra i più ricchi uomini del pianeta, alla memoria dei due amatissimi genitori, morti centenari per consunzione naturale. Nel tempo era diventato un appuntamento fisso del calendario, un evento più mondano che sportivo. Questa volta era stato inserito nel programma un ricordo di Max Berengario e della moglie Agnese, sobrio quanto basta da non guastare il clima di festa.

Nei minuti finali, era stato annunciato, avrebbe fatto il suo esordio con la nuova maglia Baldo Zantev. Una passerella dedicata ai tifosi juventini. Per bilanciare le cose, a fine partita, un elicottero verniciato di rosso e di nero sarebbe apparso dal cielo sulle note della *Cavalcata delle Valchirie*, sbarcando sul prato di San Siro l'ultima Miss Mondo colombiana travestita da Lucifero con tanto di corna e tridente, a festeggiare lo scudetto stravinto con Totò Barone, il primo dopo tanti anni di vacche magre.

L'ex presidente del Milan andava pazzo per questo genere di show. Passavano gli anni, perdeva i pezzi, la gotta non gli dava tregua, ogni tanto dovevano sostituirgli qualche valvola, ma in queste occasioni tornava a sentirsi il bambino onnipotente di una volta.

La tribuna autorità era il pollaio di sempre. Politici, dirigenti, imprenditori, faccendieri, giornalisti, ex allenatori e calciatori. Tante belle donne. Mogli, fidanzate e starlette. Potenti e ruffiani, vanità sparse. Tutti lì, per lo più a farsi vedere, a cercare e a concedere attenzioni, mendicare ingaggi, gettoni, crediti, semplice benevolenza o a trovare la superflua conferma di essere invece uno zero assoluto, una calpestabile nullità.

Tutti, tranne uno. Werner stava seduto a testa bassa, la barba lunga, gli occhi, incluso quello bendato, piantati sul pavimento. Lo terrorizzava la fatica di dover stringere mani energiche e dare spiegazioni che non interessavano a nessuno. Sulla sua presenza lì, sulla sua salute, su qualunque cosa. Non era tipo da convenevoli. Aveva due o tre frasi di autonomia quella sera, non di più, e un paio le aveva già spese.

Avevano convenuto, lui e Tano Piramide, che poteva essere utile esserci. In quella tribuna c'era di tutto e c'erano tutti, malavitosi, spacciatori, mafiosi, assassini. Irriconoscibile, il commissario. Berretto calato sugli occhi, la mascherina con la scusa dello smog, il bavero della giacca alzato.

Non c'era Totò Barone. Doveva essere il mattatore della serata, ma s'era dato prudentemente alla macchia. Il popolo rossonero lo considerava un lurido traditore. Dovevano ancora cucirsi lo scudetto sul petto e già aveva firmato con il Manchester United. «Totò, vergognati, sei peggio di Giuda Iscariota!», «Totò Barone, non sappiamo più come insultarti», «Totò Barone? No, Totò Cialtrone!» gli unici tre striscioni che gli avevano dedicato.

C'era, invece, Sugar Habens con la sua corte. Una fila dietro, il suo compare, Branko il Macedone. Un duro vero.

Nessuno l'aveva mai visto sorridere. Neanche il giorno del suo matrimonio. Non gli veniva naturale e non gli era necessario. I suoi affari erano sempre più floridi, anche portando a spasso quel muso da pitbull incazzato. Tre file dietro Branko, su due seggiolini distanziati, Tano Piramide e Werner Falco.

Al centro dell'attenzione, in un palchetto sotto vetro della tribuna d'onore, l'ex presidente del Milan si lasciava sbavare dal suo Puffy accucciato sulle ginocchia, l'inseparabile barboncino bianco che gli aveva regalato l'ultima amante, più che altro per dirottare su altri le sue smodate effusioni. Tutti in fila ai suoi piedi, genuflessioni e baciamano. L'uomo non si negava a nessuno. Era pur sempre un potente, anche se perdeva i pezzi. Il sorriso stampato in faccia somigliava sempre più al ghigno di Joker. Una paresi, nel suo caso, più che un'inclinazione malvagia.

La confessione di Cesira era arrivata come un cazzotto a freddo nello stomaco di Piramide. In attesa d'interrogare al più presto la vedova e saperne di più, la notizia doveva restare segreta. Tano aveva espresso a Werner i suoi dubbi, prima di finire risucchiati nel casino ribollente dello stadio. Non c'erano dubbi. La mano era di Cesira, l'aveva scritta lei la lettera, ma non lo convinceva la logica troppo piatta di quella confessione, di quei delitti, la loro improbabilità. Werner nemmeno era troppo convinto, si limitò però a commentare che la follia non va sopravvalutata, a volte segue logiche elementari, come la storia del crimine insegna.

Anche San Siro era un tumulto illogico di cose. La festa, il lutto, l'assordante *We Are the Champions* dei Queen, il minuto di silenzio subito profanato da fischi e ululati. Sui due display giganti gli spot pubblicitari, per lo più consigli per la terza e quarta età, protesi, pannoloni, dentiere, si alternavano al sorriso inquietante del presidente in primo piano, alle foto dei due defunti e a quelle dei tardoni pronti a scendere in campo con tutte le loro dentiere e panciere. La banda e le majorette sul prato, gli scambi al veleno dei vip in tribuna, i cori dei tifosi nelle curve. Chi esultava e chi insultava. Solo la nuvola, lassù, restava imparziale, muta, minacciosa.

L'idillio durò poco. Alle gigantografie sparate di Berengario, prima da solo e poi insieme alla moglie Agnese, dalle sponde opposte dei tifosi si levarono due striscioni: «Berengario per sempre uno di noi!» gli juventini, «Berengario, stai bene dove stai, all'inferno!» i milanisti. Sigillata nel suo box presidenziale, la mummia sorrideva e benediceva la folla, amici e nemici, probabilmente non distinguendoli. C'era anche una rappresentanza di tifosi viola venuti apposta da Firenze per insultare un po' tutti, ma soprattutto il loro Giuda preferito, Baldo Zantev.

La partita scivolò via senza grandi emozioni, i giocatori, vecchie glorie dai cinquanta in su, trotterellavano per il campo portando con degnazione le loro trippe, la calvizie e i capelli bianchi, senza mai trascendere, attenti soprattutto a non spaccarsi rotule e tendini. A bordo campo erano più medici, infermieri, barellieri e ambulanze che addetti ai lavori. Ogni tanto, per via di qualche gesto maldestro, qualcuno finiva rotolando sull'erba o si accasciava per sfinimento. Attimi di apprensione quando l'uruguaiano Varela, ex celebre gloria juventina, crollò senza causa apparente nell'area del Milan e fu necessario un respiratore artificiale per rimetterlo in sesto, quando già si temeva il peggio. La nuvola irrespirabile lassù aveva reso ancora più drammatica la fatica di quei vecchi guerrieri.

A mezz'ora dalla fine, esauriti tutti i cambi disponibili in panchina, i più spompati trasferiti anzitempo sotto le docce, tra i crampi e le allucinazioni, fu deciso di anticipare l'entrata in campo di Baldo Zantev, scortato da un gruppo di ragazzini delle giovanili di entrambe le squadre. Un fuori programma, mentre l'abile speaker spiegava alla folla, per lo più distratta nell'attesa di Miss Mondo, quanto fosse degno di applausi il passaggio di consegne tra la vecchia e la nuova generazione.

L'entrata di Zantev fu accolta dall'ovazione dei tifosi juventini e da una bordata di fischi dallo spicchio dei tifosi viola venuti fin lì per insultare il traditore. Quando, a un minuto dalla fine, il Giuda segnò di testa il suo primo gol da juventino a porta vuota, essendo il vecchio portiere Borelli già da un paio di minuti semisvenuto in fondo al sacco per una probabile crisi ipoglicemica, insieme ai lazzi e alle bestemmie, mentre l'elicottero con Miss Mondo a bordo in costume monopezzo luciferino iniziava la manovra di atterraggio, dalla tribuna dei tifosi viola partì verso il cielo un preservativo gigante di lattice con su dipinta la faccia di Baldo Zantev. L'affare esplose in aria, poco prima di perdersi nella nuvola sudicia, rovesciando sulla curva juventina tutta la merda di cavallo che erano riusciti a ficcarci dentro in settimana con la pala.

Werner ci aveva visto lungo a suo tempo su Zantev. Suo scopritore e mentore, aveva provato in tutti i modi a convincerlo. Andare alla Juve non era una buona idea. Sarebbe stato più utile per lui restare un anno o due nella Fiorentina e farsi le ossa in un ambiente protetto. L'aveva portato tre anni prima nel club viola, quando era poco più di un ragazzo di belle speranze cresciuto a Bistra, un paese nella regione di Zagabria, prima di finire da lì a poco nelle grinfie di Branko e Habens. Lui voleva restare, aveva dato la sua parola, ci viveva bene a Firenze. Anche il giorno prima di firmare l'aveva ripetuto piagnucolando al telefono a Werner, che era quasi un padre per lui. Ma non aveva la forza di opporsi a quei due. Avevano travolto la sua famiglia con valanghe di soldi e di minacce.

Gli disse anche, Werner, che i tifosi viola non erano come

tutti gli altri, che magari protestano, s'incazzano e poi se ne fanno una ragione. I viola non l'avrebbero sopportato, quell'affronto, «con i gobbi mai!», l'ennesimo della storia. Provò a dirgli anche, esagerando ma non troppo, che i più sanguigni di loro, minimo, avrebbero dato fuoco alla sua Testarossa nuova di zecca. Intanto, s'erano portati avanti con la merda di cavallo.

La cerimonia della consegna della coppa fu insolitamente breve e sciatta. Tutti avevano voglia di tornarsene a casa il prima possibile. A cominciare dal presidente, che continuò a sorridere fino in fondo anche se non c'era più nessun motivo per farlo, perché la partita era finita, la sua squadra aveva perso, il suo barboncino aveva l'alito più fetente del solito e anche l'aria puzzava di merda. Anche le belle donne avevano lasciato la tribuna, la stessa Miss Mondo s'era volatilizzata, vista la mala parata, portata via da un suv nero e una decina di bodyguard. Tano Piramide non era lì per la partita. Sapeva a malapena, e nemmeno gli importava, decifrare il senso di quella cosa che rotolava, troppo preso ad arrovellarsi sulla notizia appena ricevuta, senza perdere di vista la tribuna e le file sotto di lui, movimenti e intese dei soliti noti. Aveva parlato anche con Susan, che non riuscì a nascondere un minimo di euforia. Le due, lei e Betty, l'avrebbero raggiunto la mattina dopo all'aeroporto di Reggio Calabria.

Gli sfuggì quasi tutto della partita. Non gli sfuggì, nell'intervallo tra il primo e il secondo tempo, la mossa dei figli di Berengario che si avvicinarono visibilmente alterati a Sugar Habens, a Branko e ai loro gorilla, minacciandoli vistosamente. Rissa evitata solo per l'intervento degli steward.

«Non pensate stavolta di farla franca, quanto è vero Dio...» l'unica frase che Piramide riuscì a carpire nella bolgia. A dirla era stato il figlio minore di Berengario, un tipo focoso.

Disgustato da se stesso, dal suo respiro corto e dal solito attacco di misantropia, Werner aveva avuto la tentazione di svignarsela alla chetichella alla fine del primo tempo, ma restò fino in fondo per senso del dovere. Aspettò alla fine lo smaltimento della calca per battersela da un'uscita secondaria, scortato da Tano Piramide, che era già con la testa in volo per la Calabria.

La mattina dopo li aspettava una levataccia.

39.
Tutto vacilla. A partire dalla mente di Cesira

«Non riesco proprio, non ce la faccio, perdonatemi, non sono in me... Andate voi. Io ci sarò quando sarà fondamentale esserci.»

Werner Falco era uno straccio da buttare. Non era in grado di alzare il culo dalla branda. La notte passata a scorticarsi gomiti e mani. Un prurito da sbattere la testa al muro. Sangue sulle lenzuola. Una parodia di Padre Pio, senza nemmeno la chance di essere beatificato. La testa inutilmente accesa dell'insonne cronico. Niente sonniferi o antistaminici per paura di perdere l'aereo. Il volo per Reggio Calabria era alle 6 e 50. La sveglia suonò due ore prima, ma non c'era nessuno da svegliare. Werner era un fascio di nervi, una bomba al fosforo. Una larva dentro un pigiama che pesava come il piombo. Cercò di capire dove si trovasse. Realizzò che non era a casa sua ma in una stanza d'albergo quando si rese conto che non era stato l'animale in gabbia, Armando, a svegliarlo a modo suo: «Buongiorno padrone, grandissimo piezz' 'e mmerda!».

Tano Piramide prese atto e congedò bruscamente il disertore. Werner non era mai stato un tipo affidabile. «Ci sarai quando sarà inutile esserci...» gli disse gelido. Poteva starsene a letto, il fannullone. Betty e Susan, loro sì, non potevano mancare. Cesira era stata rassicurata: avrebbe parlato solo alla presenza delle due signore dall'"accento strano". Le due americane non avevano un ruolo che le autorizzasse a interrogatori ufficiali, ma in qualche modo Piramide avrebbe aggirato l'ostacolo.

Werner se ne infischiò della stizza di Tano. S'imbottì di ogni farmaco a portata di mano. «Fanculo Piramide, fanculo Cesira, fanculo tutti» sibilò prima di svenire.

La sveglia, quella almeno, si era zittita.

Cesira andava messa con le spalle al muro, prima di ripensamenti o nuove stranezze. Si era fin lì sottratta alle convocazioni del commissario Piramide, presentando ogni volta un certificato medico diverso. Le ultime notizie la raccontavano di umore molto instabile. Fu sollecitata dai carabinieri locali ad allertare il suo avvocato o a procurarselo se non ne avesse uno.

Dopo la confessione scritta, la vedova era sotto custodia domiciliare su provvedimento d'urgenza della procura, in attesa degli eventi. Piramide fu categorico con Susan e Betty nel taxi dall'aeroporto a casa di Cesira. «Sia chiaro: non torneremo indietro senza una confessione vocale, dettagliata e inoppugnabile.»

Nella testa delle due donne il quadro era chiaro. I delitti di Cesira? Una conseguenza coerente. La vulnerabilità della donna ferita aveva dato fuoco alla miccia. La sua storia di famiglia parlava chiaro: gente passionale, vendicativa, con una notevole vena di follia. Una zia paterna, Rosalinda, si era presa trent'anni di galera per aver avvelenato con il cianuro il marito, colpevole di non averle dato un figlio. Un fratello del bisnonno paterno, Basilio, aveva massacrato a colpi di accetta il suocero, un poliziotto in pensione, che cercava di proteggere la figlia dai maltrattamenti del marito.

La confessione di Cesira sembrava chiudere il cerchio, sebbene qualcosa di quella lettera non convincesse nemmeno le due americane.

Ad accoglierli nella casa di famiglia c'erano solo la sorella maggiore di Cesira e il figlio disabile. Cesira era stata appena trasferita d'urgenza al reparto psichiatrico dell'ospedale di Reggio Calabria con un provvedimento di trattamento sanitario obbligatorio. L'agente che piantonava la casa aveva riferito che la donna, nelle ultime ore, aveva dato più volte in escandescenze, a stento trattenuta dalla sorella. Sulla parete bianca della camera da letto, la scritta a stampatello, con un pennarello rosso e la grafia infantile: «Sono io l'assassina!».

All'alba era andata sul balcone, al terzo piano del palazzo. Dopo aver innaffiato i vasi, si era spogliata nuda e si era messa a urlare come un'invasata, cinque, sei, sette volte, usando il megafono giocattolo che aveva comprato dai cinesi per svagare il figlio: «Si, sono io l'assassina! Perché nessuno mi crede? Li ho eliminati io quei due bastardi! Se lo meritavano o no?...». Riportata in casa con la forza, aveva afferrato un coltellaccio nel cassetto della cucina minacciando di conficcarselo in pancia. Dopo un consulto con la psichiatra di turno e il consenso del procuratore, buttato giù dal letto, fu deciso di ricoverarla.

«Cesira è peggiorata quando ha saputo della morte di Agnese, la vedova di Berengario...» il racconto della sorella. «Da lì ha cominciato a delirare, a darsi la colpa di tutto, a sentirsi l'ultima donna della Terra. Lo ripeteva in continuazione. Lo ha scritto anche sui muri di casa. Non c'era verso di farla ragionare.» Era andata il giorno prima a confessarsi da padre Isidoro. «Lo conosciamo da una vita, è il prete che l'aveva sposata in chiesa. È stato lui a convincerla a mettere tutto per iscritto e consegnarlo al commissario.»

Le autorità avevano disposto che Cesira avesse una stanza tutta per sé in ospedale. Sorvegliata giorno e notte. Betty e Susan aspettarono il loro turno. Al commissario non era stato permesso di entrare. Cesira prese a sbraitare solo a sentire il suo nome. Le due donne se la sarebbero cavata anche senza di lui, si consolò Tano, che restò tutto il tempo fuori dal reparto, nel corridoio, a smangiucchiarsi unghie e matite, mentre avanzavano pensieri sinistri. Nulla di buono. Altro che rea confessa. Erano finiti come quaglie nella trappola di una disturbata grave. Medici e infermieri avevano a che fare con un caso psichiatrico da spavento, una donna fuori di testa che vaneggiava e minacciava. La sentiva urlare dal corridoio. «Vigliacchi! Avete avuto la fine che vi spettava... Chi sono io? La figlia di nessuno?!» L'effetto dei sedativi era svanito. Furono costretti a legarla al letto. Tano era riuscito a scambiare due parole solo con Assunta, la sorella di Cesira. La madre e il padre si negarono. Non avevano parole. Quella storia era troppo più grande di loro.

Betty e Susan furono scortate dalla psichiatra che l'aveva in cura. «Non più di mezz'ora... è molto provata.» Cesira stava seduta sul bordo del letto dentro una vestaglia più gialla di lei, la schiena curva, le gambe che penzolavano nel vuoto. L'avevano sedata di nuovo con dosi da elefante. Fecero fatica a credere che quella donna senza dentiera, lo sguardo spento, i capelli sciolti, le guance scavate, fosse Cesira. Una probabile assassina. Era invecchiata di venti anni in pochi giorni.

Non mostrava di conoscerle e non le degnò di uno sguardo. «... Sono già morta, che altro volete sapere da una morta? Non vi basta che sono morta? Ci tenete tanto a parlare con una morta? Vi pare bello? Vi pare educato? Senza nemmeno bussare alla sua tomba... Chi vi credete di essere?!» Parlava sommessa, come fosse una preghiera, e, ogni tanto, le scoppiava la voce. Come se fossero più donne in quell'anima straziata.

«Un caso, il suo, di delirio congruo da sdoppiamento

di personalità e sindrome persecutoria rivolta contro se stessa. Si percepisce come un oggetto di scarto, un rifiuto sociale...» la diagnosi della psichiatra. Cesira si era identificata prima nella vittima e poi in colei che si era data la missione di vendicarla. «Interrogate il vostro Dio, lui sa tutto, chi merita di vivere e chi merita di morire. Io non conto niente, voi non contate niente...» Cesira farneticava tutto il tempo. Tempo perso. Betty e Susan avevano registrato i deliri di una svitata. Non ci provarono neppure a farla rientrare in sé. Cesira non fingeva. Aveva sopportato troppo per troppo tempo. La sua testa era esplosa.

Prima di tornarsene a casa, i tre riuscirono a parlare con padre Isidoro. Provarono a saperne di più. I dettagli della sua "confessione", se ne avesse percepito il contenuto delirante, ma il prete alzò un muro. Si appellò al segreto del confessionale. Li richiamò indietro, dopo averli bruscamente congedati. «... Vi posso dire solo una cosa: pensateci bene mille volte prima di liquidarla come una pazza qualunque.» Quel prete era un uomo morboso, o voleva semplicemente confondere le acque? Non c'era da fidarsi nemmeno di lui, si dissero Betty e Susan.

Erano loro a tornare con la coda tra le gambe. Dovettero ammettere a se stesse di avere, da donne, colpevolmente sottovalutato le grandiose traiettorie dell'isteria femminile. Tornarono alla base con mille domande nella testa. Piramide ne aveva qualcuna in meno. Brividi di compiacimento. No, non si trattava di ripartire da zero. Poteva finalmente tornare alla sua indagine. La pista in cui aveva sempre creduto. Sugar Habens e la sua ghenga avevano le ore contate. Gli sarebbe stato con il fiato sul collo. Si trattava di mettere insieme i pezzi del mosaico.

Guardò le due donne, sedute al suo fianco in aereo. Le conosceva bene. Taciturne, ma non arrese. Susan meno che mai. Insieme erano una macchina da guerra. La sconfitta le alimentava. La delusione di avere scambiato una pazza per un'assassina sarebbe durata poco. Erano già pronte per ripartire, più determinate che mai. E lui sapeva come e dove scatenarle a suo vantaggio.

40.

Saranno solo le ombre a farci compagnia

«Mi senti?...»

«Malissimo... Chi sei?»

«Johnny. Johnny Mango... Si tratta di Atanas.»

«Chi?...»

«Atanas, il tuo Atanas...»

Ogni maledetta telefonata di Johnny Mango era un incubo. Quell'uccello del malaugurio! Werner in cuor suo distingueva gli umani in due categorie precise, quelli che danno buone notizie e quelli che non solo le danno cattive ma ci provano un gusto sadico a dartele. Mango era uno di quelli. Il Bucaniere si chiedeva da una vita perché lo sopportasse. Decise che il motivo era solo uno, non avere un motivo. La pigrizia, forse. Troppo faticoso sbarazzarsi di soggetti così petulanti.

Questa volta era la notizia che non avrebbe mai voluto ascoltare.

«Non ce l'ha fatta... non so come dirtelo, mi odio, è dura...»

«Non ce l'ha fatta chi, cosa? Parla, animale!...»

«Atanas... L'hanno trovato nella stalla di casa con una corda al collo. Morto. Impiccato... L'ho appena saputo da Berenika, la cugina. Avevo un appuntamento con lui in giornata, alla fine ero riuscito a convincerlo.»

Werner si piegò in due, come se il cazzotto lo avesse

colpito in un punto preciso, tra il fegato e la milza. Faceva male. Molto male. Lo aveva tramortito, ma non sorpreso più di tanto. Era nell'aria, la cosa. Il ragazzo dagli occhi tristi non ce la faceva più a tenere a bada i suoi demoni. Non bastavano più le persone amiche intorno, ma bastava la corda che aveva per sé e quel resto di vita che non era più vita.

«L'ha trovato così la badessa del monastero vicino che andava a fargli visita quasi ogni giorno. Penzolava da una trave, cianotico, con la lingua di fuori...»

Werner odiava la morbosità di Mango nel riferire i dettagli. Ci godeva, lo sciacallo. Si ricordava della badessa. Atanas gliene aveva parlato. Negli ultimi tempi il ragazzo parlava solo con lei e con Berenika, la cugina contadina.

«Ora sul posto c'è un casino. Agenti, infermieri, becchini, giornalisti, i suoi vicini. Immagina. Si è scatenato l'inferno... Doveva finire così. Me lo sentivo... Stava muto giornate intere, assente, e poi all'improvviso partiva con i suoi deliri. Grasso e infelice. S'ingozzava di latte condensato e vecchi panettoni. Ne era ingordo... Diceva che gli ricordavano l'Italia e le canzoni di Celentano.»

Ma Werner non c'era più. La nausea lo stava soffocando, mentre cercava il numero e la voce di Berenika. L'unica che in quel momento voleva sentire.

Turbato da troppe cose, Atanas, la nuvola tossica, la lontananza degli amici, la pochezza degli uomini, la loro crudeltà, le loro cose orribili che restavano sempre impunite. Questo, in particolare, lo ossessionava. Della sua storia mancata, del suo talento bestemmiato, di tutto quello che aveva perduto, non gli importava nulla. Che nessuno più lo cercasse. Non aveva rimpianti o nostalgie. Non conservava una foto, un trofeo o un ritaglio di giornale. Non si dava pace, piuttosto, che nessuno più cercasse Dio. S'era convinto che quella nuvola malefica lassù fosse un segno della collera divina. Malediceva gli uomini e malediceva soprattutto Sugar Habens.

«Non dormiva più, mangiava solo schifezze e diceva cose strane...» Le parole di Berenika uscivano spezzate tra le lacrime. Quel ragazzo fragile, orfano da sempre, era stato come un figlio per lei. L'aveva seguito ovunque, anche negli anni italiani. Atanas amava i vecchi cartoni della Disney e ripeteva spesso che senza di lei si sentiva come Dumbo senza la sua mamma.

Berenika sapeva bene quanto il cugino ci tenesse al suo Bucaniere. «Aveva avuto una crisi delle sue ieri sera, ma questa era peggiore delle altre... C'era anche la badessa con noi. Sembrava tranquillo. Poi, all'improvviso, la pazzia. Si è convinto di riconoscere la voce del Papa che parlava in diretta al telefono dal suo appartamento in Vaticano con il conduttore di non so quale show televisivo... Era una sua fantasia, una cosa della sua testa malata. In realtà, era un famoso programma comico. Scherzavano sulla vanità di questo Papa. Gli è presa una rabbia tremenda. Abbiamo provato a calmarlo, la badessa e io, ma non c'era niente da fare. Ha lanciato la scodella del latte contro lo schermo e urlava come un ossesso, non la finiva più, urlava, insulti e anatemi. "Ve lo dicevo che era lui l'anticristo!..."»

Berenika ora singhiozzava.

«Sembrava impazzito. Faceva paura. Aveva paura. Vedeva sette corna spuntare dalle tempie del pontefice. La badessa ha provato a convincerlo che non solo la cosa non era mai accaduta ma che non era possibile che accadesse. Che era una sua fantasia malata, che mai il Papa in persona, nessun Papa, figuriamoci, si sarebbe prestato a una cosa simile. Siamo riuscite a calmarlo un poco solo con un'infinità di carezze e una dose doppia di valeriana sciolta in una tazza enorme di cioccolata calda.»

Le antenne esagerate di Werner, per quanto fuori allenamento, ci misero un secondo a diventare intime del suo delirio. Il Papa che civettava in diretta come una soubrette qualunque in un talk show nazionale, il colpo di grazia su quella mente malata. La prova certa di un complotto satanico che lo lasciava inerme e arreso. Lo sentì, il suo Atanas. Era nella sua pelle. ne sentiva addosso la ferita. Il lamento. Il disordine. Werner era Atanas in tutte le sue fibre. Perfettamente capace d'immaginarlo mentre si convince dell'unico sollievo possibile, un nodo scorsoio in cui infilare quella testa bruciata, il modo più rapido di spegnerla per sempre. E attraversare poi quella luce bianca, quella strana euforia che balla un istante al confine tra la vita e la morte. Quella luce che Atanas si ricordava di aver ascoltato dai racconti di un vecchio ubriacone di Skopje uscito da mesi di coma.

«Il diario, Berenika... È indispensabile trovarlo. Lui aveva un diario dove annotava tutto. Mi aveva letto alcune pagine. Scriveva in modo infantile, gli piaceva tanto farlo.»

«L'ho cercato ovunque. Niente. Sparito. Lo andava dicendo da mesi che prima o poi l'avrebbe bruciato... Ultimamente era ossessionato da un altro pensiero. L'aveva scritto nel diario e me l'aveva letto: "Ho scoperto che non sono più nei sogni di nessuno... Sono diventato invisibile... Non esisto più nemmeno nei sogni della gente".»

Se l'era detto più volte, Werner. Doveva chiamarlo, Atanas, per invitarlo al galà che si teneva ogni anno a Pompei, questa volta dedicato alla memoria del loro amico Maradona. Sarebbe stato un modo per tirarlo fuori dal suo inferno. Non aveva fatto in tempo.

Erano stati una sera a cena insieme. Lui, Diego e Atanas in un ristorante di Napoli sul golfo. Non l'avrebbe mai più rivisto così felice, il suo macedone. Era stato Diego a volerlo incontrare. Considerava Atanas un talento sorprendente, un diamante. Gli piaceva soprattutto che fosse così strano e imprevedibile, il suo talento, dentro un fisico che non aveva proprio niente dell'atleta, così assurdo, magro nelle gambe e pingue nei fianchi. Nella disgrazia di un corpo improbabile che non diventava handicap ma bellezza, i due si somigliavano. A differenza di Atanas, Diego era uno smisurato *cabezon* su un tronco da nano, la testa sotto le spalle. «Sembra uno di quegli antropofagi mozzati di Shakespeare» fece in tempo a descriverlo un vecchio scrittore napoletano, due giorni prima di morire.

«Il giorno più bello della mia vita» non la finiva di dire Atanas. Diego era di ottimo umore quella sera, affabile e pieno di attenzioni verso il ragazzo che, davanti al suo idolo, quasi non riuscì ad aprire bocca. La serata continuò nella suite dell'idolo di Napoli all'ultimo piano dell'albergo affacciato sul golfo. Restarono fino all'alba. Diego aprì cinque o sei bottiglie di champagne, si mise comodo in vestaglia, accese un sigaro e raccontò mille storie, bravate e colpi di genio, di quella volta che mise fuori combattimento un calciatore brasiliano in una partita dei mondiali mettendogli nella borraccia dell'acqua una dose di Roipnol che avrebbe steso un elefante; di quando gli inglesi lo volevano ammazzare, della mano malandrina di Dio, che poi divento il piede strabiliante di Dio, un esercito di tonti dribblati come birilli. Gli stessi inglesi che, invece, onore al merito, una decina d'anni dopo, l'accolsero come un re per una cerimonia in suo onore. Raccontò di quando aveva baciato la barba di Fidel, di quanto gli voleva bene Fidel e di quanto lui ne volesse a Fidel.

C'erano anche un paio di ragazze nella stanza, mezze ignude e completamente ignorate. Atanas aveva occhi solo per Diego. Gli sembrò una creatura mitologica. Il suo Dio. Restò tutta la notte in adorazione.

41.

Che ci fanno due belle donne così in quella terra di lupi e di cinghiali?

Al funerale di Atanas si presentarono Betty e Susan, ufficialmente per conto di Werner, che in quei giorni di prostrazione non trovava nemmeno la forza di avvitare la moka del caffè, in realtà in missione per Tano Piramide. L'obiettivo: ficcare il loro scaltro nasino nei loschi affari del calcio e tornare a casa con un dossier da integrare con quello degli investigatori sguinzagliati in tutta Italia.

Era il loro primo viaggio con la nuova moto di Betty. La Ducati Multistrada V2 rosso fiammante aveva preso il posto della vecchia, amatissima Harley, finita in garage prima di tirare definitivamente le cuoia dopo quasi trent'anni di mitologica corvée in tutte le strade del mondo. Un cambio radicale in quanto a stile di guida, ma Betty ci aveva messo una settimana a farci la mano. Era nata per guidare le Ducati, ma lei era nata per qualsiasi cosa.

Fin dal loro arrivo in Albania, in traghetto da Brindisi, le scorribande delle due non erano passate inosservate. A cominciare da come si erano presentate, due eccentriche turiste, una coppia di probabili lesbiche mature a caccia di emozioni forti e qualche brivido esotico. Una provocazione le loro effusioni a vista per le strade di Valona, la Ducati rombante, i pantaloni super attillati, i tacchi 12, i foulard e i cappelli sgargianti. Facevano troppe domande ovunque andassero e anche questo non era piaciuto. Avevano trovato un messaggio anonimo, in un italiano sgrammaticato ma molto esplicito, infilato sotto la porta della loro stanza d'albergo. «Ci sapete fare più come puttane che spie. Attente a voi, qui non sono gradite le puttane e nemmeno le spie», era più o meno il concetto.

Dall'Albania si erano spinte in Macedonia, nella campagna di Skopje. Anche tra quelle valli, su quelle strade rocciose, due così non si erano mai viste. Al funerale poca gente, tante lacrime e un dolore molto dignitoso. Nessuna traccia di Sugar Habens, di Branko il Macedone e dei loro compari. Solo qualche ex compagno delle giovanili, l'allenatore che lo aveva cresciuto, nessun dirigente. C'erano le donne della famiglia. Piangevano e si davano il cambio sulla bara di legno scuro con la sua foto da calciatore. Una cosa da spaccare i cuori. Era impossibile non volere bene ad Atanas. Betty chiese di leggere in italiano un messaggio di Werner Falco. Atanas lo avrebbe apprezzato e questo bastava.

«Tu, Atanas, mio povero amico, che scherzo crudele mi hai combinato… Non so se ce la farò questa volta a perdonarti. Di sicuro non ce la farò a dimenticarti. I tuoi occhi, così malinconici e così arresi, era una delizia guardarli. Poi diventati tristi, così tristi che diventò insostenibile guardarli. Ora che non ci sei più, so che mi accompagneranno per quel che resta della mia vita, fino al giorno in cui ci ritroveremo, chissà dove. Io, te e Diego Armando, il tuo, il nostro amato campione. Te la ricordi quella notte memorabile, noi tre soli? Lui che non la finiva di parlare e noi avidi di ascoltare. Non ti ho mai più visto così felice. Ora sarà tutto più difficile per me e perdonami, perdonatemi, se non sono lì, ma in questi giorni diventa per me un'impresa arrivare anche alla porta di casa. Affido le mie parole per il mio amico Atanas all'amore. All'unica donna che ho veramente amato nella mia vita...»

Leggendo quest'ultima riga, la voce di Betty s'incrinò. Fu più brava del solito a fingersi quello che non era. Una donna impassibile.

Il bersaglio grosso era Branko, il socio in affari di Sugar Habens: raggiungerlo nella sua tana dove, forse, le sue difese si sarebbero allentate e provocarlo in ogni modo. Era nota nell'ambiente la sua debolezza per le gonnelle di ogni età.

Dopo diversi appostamenti, tentativi e lusinghe, erano riuscite a farsi ricevere. Le foto non gli rendevano giustizia: si trovarono di fronte un bestione muscolato e tatuato di un metro e novanta. Il poster di Al Pacino versione Tony Montana dominava la parete all'entrata di casa, accanto a quello di Madre Teresa e alla foto di un gigantesco cinghiale impallinato. Nel portaombrelli si facevano notare un paio di carabine insieme alla coda di un pavone.

Branko le accolse come si fa con due vecchie amiche, ostentando una galanteria qua e là smentita da ruvidi sarcasmi e messaggi in codice alquanto minacciosi.

«Davvero siete venute fin qua, due così belle donne, in questa terra di lupi e cinghiali, apposta per me? Non riesco a crederci...»

Per arrivare a casa sua, Betty e Susan s'erano dovute arrampicare con la loro Ducati lungo un budello stretto di strada sterrata, superando il controllo delle guardie armate al cancello e la diffidenza di due rottweiler nel giardino esterno della villa. «Sembra il bunker di un narcotrafficante più che la casa di un agente calcistico...» ammiccò Betty a Susan che aveva dimenticato le lenti a contatto in albergo e faceva fatica a orientarsi.

Branko il Macedone le fece accomodare in salotto e offrì loro da bere. Una birra macedone a base di malto e orzo.

«Potete bere tranquille, non è molto alcolica...» disse stirando un ghigno che voleva essere il sorriso di uno incapace di sorridere. «Ah, piuttosto, non fatevi impressionare dai fucili... Vado a caccia di cinghiali ogni tanto con i miei amici...»

Ci voleva ben altro per fare colpo su Betty e Susan.

«A proposito di armi, mi chiedevo per l'appunto perché due belle signore non più giovanissime, detto senza offesa, scelgono di fare un mestiere così rischioso in sella a una moto così estrema... è proprio vero quanto si dice da noi di voi americani, uomini e donne: che non sono magari delle aquile, ma se gli dai un cavallo o una moto vanno alla conquista del mondo.»

L'uomo stava esagerando. Betty s'incaricò di aprire le danze. Sganciò uno dei suoi sorrisi collaudati, mostrando la dentatura smagliante. Branko doveva sapere in fretta con chi aveva a che fare. Due tipe per niente disposte a farsi impressionare da un pallone gonfiato e tatuato, meno che mai dalla sua losca fama.

«Mestiere rischioso? Non direi proprio. Io mi occupo di cadaveri che non sono pericolosi, certo molto meno dei vivi, e la mia amica Susan studia la mente degli uomini, quella sì pericolosa, ma basta sapere come funziona...» Lo sguardo severo e penetrante della silenziosa e miope Susan, al suo fianco, accompagnava il sarcasmo sfrontato dell'amica. Le due si completavano alla perfezione.

Accomodante Branko, ma per niente scemo. Puntiglioso nel rispondere con educazione alle due ficcanaso. Si sentiva forte. Sapeva che non c'erano prove nei suoi confronti e non sarebbero state certo quelle due pittoresche mangiatrici di hot dog a togliergli il sonno. Insistette perché bevessero la sua birra.

«Sul mio onore, non ci ho fatto mettere il veleno per topi...» La sua risata sgangherata non era bella a vedersi. Sembrava avere molto più di trentadue denti.

«Sapendo della sua fama, dovremmo essere molto prudenti nell'accettare qualunque cosa da lei. Ma, come riesce facilmente a immaginare, la prudenza non è il nostro forte.»

«... Già, due belle e spericolate signore a spasso per un mondo pieno di pericoli e di gente malvagia...»

«Ne sa qualcosa, mister Branko?»

«Avete fatto un mucchio di strada con la vostra bella moto e ora siete qui a casa mia, non credo in visita di cortesia. Resta il fatto che siete qui, mie ospiti, e farò del mio meglio. Detesto deludere due belle e fiduciose signore americane. Sapete, io amo l'America e le favole a lieto fine, i miei miti sono tutti americani... Frank Sinatra, Marilyn Monroe, Marlon Brando, James Dean, i flipper anni Cinquanta, le Cadillac Eldorado, ne ho una in garage...»

«Anche Tony Montana detto Scarface, vedo...»

«Vado pazzo per Al Pacino e De Niro. Non mi sono perso un loro film. *Il Padrino* l'avrò visto almeno dieci volte. Mi ispira»

«Si lascia ispirare da lui anche quando fa trovare le teste mozzate dei cavalli nel letto dei nemici?»

«... Buona questa, apprezzo le donne di spirito per non dire audaci... Amo i cavalli ma le teste mozzate non sono il mio genere. Capisco dunque che siete venute nella tana del povero, insignificante Branko per sfotterlo...»

«No, però abbiamo una cosa interessante da farle sentire...»

Era la confessione registrata di un portiere albanese ancora in attività, che aveva spifferato tutto. Di come i sicari di Habens e Branko l'avevano prelevato di notte a casa sua, caricato nel portabagagli, portato in un bosco e pestato quasi a morte. Era il trattamento riservato ai calciatori che facevano i furbi dopo avere intascato laute mazzette per truccare le partite. Solo un avvertimento. Un paio di loro erano spariti nel nulla.

Branko ascoltò impassibile la registrazione. Si lasciò scappare alla fine un mezzo sorrisetto beffardo.

«E ora come faccio a non deludervi, amiche mie? Siete venute fin qui da Branko con il vostro asso nella manica, piene di speranze e di attese... Ah, l'ottimismo inguaribile di voi americani, che tenerezza, è quasi una malattia... Come faccio a non dirvi che questa voce che mi avete fatto appena sentire è una vecchia pagliacciata messa su ad arte da uno dei miei tanti nemici? Ce ne sono in giro decine di questi falsi... Mitomani, falliti, poveracci, gente disposta a vendersi per un pezzo di pane...»

«Ci sarebbero altre storie. Quella dell'arbitro massacrato per non aver dato un rigore nel finale di una partita che avete tentato pesantemente di truccare. Il calciatore a cui avete cavato tutti i denti davanti, senza anestesia immagino, per non aver pagato i suoi debiti di gioco. Scommetteva su tutto. La cosa passò come un incidente automobilistico ma noi sappiamo che non fu così... E tante altre storie... Storie brutte.»

«Chiacchiere, favole, romanzi. Siete abbastanza in là con gli anni per sapere che la gente ha bisogno di storie forti, non importa se inventate, e voi americani siete maestri in questo, i numeri uno al mondo... Peccato che questo non è cinema, non è Hollywood. Fatti zero, nessuna prova. Niente di niente. Solo spettacolari balle...»

«Stranamente in tutte queste spettacolari balle ci siete sempre voi due di mezzo, lei e il suo compare Sugar Habens...»

«Il mondo del calcio, lo ammetto, non è il migliore dei mondi possibili ma, eccoci qua, un macedone dalla brutta faccia, pieno di muscoli e di tatuaggi, e un piccolo, grasso albanese… bersagli troppo facili, perfetti nella parte dei cattivi…»

«Ora ci sono anche i morti di mezzo. Tony Rende e Max Berengario, forse anche il presidente Barnaba Zeno. Li conoscevate bene, lei e il suo socio.»

«Vi siete dimenticate di Atanas… Conoscevamo anche lui. Magari si è ucciso pensando alle nostre brutte facce…»

«Magari, sì. Era un ragazzo molto sensibile e voi due non siete stati certo dei gentiluomini con lui…»

«Ora conosco anche voi ma non per questo, se vi dovesse un giorno succedere qualcosa, Dio non voglia, devo aspettarmi un ispettore di polizia che bussa alla mia porta?»

«Noi siamo solo due turiste di passaggio, molto desiderose di fare la conoscenza del famoso Branko… Non è forse vero che lei e Habens avevate buoni motivi per immaginare la morte di tutta questa gente come un utile evento per i vostri affari, per non dire auspicabile?»

«Strana domanda per due turiste e strana meta, fatemelo dire, la Macedonia per un viaggio di piacere…»

«Le strade di Albania e Macedonia sono le migliori in Europa per collaudare la nostra nuova Ducati…»

«… Avete così poca considerazione di me, di noi, signore mie, da raccontare tutte queste stronzate… Da pensare addirittura che Tony Rende o Max Berengario, per non parlare di Barnaba Zeno, potessero costituire un pericolo per noi…»

Branko si alzò in piedi con insospettabile agilità. La visita delle due americane era finita.

«Brave ragazze, siete venute in Italia non so perché, a cercare fortuna o forse per amore di un uomo, in qualunque caso l'America può essere orgogliosa di voi. Avete tutto quello che serve, compreso qualche sciocco pregiudizio e un po' di faccia tosta. Buona fortuna, ne avrete bisogno…»

Betty non si fece impressionare.

«Ci rivedremo presto, me lo dice il mio istinto infallibile...»

«Sempre a vostra disposizione... Mi raccomando, occhio alle strade, il mondo, vi dicevo, non è un set di Hollywood, è pieno di pericoli reali e di curve maledette. Voi, le vostre tute di pelle e la vostra moto vi fate notare, ma questo non è un posto per due pupe un po' bulle a caccia di un Oscar...»

Betty e Susan rabbrividirono. Ripensarono all'episodio di una settimana prima. La vecchia Mercedes Benz 190 nera, una di quelle che trovi in qualunque accampamento di zingari, sbucata a tutta velocità da una strada secondaria del lungomare di Valona senza rispettare la precedenza. Schivata di un niente dal magheggio funambolico di Betty. Nessuna conseguenza, solo un grande spavento e qualche imprecazione. Prima le minacce anonime, ora le parole di Branko: qualcuno le voleva morte?

42.

L'ultima danza di Maradona (tutto attorno a lui si muove e si commuove)

Era stata a Pompei la sua ultima apparizione in pubblico. Due mesi prima di dare scandalo con la sua morte. Diego Armando Maradona, quanto restava di lui. Arreso ai cattivi pensieri e alla carne che non ne poteva più di essere carne. Abbrutito da farmaci, droghe e alcol. E memorie sempre più vaghe di qualcosa che era stato certamente grandioso, ma non sapeva più bene cosa. Tutto si confondeva nella sua testa stanca. E poi, solo fatica di vivere. Voglia di finire. Il dio del calcio che si trascinava esausto nel suo inferno, a passi di danza, e nessuno che aveva più voglia di stargli dietro. Capricci e umor nero, rantoli, gemiti, bestemmie, cattivi odori e maledizioni. La riconosceva ogni tanto, Maradona, lassù, incagliata in quella peste oscura, la sua faccia gonfia, come un ragno nella tela. Quanto diverso dal ragazzo che i napoletani un giorno avevano visto con l'energia furibonda dell'amore.

Per medici e infermieri il divino Diego era diventato un disturbo di cui liberarsi il prima possibile. Restò fino all'ultimo il bersaglio comodo degli avvoltoi di ogni tipo. Centinaia di immagini rubate raccontavano la decadenza dell'uomo, la sua smania di darci un taglio con quella vita che non era più vita. Per un po' era andato avanti con l'inerzia del passato. Andare a caccia di facili soldi, nei rari sprazzi di lucidità e di salute, per pagarsi i vizi e illudersi vivo. Poi un giorno, la luce che si spegne, lui che abbassa la guardia e sia quel che sia. Insistere perché? Difendersi da cosa? In nome di cosa? Non aveva più risposte da darsi. Nessuna parola più da dirsi.

La suite dove Maradona aveva dormito o, più probabilmente, vaneggiato era diventata una specie di santuario. Il direttore del Blue Moon, un resort a pochi metri dagli scavi, affacciato sul Vesuvio, l'aveva ribattezzata "Diego forever". La canottiera, i calzini, lo slip tigrato lasciato in lavanderia, l'accappatoio usato, lo spazzolino, la scatola dei sigari, la bottiglia di Ballantine's, le foto con dedica. Le tracce del suo passaggio, sistemate sotto vetro in espositori di varia grandezza come feticci sacri, erano visibili a richiesta dagli ospiti dell'albergo.

Nel cestino della stanza, insieme alle lattine di birra e a un reggiseno rosso, le cameriere avevano trovato anche la targa di bronzo che gli era stata consegnata la sera prima, con il suo bassorilievo e la scritta: «Diego, il più grande di sempre». La targa fu restituita al figlio e il reggiseno alla signorina che passò a reclamarlo. I più facoltosi potevano passarci la notte nella "Diego forever". Un brivido da tremila euro.

Il Galà di Pompei, anticipato all'inizio dell'estate, era diventato un omaggio a Maradona. In tanti avevano assicurato la loro presenza, amici, dirigenti, allenatori, giocatori e procuratori del calcio italiano e mondiale, molti arrivati dall'Argentina, dal Messico e dalla Spagna. Pelé declinò l'invito. Non stava bene. «Giocheremo un giorno insieme in paradiso» il messaggio a effetto che aveva inviato da leggere in pubblico. Tanto era stato sublime in campo, *O Rei*, quanto lezioso e vacuo nella vita di tutti i giorni.

Diego Armando Maradona se ne fregava di giocare in paradiso con Pelé o, più probabile, all'inferno da solo. Da vivo e ora da morto non ce la faceva più a tenere insieme la sua grandiosa storia. Mentre tutti non la smettevano di celebrarlo, lui si stava rapidamente decomponendo nella sua tomba di Jardin Bella Vista, sulla collina di casa, non lontano dagli amati genitori. Finalmente fuori da quella macabra lotteria che era diventata la sua esistenza. Trafitto da troppe frecce, quel geniale maniaco della palla, capace di palleggiare all'infinito qualsiasi cosa, una mela, un'arancia, una moneta, un cuore finto di polistirolo, e quel cuore un giorno era il suo.

Non poteva mancare Werner Falco. Che non si era mai sentito così solo, così intimo agli ultimi giorni di Pompei e a quelli del suo idolo argentino. Troppi tumulti insieme bastonavano il suo cuore. La morte di Atanas. L'immagine del suo ragazzo che penzolava dalla corda in quella stalla che puzzava di merda di vacca e di cavallo lo uccideva a fuoco lento. Non era più in ballo l'assenza eventuale di Dio, ma la sua certissima crudeltà.

Era arrivato come un automa. Era lì per Diego, ma era lì anche per Piramide. In missione per suo conto. L'amico commissario lo tartassava, ma poi diceva sempre che aveva bisogno di lui. Più che mai adesso. Era stata confermata la presenza di Sugar Habens e della sua banda, soci e scagnozzi. Werner doveva marcarli stretti. Proprio lui, l'Immarcabile. Vecchio amico del titolare dell'albergo, il Bucaniere lo aveva convinto ad assegnargli per due notti la suite "Diego forever".

Arrivò a notte fonda. Sfibrato dal viaggio, dall'afa e da un autista che non era stato zitto un secondo. "Sarà il suo modo di tenersi sveglio..." lo giustificò Werner che aveva più volte fantasticato di spaccargli da dietro una bottiglia sulla nuca. Si ricordò di Pablo, il suo tassista personale di Buenos Aires che, per proteggersi dai colpi di sonno, si menava l'uccello dentro la patta aperta, quando non poteva fare sosta in una milonga a ballare due o tre tanghi con una delle sue tante amanti. Lui, Werner, non aveva bisogno di questi espedienti. La sua insonnia era patologica.

Prese la chiave, attraversò la hall deserta, dopo aver dato un'occhiata distratta al vulcano, pure lui dormiente. Non c'era una bava di vento. Accese la televisione, un'abitudine più che altro, e ruotò al massimo la manopola dell'aria condizionata. Si fece una doccia fredda e si chiuse nel suo pigiama stile Alcatraz. Respirò ossigeno e si sdraiò lasciando che un minimo di benessere gli formicolasse dai piedi alla testa passando per le gengive fino a diventare torpore. Si accontentava di attimi così per benedire nemmeno lui sapeva chi o cosa. Si tolse la benda nera dall'occhio e restò a fissare il soffitto. Sospirò. Diego era stato lì, nello stesso letto, forse nella stessa posa, con tutta quella carne addosso sotto l'accappatoio bianco e lo slip tigrato, quella notte quando, forse, si convinse che non era ancora il caso di dormire. C'era una donna con lui? Probabile, ma questo non l'avrà reso meno solo nella notte e nelle sue mutande tigrate.

Werner chiuse le tendine e spense la luce. Si disse che era l'unico modo per liberarsi del fantasma di Diego e prendere sonno. Sbagliava. Ne fu invaso. Gli sembrava di respirarlo al buio, l'odore del campione malato, il disordine della testa e le pene del cuore. Il brontolio della sua pancia. Il respiro pesante. Il suo cercare sollievo rotolando senza posa da un fianco all'altro, provando ad abbracciarsi a un cuscino amico, e tutto che sudava, incubi e cuscini compresi. Gli sembrava di essere lì, al suo fianco, e di ascoltarla, la sua invocazione che diventava maledizione. Essere Diego Armando Maradona. Che fatica immane. Come aveva potuto sopportarla per così tanto tempo? Non aveva potuto.

Werner entrò in uno stato che conosceva bene, tra il deliquio e residui di coscienza. Barlumi più che altro. Lo stato che precede l'effetto finale dell'anestesia, subito prima di essere cancellati dalla condanna assurda che ci costringe a vegliare le nostre povere vite. Qualcosa di simile alla beatitudine. Non riuscire più a distinguere l'allucinazione dalla realtà. Gli capitava spesso dopo la vicenda del coma, senza bisogno di farsi una endovena di oppioidi. All'inizio si turbava, poi si rassegnò a prenderla per il verso giusto, un antefatto istruttivo di come sia facile e persino bello infilare la porta che precede l'oblio.

Non era mai stato nella casa dove Diego finì i suoi giorni, due piani vista lago, nel quartiere San André di Tigre, lotto 45, eppure ora riusciva a vederla nitidamente dai suoi occhi sbarrati, nell'oscurità. Nei minimi dettagli. Più che una casa, la trincea di un accampato che arrangia i suoi ultimi, penosi patti con la vita. I mobilacci sparsi di pessimo legno, di quelli che i poveri comprano a rate per l'eternità, confidando che resistano almeno il breve tempo della loro vita residua. Il pavimento color vomito, di qualche resina o plastica di terz'ordine. Un divano letto dozzinale, buono per cimici di lusso e quel che restava del *Pibe*, il materasso matrimoniale, la tristissima tivù 32 pollici, un gabinetto chimico, una sala giochi quando era evidente che non c'era più niente da giocare. Una poltrona ancora più triste, dove passava le ore, ammucchiato e spento, ingabbiato in quel grasso irrespirabile a vedere la tivù. Una di quelle poltrone con massaggio e vibratore incorporato, che sostituiscono alla fine del viaggio l'abbraccio e le carezze di una donna.

Ma era la cucina che stringeva il cuore. Werner la guardava dal suo buco di serratura e sentiva la pena che gli scoppiava in petto. Non ce la faceva a mettere insieme la star planetaria, celebrata dalle folle e dai capi di Stato, il divo che si affacciava dai palazzi presidenziali e dalle suite di alberghi pentastellati, e quell'opprimente bugigattolo dove galleggiavano sparsi una vecchia caffettiera, un thermos bluastro, orrende scodelle di coccio scheggiato, un fornello da battaglia ai suoi ultimi fuochi.

Stava lì al buio, non sapeva bene dove, ma ci vedeva benissimo, anche dall'occhio malconcio, la tentazione ogni tanto di coprirsi la vista. Non capendo bene se era in quella casa anche lui o se stava spiando tutto da una fessura o dall'alto di un satellite. E, se era un sogno, chi sognava chi? Era forse lui il sogno di qualcun altro, forse dello stesso Diego? Era lui a esistere nel sogno di Diego? Quando, in quella miseria inarrivabile e allo stesso tempo grandiosa, apparve proprio lui, *El Pibe*, in ciabatte, canottiera e pigiama, scrostato di tutto l'oro, deforme e lirico, improbabile come quelle storie d'amore che non si sa come nascevano e continuano a nascere sotto le bombe del nemico e i morsi del drago, nei sottosuoli della fame e della paura, nelle baracche più miserabili, là dove anche le cimici meditano il suicidio e s'interrogano sulla fine del mondo.

A dirla tutta, Diego non era nemmeno triste. Gemeva sotto il peso della sua carne, ma non si lamentava. L'affanno, insieme all'alcol e a tutto il resto, coprivano il dolore. Era semplicemente tornato alle origini del suo sogno, alla periferia del suo viaggio, dopo essere diventato per tanti anni il sogno esagerato di se stesso. Quella miseria era il suo destino, là dove un giorno sarebbe tornato, a rimettere le cose a posto, perché la vita si ricorda ogni tanto di essere bella, ma non dimentica mai di essere crudele. Al suo piccolo mondo lercio e antico di Villa Fiorito, o comunque si chiami, a proposito di quanto si possa essere assurdi nell'assegnare un nome. Il quartiere dov'era diventato il prodigio che era. Niente fogne, la luce che andava e veniva, le strade di terra, quanto bastava ai corrieri della droga. Ma, in quel mondo trasandato, il bambino dal piede divino doveva aver conosciuto una qualche sua felicità, tra le mani callose di un padre analfabeta e maleodorante, ma il cuore grande come la casa che non avevano mai avuto, e una madre che lo ha amato fino in fondo come nessun'altra donna mai prima e mai più dopo.

Era Diego Armando che gli veniva ora in sogno, danzando in ciabatte e braghe, non abbastanza grandi da contenerlo, in quella cucina da tagliarsi le vene. Ma questa volta era solo. Nessuna donna a fingere di amarlo, lui solo, accoppiato con se stesso, forse allacciato a una fata che solo lui vedeva, che strascicava ispirato il suo sinistro divino sulle note di *El Bombón Asesino* e Werner che dal suo non so dove gli ripeteva, il viso rigato dalle lacrime: «Mi dispiace Diego, mi dispiace tanto...». E Diego che lo consolava: «Non fare così, non devi dispiacerti di me ma, se vuoi, vieni a ballare con me...».

Werner cercava di toccarlo, di sfiorarlo, di unirsi a quella danza, ma non ci riusciva. Inafferrabile, Diego, come ai bei tempi.

«Ti hanno ucciso gli inglesi, ti hanno ucciso i mafiosi albanesi, i camorristi napoletani, i narcos messicani, ti hanno ucciso i sicari di Pelé, i nemici di Dio, gli assassini delle tue caviglie... ti hanno ucciso le tue donne e i tuoi amici... ti hanno ucciso tutti i figli che non hai riconosciuto.»

«Lascia stare, vecchio mio. Non ha importanza chi mi ha ucciso... Tutti l'hanno ucciso, Maradona, donne, figli, amici, medici e banditi, ma il suo primo assassino sono stato io. Il giorno che Maradona non è stato più Maradona, allora lì sì che doveva morire.»

Lo diceva con un sorriso mesto, continuando a strascicare i piedi su quel lurido pavimento in quella danza simulata, ora in assenza di musica e di donne, abbracciato a se stesso e alla sua fata invisibile.

Poi, di colpo, smise di danzare. Salì su una sedia traballante, traballando lui stesso, e prese a cantare *Dónde estará mi primavera*, la canzone di quando stava ispirato e l'anima gli traboccava di sentimento latino. Era la voce di un usignolo. Un botolo deforme di ciccia, preso in consegna dai demoni, che cantava come un cazzo fiorito di usignolo nel suo inferno senza ritorno. Troppo per chiunque.

Werner scoppiò in un pianto irrefrenabile. A consolarlo fu lo stesso Diego Armando. Gli si avvicinò e gli soffiò in un orecchio: «Non piangere, amico mio. Molto presto questa canzone la canteremo insieme, saremo due strepitosi angeli nella polvere del tempo... Non devi fare altro che portare una mia foto ovunque andrai e io sarò con te, la mia foto e la bambola di tua figlia».

Ora Diego non danzava più, ma stava coricato in un grande letto coperto di rose rosse. Al suo fianco, a consolarlo, la sua giovane fata era diventata visibile in tutta la sua irreale bellezza. Elettra, la figlia di Werner, dentro una sottoveste bianca. Che accarezzava lievemente quel miracolo d'uomo, ora deforme e irriconoscibile.

Si svegliò bagnato e distrutto, Werner, cercando aria e luce, mentre continuava a ripetere: «Mi dispiace, mi dispiace...». A Diego, alla figlia, a se stesso, al mondo intero.

L'alba filtrava dalle tendine. Il cellulare diffondeva la sua nuova suoneria. *Dónde estará mi primavera*, nella versione di Marco Antonio Solis. Non ebbe la forza di rispondere. C'era un messaggio di Tano Piramide in segreteria.

«Mi dispiace tanto se ti ho svegliato, nel caso sarà stata un'opera buona. Ti avrò sicuramente liberato da qualcuna delle tue malsane fantasie... Ti confermo che in mattinata arriverà Sugar Habens con la sua ghenga...!»

La voce di Piramide era più ferrigna e acuta del solito. Alterata da una palpabile eccitazione.

«Devi controllarlo da vicino, non perderlo mai di vista. Inventati qualsiasi cosa, ma non deve andarsene prima del mio arrivo. Resisti, campione, arrivo...»

43.
Nel circo del pallone i più puliti hanno la rogna

Ingobbito sulla scrivania a ripassare le sue teorie, masticando e annusando monconi di matita, il commissario Piramide era di buon umore come non gli capitava da settimane. Gli investigatori stavano facendo un ottimo lavoro. Ogni tassello sembrava andare al suo posto. Il mosaico era quasi completo.

La centrale internazionale del malaffare faceva capo ai due famigerati, Sugar Habens e Branko il Macedone. Una piovra gigante che partiva da Valona e arrivava ovunque. Una vera e propria associazione a delinquere, attiva giorno e notte e strutturata come un'azienda. Nulla lasciato al caso. Regole rigide e ruoli ben definiti. Dalla gestione delle scommesse clandestine, milioni di euro in nero ogni mese, alle partite "lavorate", una ventina almeno tra campionati asiatici ed europei, incluso quello italiano, in prevalenza nelle serie minori, fino al racket dei giovani talenti. L'intimidazione con le famiglie funzionava, i contratti studiati nei minimi dettagli. Commissioni onerose e clausole capestro.

Mettendo le mani sul nuovo affare planetario, i numeri applicati al pallone, avevano una volta di più giocato d'anticipo. Algoritmi sempre più sofisticati in grado di elaborare pronostici con un margine di errore vicino allo zero. Avevano inserito nell'organizzazione i migliori. Gente che gli fumava il cervello. Giovani esperti d'intelligenza artificiale e i più abili tipster, i professionisti delle scommesse. Tutti strapagati. Tra le partite taroccate e i calcoli matematici, l'inevitabile coefficiente di casualità a carico di qualunque ottuso pallone che rotola e rimbalza in una foresta di gambe assatanate era in gran parte abbattuto.

Habens, Branko e soci pompavano denaro da ogni indotto del sistema. Due vampiri. Nella parte dei bookmaker e in quella degli scommettitori. Là dove non si riusciva a condizionare il risultato sul campo, se ne sfruttava, attraverso i calcoli, la prevedibilità. Aggiungi le commissioni enormi intascate come agenti. Una parte dai loro assistiti, l'altra dai club. Contratti abilmente spacchettati. Le prestazioni del calciatore con una società di Montecarlo, i suoi diritti d'immagine con una di Malta. Un network gigantesco, un cerchio perfetto. Che si chiudeva con l'acquisizione dei club delle serie minori, meglio se sull'orlo del fallimento, all'unico scopo di avere mano libera nel truccare le partite.

Una mangiatoia enorme. Mangiavano tutti, anche quelli dentro il sistema. Mangiavano le famiglie, non importa quanto numerose. Le commissioni gonfiate servivano a questo. Sfamare decine di bocche. La procura francese stava indagando sul caso di giocatori molto celebri, cresciuti in ambienti marginali, che, probabilmente ricattati, avevano preteso d'inserire nelle mazzette parenti e amici. Mangiavano i leader malavitosi del tifo organizzato coinvolti nel racket dei biglietti e delle trasferte, pagati per condizionare i club e terrorizzare dirigenti, allenatori e giocatori.

In collaborazione con le procure di Nola, Salerno e Napoli, gli investigatori di Tano Piramide avevano raccolto prove inequivocabili dei collegamenti di questo mondo del malaffare con la camorra locale e le bande affiliate. Le mafie, nessuna esclusa, investivano da tempo nel pallone e nei suoi derivati, l'ideale per fare soldi e ripulire denaro. Un giro colossale, gran parte in nero, una montagna di fatture false. Cifre gonfiate, residenze di comodo e società fittizie create per evadere il fisco, anche attraverso il finanziamento di attività e circoli sportivi.

Si trattava ora di mettere insieme tutto e arrivare alle conclusioni. Dal generale dedurre il particolare. I delitti a ripetizione. Tony Rende, Max Berengario e quello probabile di Barnaba Zeno. Non solo in Italia, il calcio era nelle mani della criminalità organizzata. La mafia s'era infiltrata anche nei vertici delle istituzioni. Dietro la superficie dello show, mutavano le alleanze ma era comunque guerra tra squali. Quelli di nuova generazione come Sugar Habens spazzavano via i vecchi arnesi come Max Berengario. Chi non si adeguava era perduto. Erano in pochi a non lasciarsi intimidire e, quei pochi, rischiavano grosso.

Piramide lo sentiva, era a un passo dal dimostrare la fondatezza del suo teorema, il nesso tra questo mondo e la sua anima più nera, quella degli omicidi. La tenaglia si stava stringendo sui colpevoli. Gli bastava poco, una testimonianza attendibile in più, una prova certa, ma quelle che aveva potevano già bastare. Barnaba Zeno, Tony Rende, Max Berengario erano gli incidenti di percorso in questa rete molto sofisticata. Ognuno di loro costituiva una minaccia per motivi diversi. Andavano tolti di mezzo.

Il boccone non era appetitoso solo per la sezione Omicidi. La gigantesca rete di società fantasma e di paradisi fiscali, tra l'Albania, Malta, Montecarlo, l'Inghilterra, Singapore, le isole Cayman, una giungla di prestanome e falsi intermediari di fatto proprietari: c'erano tutte le premesse per scatenare l'offensiva della guardia di finanza. Retate, blocco dei conti, sequestro di beni e di masse imponenti di denaro, chiusura di molte società, avvisi di garanzia a pioggia anche per le banche che erano entrate nel sistema.

La polizia postale aveva messo le mani anche su centinaia di e-mail molto istruttive. Ne usciva fuori un mondo dominato dall'ossessione del denaro e del potere. Ci sarebbe stata una ventata di pulizia ma poi, da lì a poco, pensò Piramide con il suo insanabile pessimismo, i ratti sarebbero usciti di nuovo dalle fogne e avrebbero ripreso i loro traffici tra i miasmi di sempre. I vivi, maledizione, cambiano nome e faccia, ma gli appetiti sono sempre gli stessi. Dio solo lo sa. Per questo si è fatto da parte.

Era Werner adesso che provava a chiamarlo.

«Ho ascoltato il tuo grottesco messaggio. Mi stai dicendo che devo fare il tuo cane da guardia con Sugar Habens e la sua ghenga e non mi spieghi perché... Mi chiedo cosa mi trattenga dallo spedirti all'inferno una volta per sempre...»

«All'inferno ci finiremo, io prima di te, furfante, se ci lasciamo scappare questa occasione. Fidati. Ci siamo quasi. Bocche chiuse. Se non ti dico nulla di più è per proteggere me e anche te...»

«Se non mi dici qualcosa è la volta che ti mollo per sempre, all'istante, e me ne torno dalla mia cicciona baiana. Lei non mi stressa come te, maledetto te...»

Piramide si rassegnò. Aveva bisogno più che mai ora di quel debosciato.

«Ascoltami bene. Due notizie fondamentali. La prima: abbiamo scoperto che Sugar Habens, attraverso i suoi compari mafiosi, aveva avvicinato la moglie di Rende con la scusa di prendersi cura di lei e di suo figlio...»

«Quel figlio di puttana non ha mai avuto sentimenti, ma è sempre stato bravissimo nel manifestarli.»

«Le microspie nella casa della vedova hanno registrato, tra gli altri, un messaggio di Sugar che spiegava a Cesira per filo e per segno perché Rende e Berengario erano la feccia della terra e perché non meritassero di vivere per tutto il male che le avevano fatto...»

«Bang! Sembra qualcosa di molto vicino a una prova...»

«Indovinato, aquilotto che non sei altro. Non proprio una prova, ma chiamiamolo il profumo di passera nella camera da letto di Porfirio Rubirosa. Siamo nel cuore della faccenda, mi capisci?...»

«Tutto qua?»

«Non finisce qua. Sappiamo con certezza che Sugar Habens aveva più volte truffato i due soci, intascandosi commissioni notevoli da affari calcistici combinati, "dimenticandosi" di spartirle, inclusa la cessione di Genius Mokambo al Benevento. I due soci, Rende e Berengario, non l'hanno presa bene. Lo avevano minacciato di spifferare tutte le sue malefatte, inclusa la gestione degli abusi tossici dell'ultimo Maradona. Ci sono testimoni disposti a fare da gola profonda. Ti basta per placare le tue ansie da scolaretto ribelle? Sì? No? Tutto porta a Sugar Habens e Sugar Habens è lì a due metri da te che rutta, scorreggia e si gratta il merdoso pancione credendosi Gesù Cristo. Hai capito ora perché mi sei indispensabile?»

«Sento puzza dell'ennesima fregatura. Non mi piace. Tutto troppo facile. Troppo simmetrico. Dietro quest'aria da arcangelo vendicatore sento un sistema nervoso, il tuo, sul punto di saltare. Chiudiamola in fretta questa storia prima che salti anche il mio...»

«Pensa quello che vuoi, essere bislacco... Il fatto è che ho messo insieme tutte le carte e ho convinto il pubblico ministero a farsi firmare dal magistrato un mandato di custodia cautelare nei confronti di Sugar Habens. Ti basta per darti una calmata? Arriverò in nottata, dopo la cerimonia. So per certo che si fermerà il giorno dopo a Pompei... Lui non deve sospettare niente. Avvisami solo se noti movimenti strani.»

Piramide ostentava distacco. Era il suo modo di gongolare.

«Che mi dici delle due ragazze? Continuano a giocare a Thelma e Louise in giro per il mondo?»

«Stanno facendo il loro lavoro e lo stanno facendo bene. Pensa tu ora a fare la tua parte senza farti troppe seghe mentali...»

Ora si trattava di agire. Tano Piramide non poteva più sbagliare. La sua credibilità stava cadendo a picco come gli ultimi spiccioli da una tasca bucata.

44.

Lo schianto è tremendo: Greta Garbo può aspettare

«Donne, du-du-du, in cerca di guai, donne al telefono che non suona mai...» Il motivetto ascoltato quella mattina alla radio le si era piantato in testa come un chiodo. Susan lo canticchiava dentro al suo casco con le decalcomanie di Elvis Presley. Era il suo modo di farsi coraggio e vincere il panico da vertigini. Gli occhi serrati, a non guardare nemmeno per sbaglio lo sprofondo sotto di lei di rocce e mare. Stretta forte ai fianchi dell'amica, la testa appiattita sulla sua schiena, si lasciava portare ovunque nel vento, lungo l'asfalto radente le scogliere a strapiombo della costiera amalfitana.

Betty guidava con mano sicura e polso fermo. Traiettorie disegnate alla perfezione. Ogni tornante, un capolavoro. Attraverso la fessura del casco, Susan respirava l'odore buono dell'amica, del suo giubbotto vintage, pelle pura. Non fidandosi nemmeno della propria ombra, Susan si fidava di Betty.

L'Albania e la Macedonia, il funerale di Atanas, erano alle spalle con tutte le loro facce ostili e tristi. L'incontro con Branko il Macedone non aveva dato grandi risultati, l'uomo era abile e l'audio del calciatore maltrattato gli aveva fatto il solletico. Restavano le minacce velate, gli avvertimenti espliciti, la Mercedes nera che quasi le aveva investite dopo il loro arrivo. Betty e Susan avevano raccolto comunque testimonianze utili nel giro degli albanesi e dei macedoni su come funzionava il malaffare nel calcio. Non abbastanza per un mandato d'arresto, ma abbastanza per confermare il concetto che in quel circo di squali e serpenti i più puliti avevano la rogna.

Avevano buone ragioni, le due amiche, per sentirsi euforiche. Dal porto di Bari il viaggio era stato lungo, ma ora stavano tornando a casa e c'era ancora un'ultima tappa, la più eccitante di quei giorni passati a fare le Mata Hari per conto di Tano Piramide. Sentivano di aver fatto un buon lavoro e quella sera a Ravello l'avrebbero celebrato come Cristo comanda. Una cena romantica sulla terrazza di Villa Rufolo sotto le stelle e l'orchestra che pompa, Sigfrido che muore in un putiferio di fiati, corni, archi e timpani. Bevute e perdute nella stessa ebbrezza, le due, abbracciate come Münchausen a quel trasecolato paradiso dove le uniche storpiature del mondo arrivate fin là erano le parrucche turchine delle tardone americane in vacanza e le pance piene di gas dei loro consorti, motivo per cui da lì a breve si sarebbero svegliate vedove.

E poi, sarebbe stata magnifica la notte insieme al "Caruso", nella stessa stanza con balcone affacciato sul golfo dove aveva dormito Greta Garbo, non prima dell'alba, dopo aver dato l'unica conferenza stampa della sua vita. «Non ho nessuna voglia di sposarmi e pretendo solo di essere lasciata in pace», la divina liquidò così in due minuti la marmaglia giornalistica, gelida la mitica o mitica la gelida, prima di alzarsi e andarsene, lasciando tutti con un palmo di naso. Lo stesso albergo di Virginia Woolf e di Jacqueline Kennedy, i giardini dove passeggiavano Toscanini e Bernstein, due passi dai chiostri moreschi dove si aggiravano tumefatti dallo stupore Truman Capote e Humphrey Bogart.

C'era di che smaniare. Ognuna, dentro il suo casco,

fantasticava a piacimento. Curvando sopra Positano, Betty immaginava che sarebbe stata lei quella sera nella parte di Mademoiselle Hamlet, in una versione certamente molto discinta, a rivolgere alla sua amante la celebre battuta: «Accendimi una sigaretta...», preludio di una notte che sarebbe stata tutto meno che casta.

Susan immaginava che avrebbero rivisto insieme *Mata Hari*, recitandolo a memoria, e questa volta sarebbe stata Betty allacciata dietro di lei a imitare Greta. Prima di darsi alla pazza gioia sotto le lenzuola o forse dopo, quando la gioia sarebbe stata meno pazza ma non meno bella. Nel fine settimana, al più tardi domenica sera, avrebbero raggiunto il loro remoto passato a Pompei per un altro capitolo promettente. Tano e Werner non potevano fare a meno di loro due. Adesso erano finalmente liberi di saperlo. Peggio per loro. Troppo tardi. E i nodi, intanto, erano arrivati al pettine. Vicina la soluzione delle morti misteriose. Così sembrava.

Betty sapeva che una bottiglia di champagne non sarebbe bastata e che l'ultimo calice sarebbe stato quello prima dello svenimento. Se la sentiva già addosso, l'onda calda del piacere montare e fondersi con il rumore della sua Ducati e la voce di Patti Smith che passando dalle cuffie le inondava le tempie, «Because the night belongs to lovers...». Trasognata ma vigile, su quella strada dalla bellezza criminale.

Non abbastanza vigile da realizzare che quel vecchio furgone Fiat bianco, sbucato dalla curva con gli abbaglianti sparati, stava per invadere la loro corsia e con ogni probabilità sarebbe loro piombato addosso. Due le manovre possibili per evitare il frontale, sterzare a destra verso il guardrail e sfracellarsi quasi certamente nel vuoto, per centinaia di metri, avendo pochi secondi per dare l'addio a tutto, alla vita, alla Garbo e a Patti Smith, o tentare una folle derapata a sinistra verso la roccia dove tutto poteva succedere, inclusa l'eventualità di sopravvivere. L'istinto la spinse a scodare verso la parete. Un bolide epilettico, fuori controllo. Schivò di un nulla il furgone, evitò un'altra macchina che veniva subito dietro in senso contrario, ed era già addosso alla roccia, che Betty prese di striscio con la fiancata sinistra, abbastanza per farsi speronare. La moto in aria e loro due sbalzate sull'asfalto.

Immediati i soccorsi degli automobilisti, che erano riusciti per puro miracolo a schivare i corpi delle due donne. L'unico a non fermarsi, l'autista del furgone. Rimessosi in carreggiata, aveva dato una brusca accelerata dileguandosi dopo la prima curva. Le ruote della Ducati giravano nell'inerzia come trottole impazzite. Betty, a un metro, stesa a terra, si lamentava. «Because the night belongs to us...» Patti Smith insisteva dalle sue cuffie. Susan aveva perso il casco e non si muoveva. Sembrava morta.

45.

Brutti ceffi, morti ammazzati e assassini in libertà: tutto si complica

Fu Piramide a dargli la notizia, quando l'omaggio a Maradona era sul punto d'iniziare. L'incidente di Betty e Susan sulla costiera amalfitana. Voleva essere certo che fossero fuori pericolo, prima d'informare Werner.

«Prima la Mercedes nera in Albania, poi questo furgone Fiat sulla costiera... Un caso? Una coincidenza? Tu ci credi? Io no. Hanno tutta l'aria di due agguati. Le ragazze s'erano date molto da fare, tante domande scomode, tanti brutti ceffi. Lo sapevamo noi ma lo sapevano anche loro che si trattava di due turiste insolite a caccia di souvenir speciali...»

Werner provò a immaginare cosa sarebbe stata la sua vita senza Betty, mentre Piramide parlava, e si sentì uno schifo. Potevano anche non vedersi per mesi, anni, ma lui doveva sapere che lei c'era. Che lei svolazzava temeraria per il mondo con le sue moto e le sue sintesi geniali. E che una notte, magari solo per una volta, si sarebbero ritrovati sotto le stesse lenzuola a dirsi cose terribili e tenere.

Ricoverate all'ospedale di Salerno, entrambe in stato di shock. Susan aveva avuto la peggio. Brutta frattura al femore e alla clavicola aggiunte a una forte commozione cerebrale. Per Betty solo un grande spavento, un lieve trauma cranico, la lussazione di due dita della mano sinistra.

Bazzecole per una guerriera come lei. Due settimane di ricovero la prognosi per la prima, tra intervento di riduzione delle fratture e inizio di riabilitazione. Betty era stata dimessa il giorno stesso, ma volle restare accanto all'amica. Si erano schiantate su quella roccia insieme per via di quel vigliacco sparito nel nulla e insieme se ne sarebbero andate sulle loro gambe, magari con l'aiuto di un paio di stampelle. Betty aveva fatto di tutto per evitare l'incidente e in parte c'era riuscita. Susan si fidava ciecamente di lei e già questo era per Betty una ragione sufficiente per sentirsi in colpa.

Werner avrebbe voluto raggiungere le ragazze in ospedale ma Piramide lo convinse a restare a Pompei. «Stanno già molto meglio, il peggio è passato, ora devono solo stare calme. Dobbiamo stare tutti calmi. Passerò io a trovarle anche per te. Ci ho parlato al telefono. Tutto bene. Le due americane sono cucite con il fil di ferro...»

«Noi lo sappiamo bene...»

«Un po' acciaccate, ma di buon umore...»

Le ragazze amavano riderci sopra, della loro attitudine a vivere come se la vita fosse un fumetto irreale, dove le sessantenni, invece che lamentarsi a letto dell'osteoporosi in arrivo, rischiano la vita indagando cadaveri e cavalcando moto estreme.

Era fondamentale che Werner restasse lì, nel luogo dove, da lì a poco, sarebbe scoppiato un interessante casino.

La serata filò via liscia. Ognuno aveva fatto la sua parte, recitato il suo educato compitino. C'era poca voglia di celebrare. La decisione di rinviare l'inizio dei campionati professionistici a data da destinarsi era stato l'ultimo cazzotto alla bocca dello stomaco in quei giorni di smarrimento.

Il film di Maradona, delle sue imprese, per quanto già visto mille volte, aveva strappato immancabili stupori. Nulla di più ci si poteva aspettare nella stranita mestizia di quei giorni, tra la nuvola tossica, la depressione dei più, i suicidi in aumento, la morte di Diego e ora i delitti insoluti. Era dallo schianto aereo del Grande Torino che il mondo del pallone non viveva un malessere così profondo. Un circo che doveva macinare affari e stordimento dodici mesi l'anno, ma che ora si doveva fermare. Il tempo di assorbire i cadaveri a ripetizione e tutto il resto. Un morto ammazzato pesava come un macigno. Due morti ammazzati erano troppo.

Werner era lì, in quel funerale mascherato da festa, a farsela con le sue disordinate emozioni. Diego, Atanas, le due donne in ospedale, gli assassini in libertà. L'idea forte, la quasi certezza, che il colpevole o i colpevoli potessero stare lì tra di loro, in quelle ore, a scambiare brindisi e manfrine, nella città sepolta dalla cenere del Vesuvio. Qualcuno che, probabilmente, non aveva ancora finito di regolare i suoi conti sanguinari. Nel frattempo, s'era presentato anche Branko il Macedone con i suoi uomini. Non era passato inosservato il suo abbraccio affettuoso con Sugar Habens.

Il figlio napoletano di Diego, una goccia d'acqua. Non potendo somigliargli nel talento, gli somigliava in tutto il resto, tic inclusi. Ritirò il premio alla memoria del padre e tutti si alzarono dai tavoli del banchetto di gala per un applauso convinto. I più ispirati nel ricordo erano stati gli ex compagni del Napoli, quelli della nazionale argentina e i suoi allenatori, tutti presenti.

Maradona aveva fatto a pezzi la propria vita, ma aveva dato un senso a quella degli altri. Amato da tutti, ma non sempre da quelli che avrebbero dovuto amarlo. Diego ci sapeva fare col pallone e con le folle, ma nelle sue storie private era una disgrazia. Anche la sua morte era diventata una losca leggenda. Quelli che lo avevano amato, quelli che avevano spartito storie con lui, non credevano che se ne fosse andato davvero. E continuavano a vederlo ovunque, nei sogni e nelle nuvole in cielo. Diego. Quel geniale sgorbio aveva invaso il mondo.

Parlò anche quella faccia di bronzo di Sugar Habens, con la scusa di commemorare Berengario e Rende. Raccontò di come loro, insieme, amici di Diego, avevano tentato in ogni modo di proteggerlo dai suoi demoni e dalle cattive compagnie. Werner era stato invitato a parlare, ma si rifiutò. Non se la sentiva. Aveva troppo da dire per riuscire a dire qualcosa. E troppo poco respiro. Tutto l'ossigeno del mondo non sarebbe bastato. Aveva bevuto troppo e lui Diego l'aveva sognato.

A metterlo di pessimo umore anche un paio di battutine che il serpente, Sugar Habens, gli aveva rifilato incrociandolo in un corridoio prima della cerimonia. «Toh, chi non muore si rivede... Sei qui come amico di Diego o come l'agente all'Avana?» Werner si limitò a svettare il dito medio, accompagnandolo con un grugnito, ma quando già lo strafottente botolo si era girato. Si morse il labbro. Questa volta era stato poco reattivo. Scampata la morte, uscito dal coma, Werner non sopportava più l'idea di avere conti sospesi con nessuno. Alla prima occasione gliel'avrebbe fatta pagare a quel nano borioso e forse anche assassino.

Werner decise che era venuto il momento di stendere la carcassa bevuta nella lussuosa branda fecondata un tempo dallo spirito di Maradona. Il portiere di notte gli aveva confermato che Habens si sarebbe trattenuto ancora un giorno, lui e la sua rumorosa banda, ignaro che da lì a poco quella sarebbe stata la sua Pompei. Una tempesta di merda invece che di cenere l'avrebbe sepolto. Ad annunciarla sarebbe stata la faccia affilata dell'uomo che annusava matite e assassini. Tano Piramide, il giustiziere, sarebbe piombato lì da un momento all'altro con le sue manette e i suoi baffi a manubrio. Brutta storia. Fine dei giochi, piccolo, sciagurato Habens.

Nell'attesa, Werner sapeva a memoria cosa avrebbe dovuto fare, per spedirsi nell'incoscienza, alla larga da Diego, da Piramide e da tutti. L'idea delle due ragazze fracassate all'ospedale lo intristiva, ma l'amico lo aveva rassicurato, ci voleva ben altro per stendere le due belve. Qualche ora di sonno lo avrebbe rimesso al mondo, ma questa volta aveva capito la lezione, tutto doveva restare acceso. Meglio la tortura della luce che il traffico dei fantasmi al buio. Si maledisse sinceramente, mentre inalava la sua dose di ossigeno. Lui che già soffocava di suo cento volte al giorno era finito nella città dove gemevano a distanza di millenni i tanti cadaveri uccisi dai vapori tossici.

Era il cellulare che gli cantava ora nella tasca, mentre stava cercando al buio d'infilare la chiave nella toppa. Questa volta non era Piramide.

«Come sta il mio ragazzaccio? Ti ricordi ancora di me?...»

Per quanto annebbiato dal rosso di Biserno, Werner si ricordava. «La mia maga Circe...» Non la sentiva da un'eternità, da prima del coma e delle sue fughe baiane, ma come ci si poteva scordare di lei...

Decenni dopo, si ostinava a chiamarla "signora". Nella sua testa bacata la moglie del Mago doveva essere una maga anche lei. Ma di quelle buone. Mezza strega e mezza madonna.

«Devo leggerti le mie ultime pagine su James Joyce...»

La Signora, come sempre, saltava i convenevoli. Si comportava come se si fossero sentiti il giorno prima. *Permanent Opera* era il saggio che stava scrivendo da quindici anni.

Già annebbiato di suo, Werner riuscì ad afferrare solo qualche brandello, qua e là, mentre lei tentava di spiegargli perché Joyce e il suo *Ulysses*, per non parlare di *Finnegans Wake*, fossero indispensabili per capire il romanzo moderno.

«Quando passi a trovarmi? Ti voglio regalare una copia dell'*Ulysses*...»

Werner si sforzò di sembrare un uomo educato che rispondeva ragionevolmente a un invito irragionevole.

«Molto presto, da Pompei a Venezia è facile, due passi, conosco la strada, non fai altro che lasciare i fumi del vulcano e seguire i vapori e le nebbie delle acque... Una metà di me dice: aspettami bella signora con il tuo turbante, le tue droghe e le tue stoffe colorate...» riuscì a biascicare Werner.

«E l'altra metà?...»

Non lo seppe mai. Werner doveva essere svenuto o forse morto.

«Scusami tanto... Mi sa che stavi in buona compagnia... L'hai fatto poi quel corso di sesso tantrico che ti avevo consigliato?»

Non seppe mai neanche questo. Werner non c'era più.

46.
Insonni, ubriachi, affaristi e coltelli a bordo piscina

Qualcuno stava buttando giù la porta a furia di pugni.

«Apri farabutto! Lo so che sei sveglio... Infilati una mutanda qualunque e vieni fuori...»

Werner ci mise un po' a rendersi conto che era tutto vero. L'energumeno alla porta passava dall'aggressivo al supplichevole. Era probabilmente ubriaco.

«... Che ti ho fatto? Perché mi snobbi così? È questo il modo di trattare il più grande allenatore del pianeta? Vergognati... Alzati da quella branda, vecchio Bucaniere, e vieni a condividere un po' di felicità con il tuo amico.»

Werner ci mise un po' a scollare le palpebre dagli occhi. Sbirciò la sveglia. Mezzanotte e mezza. Era una vecchia sveglia ungherese del '56 che si portava dietro ovunque insieme alla foto di Maradona e alla Barbie di pezza della figlia.

Si alzò, caracollando eroico verso quella che aveva tutta l'aria di essere una seccatura notevole. Infilò l'occhio cisposo, quello sano, nello spioncino per identificare l'esagitato.

Totò Barone lo incalzava da dietro la porta. Visibilmente alterato. «Ti do tempo un quarto d'ora, vecchia ciabatta, ti aspetto per un ultimo brindisi in piscina. Manchi solo tu. C'è persino quella piaga di Giona Russo. Mi sta addosso da quando sono arrivato... E sta per arrivare anche Bernardo. Un buon motivo per scappare il prima possibile.» Non c'era un grande feeling tra Totò Barone e i due gemelli Russo. Vecchie ruggini. Vecchie rivalità.

Werner s'infilò la benda, un paio di jeans e una camicia bianca. Stava in piedi a fatica. Avrebbe dato il mezzo polmone che gli restava per non essere lì, ma nemmeno da nessuna altra parte. Bisognava fermare quella testa calda di Totò Barone prima che buttasse giù dal letto tutto l'albergo.

«Arrivo, maledizione, dammi tempo. Aspettami in piscina...»

Meglio assecondarlo il Barone, ora che da campione d'Italia era andato ad allenare il Manchester United, il club più popolare al mondo. Non si sa mai. Poteva dargli una mano a rientrare nel giro che conta. Werner non ce la faceva proprio a sentirsi un ex. Gli affari del mercato erano aperti, ma l'andamento era fiacco, più chiacchiere che sostanza. I calciatori buoni costavano un occhio della testa e, in quel clima sospeso d'incertezza e di smarrimento, non c'era tutta questa voglia di spendere. Werner si controllò i peli delle orecchie e ne sforbiciò un paio che spuntavano da entrambe. I peli nelle orecchie degli uomini lo turbavano. Come le erbacce nelle crepe dei muri e le briciole sulle tavole.

Erano rimasti pochi nottambuli a bordo piscina, tra cui Sugar Habens, Branko il Macedone e un paio di loro tirapiedi. Totò Barone era lì ora che discuteva animosamente con i due compari. Tuoni e lampi squarciavano l'aria. L'antefatto di un temporale estivo imminente.

«Fidati, Totò, ti dico che non si era mai visto un norvegese giocare a calcio così, un iradiddio, l'hanno cresciuto a bistecche di alce e cuore di balena... Devi spararglì per fermarlo e forse non basta.»

Habens si accalorava quando parlava del vichingo, la sua ennesima gallina dalle uova d'oro. Thorbjorn, un ventenne bionico di quasi due metri con la faccia sempre un po' vaga di uno che si è appena fatto una canna gigante. Erano in tanti a sbavare per lui. Totò Barone era uno di loro.

«... Non ci sono santi, dobbiamo portarlo al mio Manchester... Mi serve uno così per giocare profondo come voglio io. Sarà la nostra fortuna, la sua, la mia e la tua.»

«Al tuo Manchester neanche morto lo porto... Quelli sono dei pezzi di merda. Mi hanno trattato come uno sguattero. Devono strisciare ai miei piedi e non basterà.»

«Acqua passata, fregatene, ora sei tu che comandi. Hai le carte migliori del mazzo...»

Vedendo l'agente albanese che pontificava, Werner sentì rimescolarsi tutto dentro. Un tumulto che conosceva bene. Un rancore che saliva dalla notte dei tempi, dalle viscere di chissà quale suo antenato etrusco. E che, passando dal fegato al cervello, precipitava alle labbra che già tremavano di piacere solo al presagio dell'inevitabile bufera di parole che si sarebbe abbattuta sull'altezzoso salsicciotto. Si conosceva bene, Werner. Erano i sintomi chiari del *furor verbi*, attacchi scomposti di rabbia che lo assalivano già da bambino, quando giocava a biglie sulla spiaggia con gli amici e non ci stava a perdere.

Dopo averlo buttato giù dal letto, Totò Barone ora non sembrava nemmeno accorgersi della sua presenza. Tipico del suo usare e gettare ogni cosa che gli respirava attorno. Troppo preso in questo caso da Habens e dal suo cecchino dei fiordi.

«S'è fatto tardi, Sugar. Vado. Ho una sbornia da smaltire e quel lunatico di Giona mi ha promesso un passaggio. Meglio non farlo aspettare, dovesse cambiare idea...»

«Chi? Il Mongolo? Buono quello, ti dovrai ciucciare per tutto il viaggio i suoi piagnistei...»

«Eccolo che torna con il gemello. Meglio che te ne stai alla larga... mi sa che sono ancora avvelenati con te.»

«Per carità di Dio, me la batto, già mi hanno fatto la macumba a suo tempo quelli... Si sono convinti che li ho fatti cacciare io da Palermo» sghignazzò greve Sugar.

«Ne sai qualcosa, eh, marpione... Se è per questo non fanno altro che ripetere in giro la solfa di quanto Totò Barone è più culo che anima, mentre loro, meschini, si sono fatti tutta la gavetta del mondo, hanno faticato come bestie e nessuno gli ha mai regalato niente... Pazienza... Farò finta di dormire per tutto il viaggio, sono o non sono il più furbo del creato?»

«Bernie è molto più sveglio del fratello, ha imparato la lezione. Sarò io adesso a dover leccare il suo culo schifoso. Quello è vendicativo, è capace da ct della Nazionale di non convocare per sfregio nessuno dei miei...»

«Addio... Sparisco per un po', ho bisogno di staccare. Dove? Non ho ancora deciso. Cuba, Messico, Maldive, Zanzibar, va bene tutto... Magari me ne vado in barca tra Corsica e Sardegna...»

Totò Barone non si era mai sposato. Allergico ai matrimoni, era infedele anche con le donne. Ogni anno, alla fine della stagione, era solito darsi alla macchia. Destinazioni segrete. Anche perché la pesca subacquea con fucile e bombole, la sua grande passione, era vietata quasi ovunque. Di solito erano mari caraibici dove pescare tonni giganti e pescispada. Non lo diceva nemmeno alla sorella prediletta. In quanto alla vecchia mamma, dirglielo o no sarebbe stata la stessa cosa. Il suo Alzheimer galoppava.

«Ne riparleremo del vichingo, abbiamo tempo...» concluse Barone.

«Abbiamo tempo, ma non tanto tempo...»

«Prima di fare cazzate di cui pentirti, fattela la domanda alla fine della fiera: quanto conviene mettersi contro Totò Barone?...»

Bernardo sfoderò il suo miglior sorriso, mentre Giona

restò appeso al ghigno che sembrava livore ma era ormai una piega del volto. I due detestavano Totò Barone, ma Bernardo aveva convinto il fratello che non era così indispensabile manifestarlo ogni volta. Ora che stava per diventare il responsabile della Nazionale certi rapporti andavano curati.

«Cambio di programma, sarò io a darti un passaggio a Roma. Mi hanno fissato un incontro con i federali... Giona se ne va diretto a casa con la sua auto.»

«... Amico mio. Sono tutto tuo, pronto per il nostro viaggio in fondo alla notte... Detto senza offesa ci guadagno nel cambio, Giona è un tantino pesante, con te si parla meglio e ne abbiamo di cose da dirci.»

Bernardo s'era aggiunto da poco alla comitiva con il suo trolley nero e le sue scarpe lucide, ma aveva fretta di andarsene. Lo aspettava una giornata impegnativa a Roma. Più impaziente di lui Giona, che non vedeva l'ora di tornarsene dalle sue bestie.

Sugar Habens si tenne prudentemente in disparte, si limitò a salutare Totò da lontano... «Fai buon viaggio, caro... Me la farò quella tua domanda, prometto, ma fattela anche tu, la stessa, a parti inverse... Ti voglio bene...»

«Vi lascio alle vostre miserie, amici, la vita continua da qualche parte... State prudenti, chiudetevi in camera a doppia mandata, sta per venire giù un diluvio e, a quanto pare, c'è un assassino ancora in circolazione...» si congedò alticcio l'allenatore più pagato d'Europa, storpiando suoni e concetti.

Werner prese di petto Sugar Habens, dopo aver aspirato avidamente un paio di boccate di fumo finto.

«Lascia stare il tuo bipede norvegese, quelli sono buoni per cacciare nella tundra. Ho io quello giusto per le mani, un ragazzo clamoroso, un baiano anomalo con la testa di un paulista, freddo, assassino, dinamite pura, due piedi di velluto...»

Habens lo sbirciò di traverso con aria di sufficienza. Quel maledetto ghigno sfottente dipinto sulle pieghe lardose di quel foruncolo scoppiato che qualcuno chiamava faccia. Prima o poi qualcuno glielo avrebbe cancellato.

«Toh, chi si sente, ma tu non avevi smesso? Ti avevamo dato tutti per disperso.»

Werner non poté fare a meno di pensare intensamente a quanto sarebbe stato giusto, celestialmente giusto, il suo teschio maciullato da una dozzina di martellate. Giustizia divina, se ci sei batti un colpo.

«Tu abbassa la cresta, zotico maleodorante. Per tua conoscenza sono ancora in circolo sano come un pesce. Faccio ancora qualche affaruccio, se capita...»

Sugar non se lo filava. Gli parlava di spalle, rivolgendosi a Branko e ai suoi due scagnozzi.

«Sapevate anche voi che ha cambiato mestiere, il Bucaniere? Adesso fa il tirapiedi del commissario, mi risulta... Come vanno le indagini? Due cervelli che fumano e l'assassino che gira a piede libero. Che si dice? Sarà mica stato Macchia Nera?»

Se c'era una cosa che mandava in bestia Werner era l'essere deriso in pubblico. In quei casi, poteva uccidere. Aspirò una lunga boccata dall'arnese che aveva preso il posto delle sue Marlboro. Odioso e puzzolente. Mai quanto la carogna che gli stava davanti.

«Sono qui appunto per avvisarti che darò la procura del mio ragazzo baiano a Tommy Crocetta...»

Werner cercava l'incidente. Tommy Crocetta era un rivale storico di Habens, un vecchio mestierante del calcio, l'unico con cui il Milan accettava di trattare i giocatori. Uno vecchio stampo, avido il giusto, ma lucido abbastanza per capire quando era il caso di tenere a bada gli appetiti.

Le sue commissioni erano ancora decenti in un mondo fuori controllo.

«Lo sentite che tipo? Vorrebbe ancora fare giocatori con me dopo il pacco che mi ha tirato con quel matto di Atanas, pace all'anima sua… Tienitelo stretto il tuo negretto. Dallo a chi ti pare. Sono anni che non ne azzecchi una…»

Si voltò verso Werner.

«Sai, una cosa, però, voglio dirtela. C'è il passato e c'è il presente. Poi c'è il futuro. Tu, forse, hai un passato, ma non hai più un presente e certo non hai un futuro…»

Al diavolo le schermaglie. La pazienza di Werner aveva un grosso limite. Le acque erano rotte, la diga pure. Conosceva bene la mappa del suo furore. Cominciava con un brontolio di fondo, simile al muggito di un bufalo che sta per caricare a testa bassa, e finiva ogni volta con una tempesta acida di parole. Fermarlo, a quel punto, sarebbe stato impossibile per Gesù Bambino in persona.

«Sai, Sugar, ti guardo e mi viene in mente di quando in Germania ti chiamavano Baby Lonza, detto anche lo Stronzo Mangiamerda, perché ne mangiavi tanta di merda… Non sei cambiato molto da allora. Hai solo messo su strati di lardo e tanta prosopopea. Mi dicono che ti è uscita un'ernia l'ultima volta che hai provato ad allacciarti una scarpa…»

Sugar Habens decise di chiudere la faccenda. Lo guardò in faccia dal basso verso l'alto, solo un lieve tremito del triplo mento.

«Guardati bene, non sei buono neanche come osso per i cani.»

Werner sentì che era venuto il momento di giocarsi il suo asso nella manica.

«… Sai una cosa, Baby Lonza dei miei stivali? Sai quanti chili di materia fecale ci sono mediamente nel corpo di un uomo? No? Te lo dico io, dai 4 agli 8.»

«Cos'è la materia fecale?»

La domanda spiazzò Werner. Non era preparato a tanto sfoggio onesto d'ignoranza. «È la merda» chiarì il concetto uno dei gorilla di Sugar.

«E allora nel tuo scheletro da tisico ce ne sono almeno 8.» Sugar fu più rapido di Werner, che si considerava da sempre la pistola più veloce del West. L'essere stato espropriato della sua battuta preferita lo fece definitivamente impazzire.

«... Divertiti finché puoi, nano di cacca. L'istinto mi dice che non sei tu l'assassino di questa gente e il mio istinto non sbaglia mai. Ti piace giocare a fare il padrino, l'hai studiato al cinema ma tu, le mazze da baseball, al massimo te le ficchi su per il culo... Lo sanno tutti. Sei solo fuffa. Senza gli scimmioni che paghi saresti ancora una puzzolente nullità che lava marmitte nei bassifondi del mondo...»

Sottolineò il concetto con un gesto esplicito perché non ci fossero equivoci. Fosse stato più presente a se stesso, Werner si sarebbe accorto di qualcosa che avrebbe certo smorzato i suoi ardori. Il lampo di crudeltà che saliva nello sguardo fintamente compassionevole di Sugar Habens, mentre i suoi mastini attorno, a cominciare da Branko il Macedone, già facevano la bava, impazienti di afferrare l'eretico per la collottola e buttarlo nella piscina, lasciandolo affogare con tutte le scarpe.

Ma Werner era ormai incontenibile. Un suicida convinto. Aveva preso lo slancio e solo un bazooka caricato a gas nervino avrebbe potuto fermarlo. Lo show di parola era, del resto, l'unico orgasmo che gli restava. Certo non lo avrebbero fermato le gocce del temporale estivo che cominciavano a scendere. Gocce come proiettili.

«Sai una cosa, miserabile Lonza? Ascoltami bene. Nel gennaio del 2000, all'alba del nuovo millennio, una chiromante del luna park di Roma dai capelli corvini e dallo sguardo lascivo s'impadronì della mia mano e, prima d'infilarsela nelle mutande, la scrutò in lungo e in largo. "Tu, amico mio" mi disse, "tu morirai un giorno non molto lontano per mano di un coglione..."»

Werner aveva preso il largo. Ispirato. Era Lawrence Olivier nel monologo del pugnale di Macbeth. Fece una sapiente pausa. «... Ecco, mi sa tanto che quel giorno è arrivato... Sono pronto, fa' quello che devi, orrida salsiccia abortita da qualche porcella incontinente...»

«Stai parlando a cazzo di cane, Werner, non sei lucido, non lo vedi che non ti reggi in piedi? Non sai cosa dici. Sei uno spettacolo patetico. Levati dalle palle, i miei sono molto nervosi, non so fino a quando riuscirò a tenerli a bada. Mi resta un po' di rispetto per il tuo passato e non ho voglia di vederti affogare come un topo...»

Era tornato sprezzante, Habens. Fece l'atto di andarsene. Werner provò a inseguirlo, come per scagliarglisi addosso, ma fu preso da uno dei suoi attacchi convulsi di tosse proprio mentre Branko e un gorilla di Habens lo placcavano con una stretta che lui avvertì come potenzialmente mortale. Sentì i suoi ossicini sul punto di sbriciolarsi uno a uno, come biscotti scaduti, nella morsa dei due bestioni. Di sicuro, gli avevano incrinato un paio di costole.

«Allora è vera la storia che le pulci hanno la tosse...» Le parole di Habens che si allontanava.

Piegato in due per le convulsioni, Werner prese atto che Habens era troppo per lui. La sua bestia nera. Erano troppo, soprattutto, i quadrumani che gli facevano da schermo. Vide con la coda dell'occhio Totò Barone e i gemelli Russo che stavano lasciando il parcheggio.

Trovò il modo di prendersela anche con loro, in mancanza di meglio. Pescò una boccata di ossigeno dall'arnese salvavita.

«Tu piuttosto, Barone dei miei stivali, baciamo le mani, baciami il culo... Prima mi butti giù la porta della stanza in piena notte, mi distogli dalle mie sacrosante meditazioni, poi mi lasci solo con quel vermaccio schifoso dell'albanese e ora te la batti senza nemmeno salutare...»

Totò gli venne incontro conciliante, a mano tesa.

«Hai mille volte ragione, fratello, ma ti ho visto fuori dai gangheri e non volevo beccarmi una mazzata anch'io nella mischia... Devi stare più sereno con quello che hai avuto...»

«Pensa a te, Mastro Ciliegia! Vi cagate tutti addosso quando si tratta di quel rospo infame!»

«Ti voglio bene, Bucaniere. Per quanto ti sforzi, non ce la farai mai a farmi incazzare...»

A Werner non importava di Totò o di chiunque. Voleva solo un'occasione per litigare. Il paternalismo di Barone aveva finito per imbestialirlo.

«Sei fatto così, Barone, ti conosciamo. Per mare e per terra. Vai, getti la rete, arraffi tutta la vendemmia, svuoti le tasche, colpisci e scappi. L'hai appena fatto anche con quelli del Milan!»

«Per ora me ne vado a pescare tonni, il più lontano possibile, sai com'è... qui tira un'ariaccia. Coma profondo. Il calcio italiano è finito» disse furbetto. «Ti saluto, non ti offendere, sai come sono incazzosi i gemelli. Bernardo mi aspetta, ci mette poco a piantarmi qui.»

«Buoni anche quei due, se potessero ti ammazzerebbero, però, eccoli qua, che fanno finta di esserti amici, sai com'è la storia, la Nazionale è come il Vaticano, ufficialmente non può avere nemici...»

Totò Barone si allontanò scuotendo la testa. Werner si rifiutò di dargli la mano, ma trovò il tempo per un ultimo insulto.

«Sei questo tu… Hanno ragione i tifosi, sei un Giuda, questo sei, un Giuda!»

Nel ripeterla, la parola "Giuda" gli risuonò sinistramente familiare. Era la stessa che galleggiava nelle tasche dei cadaveri di Tony Rende e di Max Berengario.

Totò Barone lo ignorò. L'aver bevuto un bicchiere di troppo non lo aveva offuscato del tutto. Werner Falco era sempre stato un uomo complicato. Quando esagerava con l'alcol diventava intrattabile. Meglio glissare. «… Anche i Giuda si concedono una vacanza, tra un tradimento e l'altro. Fallo anche tu, fratello, ne hai bisogno. Mi faccio vivo quando torno…» si lasciò dire volgendogli le spalle.

I gemelli Russo, che si erano tenuti fin lì zitti in disparte, si avvicinarono a Werner. Non avevano sentito le sue farneticazioni. Meglio così. I due disprezzavano Totò Barone. "Tanto culo e nessuna anima", lo chiamavano così. Un ciarlatano, uno sbruffone miracolato, molto abile a intortare dirigenti e giornalisti. L'ultimo scudetto vinto con il Milan aveva inacidito soprattutto Giona. Il Milan era stato la sua Caporetto. Il punto di non ritorno della sua storia di allenatore. Da quella batosta non s'era più riavuto. Un anno e mezzo di esilio volontario nella sua tenuta a leccarsi le ferite, un passaggio dimenticabile in Russia sulla panchina dello Spartak, prima del calice definitivamente amaro. Era lui ora a fare il vice a Bernardo. Un'umiliazione. Ma aveva dovuto ingoiare il rospo, il Mongolo, tornare a farsi vedere in giro, riprendere un minimo di relazioni, attività per la quale era negato da sempre. Doveva tornare al suo lavoro.

Bernardo, il gemello capellone, fu il più espansivo nei saluti.

«… Datti una calmata, Werner, non ti fa bene alla salute tutta questa rabbia… L'hai promesso, ti aspettiamo nella nostra tenuta di campagna per un fine settimana. Ci tengo. Devi provare il nostro Sangiovese. Ne abbiamo di cose da dirci...»

Bernardo, Giona e Werner si conoscevano da sempre. Werner riuscì a non farsi stritolare la mano dai due contadini. Annuì meccanicamente. Era di nuovo piegato in due per la tosse. O forse era un infarto in arrivo.

La chiamata di Tano Piramide lo colse in piena convulsione. «Stai morendo?...»

«Penso di sì...»

«Aspetta a farlo, non te lo puoi permettere ancora. Sto per arrivare, tieniti forte. Scosse di primo grado. Altro che Vesuvio. Non perdere di vista Sugar Habens.»

«Ehi, sbirro, portane una decina, di manette, qui ce n'è di gente da mettere in gabbia» riuscì a dire Werner Falco prima di soffocare.

Ora dal cielo venivano giù secchiate d'acqua. Era Dio che le mandava o chi per lui.

47.
Che fine ha fatto Sugar Habens?

Le tre Alfa Romeo della polizia arrivarono a fari e sirene spenti davanti all'ingresso principale del Blue Moon, il resort di Pompei. Aveva smesso di piovere. Tutto sembrava ancora dormire, i clienti, le rane e la bocca del vulcano. Tano Piramide si presentò nella hall con il suo vice e sei agenti scelti. Ignorò i convenevoli del personale e andò dritto al dunque. La stanza di Sugar Habens. Erano le 7 del mattino. Sarebbe stato un risveglio traumatico per il pascià albanese.

Il commissario non vedeva l'ora di sventolargli sotto il naso porcino il mandato di fermo cautelare firmato dal gip di Viterbo per lui e due dei suoi sicari più fedeli e gustarsi la faccia dello sbruffone che si deformava la rabbia. Non era riuscito a ottenere quello per Branko il Macedone. Le carte a suo carico non erano considerate sufficienti. Sarebbe arrivato presto anche il suo turno.

Sugar Habens era formalmente indagato come mandante dell'omicidio di Barnaba Zeno, l'ex presidente del Benevento trovato morto sul selciato dopo un volo di dieci metri. Venuto a conoscenza dei traffici degli albanesi di Sugar Habens e dei complici macedoni che facevano capo a Branko, Zeno era diventato un personaggio scomodo. Una mina vagante. Minacciava a destra e a manca di spifferare tutto quello che sapeva o credeva di sapere della centrale che a Valona organizzava il traffico dei giocatori e il racket delle scommesse e delle partite truccate. Esasperato dalle continue minacce e dai ricatti, sembra che Barnaba si fosse deciso a denunciare Habens. L'albanese lo sapeva e lo temeva. Quel tipo era pazzo abbastanza e sconvolto al punto giusto.

Le intercettazioni inchiodavano Habens e i suoi. Una, in particolare. Molto disturbata, qua e là difficile da decifrare, ma nell'insieme inequivocabile: due sicari del boss scherzavano pesantemente sul terrore di Zeno e sulle sue piagnucolose suppliche mentre era appeso fuori a testa in giù, dopo che era stato costretto a scrivere la sua lettera d'addio. Subito prima di essere lasciato cadere nel vuoto.

Forti ma non sufficienti gli indizi per incriminare Habens e la sua banda anche per gli omicidi di Rende e Berengario. Tutta l'indagine portava alla stessa conclusione. Lo scenario era quello, il malaffare nel calcio, il potere crescente dei procuratori, il giro enorme delle commissioni, le società ricattate e le partite truccate. Mancavano prove certe, ma bastava sistemare il primo tassello, il resto sarebbe venuto di conseguenza. Effetto domino.

Tano Piramide sentiva di essere a un passo dal più eclatante successo della sua mediocre storia di poliziotto. Alla faccia di chi lo considerava una mezza tacca, buono solo per catturare ladri di polli, piccoli spacciatori o borseggiatori di vecchie pensionate. I suoi superiori si sarebbero tolti dalla faccia quel sorrisino di scherno quando parlavano di lui o lo incontravano nei corridoi della questura o del tribunale.

Decise di non svegliare l'amico Werner. Non era il caso di dare troppo nell'occhio. L'avrebbe coinvolto solo a cose fatte, Habens in manette sarebbe stata una visione celestiale anche per lui al risveglio.

Esibì il mandato al direttore dell'albergo. Tagliò corto

alle sue resistenze. «... Accompagnatemi immediatamente nella stanza del signor Sugar Habens. Non è una richiesta, è un ordine.»

Habens era stato sistemato al piano terra di una dépendance isolata. Odiava gli ascensori e odiava ancora di più fare le scale. Suonarono più volte. Bussarono. Niente. «... è un cliente dal sonno profondo, è sempre stato un problema svegliarlo, immagino prenda qualcosa per aiutarsi a dormire...» Il direttore chiamò la cameriera ai piani. Fu lei ad aprire la porta.

Il suo urlo non prometteva niente di buono. Proveniva dalla stanza da bagno.

Sugar Habens era un manichino senza vita, piegato su di sé innaturalmente, afflosciato in una pozza nera e densa di sangue. La testa ficcata nell'ovale del water aveva perso molta materia cerebrale. Indossava solo la parte superiore di un pigiama dozzinale e uno slip rosso, attillatissimo, che non copriva niente. Nell'insieme, un cadavere disgustoso.

«Commissario, c'è qualcosa qui sotto la vasca...»

Fu la cameriera a scuotere Tano Piramide dall'assorta contemplazione della vittima. Nell'antibagno, subito dietro la porta, sotto la vasca, sporgeva qualcosa. Sembrava la punta di un manico. Piramide le proibì di toccarlo.

La Scientifica non si fece attendere molto. Transennata la scena del crimine, gli agenti si misero al lavoro. Questa volta non mancavano i reperti da analizzare. Si misero a fotografare il cadavere di Habens, le tracce di sangue, tante, ovunque, le impronte. Rimossa dal water, quella faccia da gaudente parroco di campagna non era più una faccia. Sembrava un hamburger pestato da un elefante. Su quanto rimasto della bocca persisteva un ghigno, lo stupore forse di finire ammazzato per mano di qualcuno che verosimilmente conosceva bene. Sulla guancia una traccia di rossetto, lo stesso usato per scrivere "Giuda" sul foglio che spuntava dalla tasca del pigiama della vittima con l'illustrazione di Doré, insieme alla moneta da un centesimo nella solita custodia di plastica.

Le stesse modalità di Rende e Berengario. Una differenza saltava agli occhi. Questa volta l'assassino non aveva cancellato tutte le tracce. E non aveva maniacalmente riordinato tutti gli oggetti. Caos, sangue e fango ovunque.

Gli era mancato il tempo? Qualcosa lo aveva disturbato e indotto a filarsela prima del previsto? Un imprevisto, un rumore, qualcosa d'inatteso? Sul pavimento del bagno e vicino alla porta di uscita le impronte evidenti di due scarponi tipo carrarmato, la suola infangata. Era piovuto per gran parte della notte. Sul lavandino due capelli. Lunghi, color platino.

Buttata giù dal letto nella stanza accanto, la guardia del corpo giurò di non aver sentito niente. Era rimasto sveglio fino all'alba a vedere film porno in cuffia, come risultava nei tracciati della pay-per-view dell'albergo. Aveva salutato il suo boss poco prima delle 2 dopo avergli fatto un massaggio per la cervicale e nulla, disse, faceva pensare a qualche tragedia incombente.

«Aveva solo un gran mal di testa, ma gli succedeva spesso. Era nervoso. Ho dovuto calmarlo. Ce l'aveva con quello strano tipo che l'aveva aggredito in piscina...»

Piramide non ci mise molto a realizzare. Lo "strano tipo" era Werner Falco. Sempre lui di mezzo, maledizione. Aveva un talento unico, quell'uomo, nello stare sempre dove non doveva stare. C'era stata una baruffa tra i due, ma era finita lì, niente di che, almeno così sembrava. Impossibile pensare che un traballante ometto con mezzo polmone, un po' alticcio, avesse potuto combinare tutto quel macello.

Faceva impressione vedere quel bestione tatuato, Ivan si chiamava, piangere come un vitello. Si diceva che fosse l'amante di Sugar Habens. A differenza di Tony Rende e di Max Berengario, Sugar Habens presentava mani e ginocchia intatte. L'assassino, questa volta, non aveva infierito. O, forse, non aveva avuto tempo. Qualcosa era andato storto e aveva dovuto lasciare il lavoro incompiuto. Da escludere un rigurgito di compassione.

L'oggetto che spuntava da sotto la vasca era un vecchio martello. La testa larga di acciaio, il manico di legno corto, un'impugnatura per colpire con violenza oggetti o corpi ravvicinati. Una scritta incisa lungo il manico. Sembravano caratteri cirillici. C'erano pezzi del cervello di Habens sopra.

Il direttore dell'albergo convocò l'unica in grado di tradurlo, la lavapiatti russa assunta mesi prima in cucina.

«*A Nikita Krusciov: grazie per aver aiutato a salvare le nostre vite.*»

Doveva trattarsi di un martello anni Cinquanta. Probabile dono in segno di devozione dei contadini della steppa al segretario generale del Partito comunista dell'Unione Sovietica.

48.
Il commissario Piramide non sa più che pesci prendere

Fu Tano Piramide questa volta a buttarlo giù dal letto. Werner aveva probabilmente esagerato con i suoi intrugli da fuori di testa. Non era bastato tutto quel trambusto a svegliarlo.

Appoggiato alla parete del corridoio che mordicchiava la sua matita, il commissario sembrava uno spaventapasseri in attesa del passero. Attorno a lui era tutto un frenetico viavai di agenti, inservienti, funzionari. Aveva dato l'ordine che nessuno, nemmeno una mosca, doveva lasciare il Blue Moon, responsabili, dipendenti e maestranze inclusi. Nessuno, se non autorizzato, poteva entrare nella scena del crimine.

Il passero fece, alla buon'ora, capolino dalla porta. Solitario e anche un po' incazzato. Riconobbe lo spaventapasseri appoggiato al muro. Lo trovò tristemente più familiare che spaventoso.

«Mi mancava... il mio incubo preferito. Se sei qui a quest'ora, guai in vista per qualcuno.»

«Come sempre ti fai notare per la tua assenza nelle occasioni importanti... In compenso ti hanno notato in tanti ieri notte che cercavi la rissa con Sugar Habens...»

«Niente di che, solo qualche parola di troppo, ero su di giri e quello stronzo ha il potere di mandarmi fuori di testa... Tranquillo, comunque, l'ho tenuto d'occhio. Non si è mai mosso dall'albergo. Lo troverai nella sua camera che ronfa della grossa, lui e i suoi gorilla...»

«L'abbiamo trovato, infatti. Non si è mai mosso e sai una cosa? Non si muoverà per un pezzo, il tuo Sugar Habens. La sua testa maciullata stava infilata nella tazza del gabinetto. Morto che più morto non si può...»

Il sarcasmo di Tano Piramide era spesso l'antefatto di un attacco di bile. Fu così anche questa volta.

«Ora sarà meglio per te, ineffabile stronzo, che ti trovi al più presto un alibi decente... Si dà il caso che sono tanti pronti a giurare d'averti visto che lo minacciavi di brutto, solo poche ore prima...»

Werner si guardò più schifato del solito allo specchio che gli stava davanti. Pallido e smunto il viso, impalpabile l'anima. Uno sputo miracoloso teneva in piedi quella larva d'uomo ("non ancora per molto" si disse Werner). Aveva bisogno di un caffè potente per dare una scossa al suo scheletro e un minimo di senso a tutto quello di assurdo che stava vedendo e ascoltando. Faceva sempre una fatica immane al risveglio a distinguere quanto ci fosse di credibile nella trafelata pantomima di uomini e cose.

«Dimmi qualcosa di più...»

«Dimmi tu piuttosto di questa accesa discussione che avete avuto tu e Habens questa notte davanti a testimoni...»

«Credo di sì, confermo, piuttosto violenta nell'insieme ma, dovessi dirti, non sono del tutto certo che sia mai accaduta veramente...»

«Mi stai dicendo che non l'hai ucciso tu...»

«No, non credo. Ma l'avrei fatto volentieri. L'ho desiderato intensamente. C'era un problema. Un grosso problema. I suoi gorilla... Erano almeno sei, degli armadi, e tutti piuttosto aggressivi.»

Erano due i gorilla, non sei. La fervida immaginazione di Werner li aveva moltiplicati.

«Mi avevi detto o no di stargli alle costole?!... L'ho fatto e lui mi ha provocato...»

Tacque di colpo. Realizzò.

«Ehi, brutto scemo, non ti passera mica davvero per l'anticamera del cervello che io c'entri qualcosa con la sua morte?...»

Piramide morse a sangue il suo mozzicone di matita e si chiese quale perversione lo spingesse a condividere da una vita le sue cose con quell'inguaribile cazzone. Non trovò una risposta plausibile.

«So solo che, quando c'è di mezzo un morto assassinato, ci sei dentro anche tu con quella tua grottesca benda da corsaro...»

«Mi avevi supplicato tu, cristo santo, di non mollarlo. Bella riconoscenza, io me ne stavo beato al sole di Bahia a finire i miei giorni tra dozzine di ragazze compiacenti ed eccomi qui mezzo morto, insultato, spaventato, a darti una mano perché è chiaro che tu non ci capisci un cazzo e manca poco che mi accusi di omicidio... Sai cosa ti dico? Da qui in poi arrangiati, pesta le tue merde da solo, disperato che non sei altro, io me ne torno dalle mie baiane.»

«Fai anche il permaloso ora... Non ci crede nessuno! Ti avevo supplicato di non perderlo d'occhio fino al mio arrivo...»

«Ho provato a infilarmi nel suo letto, ma non c'è stato verso, preferiva il suo gorilla... Stai scherzando, vero? Dimmi che scherzi... Cristo santo, chi poteva immaginare che sarebbe finito anche lui nella tazza di un cesso...»

«Non è così raro di questi tempi. Mettiti addosso un abito decente e potrai vederlo, il tuo Habens, come l'hanno ridotto. C'è la Scientifica al lavoro...»

Werner non ci teneva particolarmente a vedere come l'avevano ridotto.

«Senti che ti dico, commissario dei miei stivali, farai bene ad arrestarmi comunque. Se anche non l'avessi ucciso con le mie mani, sono abbastanza sicuro di averlo evocato io, il macellaio che stiamo cercando. Chiunque sia, l'ho aizzato e armato con la mia mente prodigiosa. È andata così. Ho immaginato intensamente quanto sarebbe stato liberatorio vedere la faccia canaglia dell'albanese sfondata a colpi di martello, dopo di che, non potendo farlo io per intuibili ragioni, ho scatenato il mio doppio...»

«Hai letto troppe cose che ti hanno infettato la mente. Già che ci sei, vuoi dirmi anche il nome del tuo doppio così mi porto avanti?»

«Lo farei volentieri amico, ma non lo so, sai com'è, sicari senza nome, senza faccia e senza coscienza. Magari non hanno mai ucciso nessuno prima e forse non avevano nemmeno un motivo per farlo... Non è la prima volta che mi capita di evocare una morte violenta. Devo averlo fatto anche con Tony Rende e Max Berengario. Due pescecani. Un pericolo per l'umanità, per la nazione. L'ergastolo mi merito, altro che... Due ergastoli. Tre. Anzi, faresti bene a non farmi incazzare troppo perché prima o poi potrei scatenarlo contro di te, l'assassino che è in me e fuori di me.»

«Mai una cosa facile, maledizione... Uomo inutile dal respiro corto e dai pigiami orrendi. Dimmi piuttosto, come fai a sapere che è stato un martello a ridurlo così?»

«Sono un uomo notoriamente perspicace... Ti risulta? Qui girano solo martelli assetati di sangue... Piuttosto, impronte digitali? Tracce particolari?...»

«Di solito non siamo così fortunati, ma questa volta c'è andata bene. Ci sono tracce, la Scientifica ci farà sapere, e c'è pure l'arma del delitto. Un martello sovietico regalato a Nikita Krusciov negli anni Cinquanta. Così dice la scritta in cirillico sul manico.»

«Vuoi dire che l'assassino è un nipotino di Nikita Krusciov?»

«Abbiamo trovato anche due lunghi capelli biondi sul lavandino...»

«Il nipotino di Krusciov truccato da Wanda Osiris? Mi sto entusiasmando di brutto...»

Werner non si lasciava scappare un'occasione di fare il buffone. Era più forte di lui, soprattutto quando c'era di mezzo Piramide.

«Non mi hai ancora spiegato piuttosto, superfluo cazzone, come mai, prima con Berengario ora con Sugar Habens, sei sempre tu l'ultimo che ha a che fare con il morituro...»

Piramide non si era mai sentito così frustrato. L'uccisione di Sugar Habens era fuori dalla sua competenza territoriale. Sul luogo del delitto a coordinare le indagini si erano precipitati il capo della questura di Napoli e il pubblico ministero. Visibilmente euforici all'idea di finire nelle aperture dei telegiornali. Si fecero consegnare l'elenco degli ospiti, poco meno di cento la notte del delitto, di cui due terzi ancora nell'albergo e trattenuti dalla polizia. Andavano ricostruiti anche i movimenti di quelli che avevano lasciato l'albergo nelle ore subito precedenti la morte di Habens. In particolare, quelli di Branko il Macedone, che a questo punto era il sospettato numero uno. Gli addetti alla portineria avevano confermato che era partito la notte stessa con i suoi bravacci, dopo gli ultimi bagordi in piscina, al contrario di quanto programmato in precedenza. Nessuna pista doveva essere esclusa. Furono organizzati posti di blocco all'uscita di Pompei, sulle strade adiacenti e in tutti gli svincoli dell'autostrada del Sole in direzione nord e sud.

Anche in questo caso, come nei precedenti di Tony Rende e di Max Berengario, la scena del crimine lasciava credere che la vittima non avesse opposto alcuna resistenza. Nessuna traccia di una lotta. Graffi, lividi, abrasioni, niente di niente. Habens doveva conoscere bene il suo carnefice.

Furono interrogati tutti i presenti, uno a uno, verificati gli alibi e la relazione con il defunto. Di fatto destituito, Piramide si limitò ad assistere. Delle due guardie del corpo di Habens fu possibile ascoltarne solo una, Ivan, il plausibile amante. C'era già un mandato di fermo nei suoi confronti per concorso in omicidio, a proposito di Barnaba Zeno. Si fece mettere le manette ai polsi senza alcuna reazione. Era in stato di shock. «A volte si muore...» balbettava come un ebete.

In attesa di accertare le sue eventuali responsabilità nella morte di Sugar Habens, bisognava trovare il suo compare. Florian, l'ex pugile macedone che Branko aveva ceduto a Sugar Habens in segno di amicizia, si era volatilizzato. Anche lui indiziato di essere stato l'esecutore materiale dell'omicidio di Barnaba Zeno. Sarebbero stati Ivan e Florian a precipitare l'uomo nel vuoto dopo aver inscenato il suicidio.

Ivan fu portato via in manette. Di Florian nessuna traccia. Dissolto anche lui nella notte. Un vigilante dell'albergo l'aveva riconosciuto partire con Branko e gli altri subito dopo il parapiglia in piscina, ma non sembrava una testimonianza molto affidabile. Quei mastini si somigliavano tutti.

I colleghi napoletani di Piramide interrogarono a lungo Werner Falco e si riservarono di sentire anche Totò Barone e i gemelli Russo, due che conoscevano bene

Berengario, ma anche Habens. Sarebbe stato utile sapere se avessero notato qualcosa di strano nelle ore precedenti il delitto. Bisognava fare in fretta. Totò Barone era dato in partenza per una destinazione ignota. Il suo cellulare risultava spento.

49.
L'assassino sa il fatto suo

La morte di Sugar Habens gettò Piramide nella desolazione. La sua indagine era un castello di carta che non stava in piedi. Si trattava di ripartire per la terza volta. Non proprio da zero, ma quasi. Solo che questa faceva più male. Tutto, fino a poche ore prima, sembrava allinearsi nella direzione giusta: il profilo delle vittime, i loro rapporti malsani con Habens, le testimonianze, le intercettazioni, gli enormi interessi in ballo e le attitudini criminali di chi stava dietro a tutta la baracca.

Un mosaico perfetto. Coerente. Senza falle apparenti. Mancava poco per il brindisi liberatorio. Tano, Werner, Susan e Betty, i quattro amici di una vita. I quattro ragazzi che giocavano a fare i detective e si erano amati e poi odiati e poi, forse, di nuovo amati, ora malconci, esausti e invecchiati. Un successo da celebrare. Una sbronza che avrebbe fatto cantare le pietre. Sarebbe stata.

L'omicidio di Habens faceva saltare il banco. I morti ammazzati col martello adesso erano tre. Un giornalista sportivo molto chiacchierato, un dirigente potente e un procuratore spregiudicato. Tre soggetti diversamente malfamati, in relazione d'affari tra loro. Verosimilmente la stessa arma del delitto, un martello sovietico chissà come uscito dalla soffitta di casa Krusciov. Quasi certamente lo stesso autore. Quelle tracce di rossetto e ora anche quei capelli biondi che tornavano a confondere le acque.

Chiunque fosse, uomo, donna o diavolo, maniaco o sicario, l'assassino sapeva come gettare la mente degli investigatori nel caos. Aveva soprattutto un assillo o un mandato preciso. Non si limitava a uccidere, doveva profanare la vittima. Era la sola certezza che gli restava. "Maledettamente, odiosamente poco" si disse il masticatore compulsivo di matite. Nessuno poteva ancora escludere che la stessa morte di Barnaba Zeno c'entrasse in qualche modo con quel mattatoio.

Spuntò una testimone. Una vecchia californiana a caccia di cartoline macabre tra Ercolano e Pompei con la sua amica del cuore. Non fu precisa sull'ora. «Potevano essere le tre di notte. Mi ero addormentata da poco. Mi hanno svegliata i tuoni e i lamenti di una gatta in calore. Io ho paura dei tuoni, ma ho ancora più paura delle gatte in calore. Una gatta in calore che piange mi fa sentire inerme, in balia della natura più malvagia... Volevo solo una cosa, zittire la bestia. Ho aperto la finestra e intravisto, nel buio, un tipo, un uomo alto, robusto sembrava, che si allontanava sotto la pioggia che scendeva a dirotto. Indossava qualcosa di scuro, un impermeabile sembrava, con un cappuccio rosso calato sulla testa e sembrava avere una fretta del diavolo... Forse, era il diavolo» commentò la vecchia, che somigliava alla madre impagliata di *Psycho*.

Troppe cose sembravano e chissà se erano in quel labirinto di porte girevoli. Qualcuno con uno spolverino nero e un cappuccio in testa era stato notato anche la notte dell'omicidio di Tony Rende, nei paraggi dell'albergo. Solo che quella volta non pioveva. Nessun riscontro. Niente di niente. Era stata anche allora la testimonianza di un'anziana dalla mente confusa e dalla vista corta. Due vecchie dall'immaginazione fervida, mezze cieche e dementi, di cui una nel frattempo defunta. Ancora e solo maledetta sabbia tra le dita. O forse no. Due vecchie mezze cieche e dementi, ma distinte, lontane nel tempo e nello spazio, potevano diventare una testimonianza attendibile, pensò Werner che, grazie a Piramide, era stato ammesso nella stanza degli interrogatori.

In balia del caos, sull'orlo di una crisi di nervi, Piramide tornò a sfogliare le poche certezze. La più agghiacciante. L'assassino, non più dotato del suo martello, stava circolando libero nel mondo, era lì tra loro, con ogni probabilità deciso a colpire ancora. Di gente da uccidere e di martelli, non necessariamente sovietici, era pieno il mondo. Conclusioni a cui sarebbe arrivato anche un idiota, si disse solo per il gusto di infierire.

Investigatori e reporter avevano passato al setaccio le vite di Rende e di Berengario, scoprendo altarini di ogni tipo, faccende spesso sordide ma quasi sempre irrilevanti, provando a incrociare fatti e persone. Il cadavere aggiunto di Sugar Habens aveva sparigliato tutto, incasinato l'intera vicenda, spalancato nuove domande e nuove ipotesi. Se tutti gli abietti morivano, uno dopo l'altro, c'era dunque un abietto più abietto di loro, un abietto assoluto, il Grande Capo della Cupola dell'Abiezione? O, viceversa, la nuova ipotesi in tanto caos, agiva sotto traccia e sotto mentite spoglie una sorta di giustiziere occulto? Roba da fumetto, spazzatura, si disse Tano Piramide che non era un lettore di fumetti. Li considerava una perdita di tempo per menti oziose. Werner, invece, li leggeva eccome. Cresciuto da ragazzo con i classici dell'epoca, i «Diabolik», i «Kriminal» e i «Satanik», per incontrare nel tempo il più celebre investigatore di incubi, Dylan Dog.

Brancolavano tutti, non solo Piramide. Tante piste e nessuna. Ognuno covava la sua preferita ma, al netto delle suggestioni, i più onesti dovevano ammettere di stringere un pugno di mosche. Dalla faida tra cosche alla vendetta, fino al delitto passionale, non si poteva escludere nulla nemmeno nella morte di Sugar, perché nulla era escluso dalla sua vita. I vizi capitali, più o meno, c'erano tutti. A cominciare dall'ira e dall'avidità, una forma diversa di chiamare la lussuria, tra la carne e il denaro. Gli piaceva ostentare. Girava in Bentley, le manocce piene di anelli preziosi e il portafoglio gonfio di banconote da cinquecento euro da distribuire come mance.

E ora si aggiungeva al caos anche quel lunatico pazzoide di Werner Falco. Un balengo, capace di tutto e del contrario di tutto. Quante volte aveva rischiato la pelle molestando le donne di allenatori e compagni, deridendo e fregando gli avversari, prima in campo e poi nella vita con le sue azioni corsare. La sua irascibilità era nota nell'ambiente, come era nota la sua insofferenza per Sugar Habens.

La morte della figlia, la separazione da Betty, la malattia, il coma, i traumi a ripetizione, avevano fatto di lui una mina vagante, un probabile psicopatico. Lavorare come un forsennato, fumare come una bestia, salire e scendere da un aereo e l'altro, era il suo modo di placarsi. Ora, non c'era più nulla che lo placava, se non le mollezze calde di Bahia. Sugar Habens era il tipico stronzo da mandarlo in tilt. E se, nel raptus omicida, Werner avesse lucidamente individuato nel martello un modo per depistare le indagini, indurre gli investigatori a credere che la mano dell'omicida fosse sempre la stessa? Perché era l'unico a dormire beato in quel bordello, dove tutti urlavano e strepitavano? Perché aveva dato per scontato che anche stavolta c'era di mezzo un martello? E perché c'era sempre un uomo con un impermeabile scuro nella scena del delitto? Werner non si separava mai dal suo mantello feticcio, già appartenuto al Mago Herrera.

Piramide si diede una sberla sulla guancia. L'aver

ipotizzato Werner Falco, anche solo per trenta secondi, come il possibile assassino di Habens finì per gettarlo nello sconforto. Era la prova lampante della sua impotenza. La conferma che stava annaspando ai confini del delirio: le sue elucubrazioni avevano superato il livello di guardia.

Piramide stava perdendo la partita più importante della sua vita.

50.

Non ti resta che contare le travi del soffitto aspettando che ti cadano addosso

Era invaso dalla nausea. Aveva bisogno di staccare la spina, Piramide. A fargli compagnia solo farfalle, brutte e labili. Dopo tanto sbattersi, eccolo lì a coltivare fantasie assurde. Werner era un brillante cazzone capace di fare del male solo e soprattutto a se stesso. Anche ammesso che avesse trovato la determinazione e la follia necessarie per uccidere Habens, gli sarebbe mancata la forza.

Sta di fatto che l'assassino, o comunque il mandante, chiunque fosse, era tra di loro e tutti avevano un motivo reale o immaginario per sentirsi in pericolo. Le pressioni su Tano Piramide avevano superato la soglia del sopportabile. La clessidra era vuota come la sua testa. L'ennesimo fiasco.

L'ultima telefonata dalla questura, quella mattina, dell'unico dirigente che si ostinava a difenderlo finì per atterrarlo.

«... Tano, hai qualcosa per le mani?»

«Sto facendo quel che posso...».

«Ho paura che non sia abbastanza. Forse serve una squadra nuova, un nuovo punto di vista... Sei stanco, prenditi qualche settimana di riposo... Dammi retta.»

Non si trattava più solo di affiancarlo, lo stavano tirando fuori dall'indagine. Non si era dimostrato all'altezza. Serviva, in ogni caso, un capro espiatorio da dare in pasto all'opinione pubblica. Giornali, notiziari e talk show televisivi campavano di questo. I due quotidiani più autorevoli pubblicarono corsivi al vetriolo sul fallimento del commissario, sulla sua attitudine a circondarsi di collaboratori folcloristici, un ex malandato dirigente sportivo con mezzo polmone sfasciato e due eccentriche americane da fumetto che giocavano a fare le Sherlock Holmes e si presentavano nei luoghi del crimine in sella a moto vistose, fasciate di pelle nera, bandana, giubbetti e pantaloni attillatissimi. «A quando una fattucchiera in coppia con Giucas Casella nel circo di Piramide?» se ne uscì un noto tribuno televisivo, un tanghero che però influenzava le folle. Segnali pessimi arrivavano anche dalla politica. Qualche deputato propose di istituire una commissione parlamentare per studiare il caso delle morti nel calcio e arrivare a una qualche conclusione.

Piramide era un uomo finito. Uno straccio che, a malapena, trovava la strada di casa. Aveva esaurito la benzina fisica e dato fondo a quella nervosa. Doveva sentirsi così, un vecchio albero su cui un branco di cani rabbiosi stavano pisciando il loro disprezzo.

Aprì la porta, gettò a terra la sacca, si spogliò nudo, tanto per rappresentare meglio a se stesso il suo dramma, e si lasciò cadere sul pavimento di legno come un cristo cade dalla croce, braccia larghe, mani aperte e gambe divaricate, percosso da scariche profonde di nausea e umor nero. La sua impotenza lo disgustava. Rimase così per un bel pezzo a fissare il soffitto, senza riuscire a pensare a nulla. Esausto. Contò decine di volte le diciotto travi quattro metri sopra la sua testa, immaginando che contarle a ripetizione fosse l'unico modo per impedire che gli cadessero addosso e che, a seguire, quando il disastro si sarebbe comunque compiuto, una mano pietosa, quella di Dio o di Werner Falco, avrebbe recuperato i suoi resti sotto le macerie e li avrebbe portati il più lontano possibile, in una fossa comune.

Resto lì tutta la notte, a masticare la sua matita e a contare le travi, ogni tanto compiacendosi di essere lì, in quella posa, il ritratto mistico del fallimento fatto uomo. Aveva passato giorni interi a dormire in ufficio, a trangugiare schifezze, a fottersi il cervello immaginando come incastrare quel maniaco. Era stata una fatica immane, penosa, in qualche caso esaltante. Le unità investigative avevano fatto il loro lavoro, raccolto migliaia di informazioni, verificate, incrociate e coordinate dalla centrale operativa da lui diretta. Piramide e i suoi non erano riusciti a dare un volto all'assassino.

Una cosa era chiara nel bailamme delle congetture: l'assassino sapeva il fatto suo. La morte di Sugar Habens rimescolava le carte, ma non le cambiava. Lo scenario più verosimile restava quello, le guerre criminali che infestavano il mondo del pallone e i suoi luridi interessi. Forse, all'inizio, il bersaglio doveva essere solo uno, poi le cose erano precipitate.

L'ultimo petalo rimasto in vita di quel mostruoso fiore era Branko. Lui, niente altro che lui. Il suo sembrava un alibi di ferro. Non solo la deposizione del portiere di notte. Decine di testimoni li avevano notati, Branko e i suoi, in un locale del Circeo, particolarmente "su di giri", intorno alle due di notte, un'ora in cui Sugar Habens era certamente ancora in vita. Ma doveva esserci qualcosa che sfuggiva a tutti loro, un anello debole, qualcosa che lo avrebbe tradito.

Gli sbirri stavano torchiando giorno e notte Ivan, chiuso nel carcere di massima sicurezza di Spoleto. Lui e Florian erano stati in passato al servizio di Branko. Stava prendendo corpo l'ipotesi che il macedone li avesse prestati a Sugar per fargli da guardie del corpo, ma in realtà con la missione di togliere di mezzo un socio diventato troppo ingombrante. Branko e Sugar avevano commissionato insieme i precedenti delitti di Zeno, Rende e Berengario. Dopo di che, violando la regola del cane che non mangia cane, Branko aveva deciso di eliminare anche Habens, per diventare lo zar incontrastato degli affari sporchi del pallone. Sugar e Ivan, nel frattempo, erano diventati amanti e questo complicava in apparenza il puzzle. Ma, primo, questo poteva essere parte del copione, secondo, non c'è amore per quanto grande che regga davanti a una generosa offerta di denaro.

Erano, al momento, solo ragionevoli deduzioni. La trama di un noir perfetto. Ma la vita non era mai un noir perfetto, piuttosto un horror di serie B. Mancavano prove certe. Florian era disperso nel nulla. Ci voleva quanto meno una confessione piena di Ivan. Ma Ivan, il bestione, negava tutto. Negava e piangeva.

Piramide aveva perso il conto. Non sapeva più da quante ore stava lì steso sul pavimento a contare le travi e a farsi decine di seghe mentali, pervaso da una malattia dell'anima che lo sfibrava. Le travi non cadevano e tutto si confondeva. Decise che era venuto il momento di rialzarsi. Gli ci volle uno sforzo supremo. L'immobilità lo aveva anchilosato. Perse l'equilibrio e picchiò rovinosamente il fianco sullo spigolo del divano. Ora, piangeva anche lui. Di dolore. Due costole incrinate, minimo.

51.

Il tempo stringe. Aiutati che Dio, forse, t'aiuta

Era questo dunque il famoso male oscuro? La brutta bestia di cui aveva sentito parlare spesso e che lui considerava una trovata di spiriti oziosi o stravaganti alla Werner Falco? Passare notti intere a contare le travi del soffitto? Pisciarsi sotto pur di non levarsi da terra e rompersi le costole una volta che ti decidi a farlo? Tano Piramide era un pessimista di natura, ma si vantava di essere vaccinato contro le turbe della psiche. Chissà, immaginò nei suoi vaneggiamenti, la cosa aveva magari i suoi vantaggi, forse adesso per una volta Werner Falco si sarebbe interessato a lui: «Benvenuto commissario nell'élite dei depressi cronici e dei potenziali suicidi!».

Werner Falco. L'unico al mondo che, forse, stava peggio di lui. L'unico da cui non si sentiva minacciato in quei giorni bui. Al fondo della sua tetraggine, Tano pensò a Werner come il solo che potesse tirarlo fuori o quanto meno alleggerirlo da quel buco nero che aveva trasformato la sua testa in un covo di perdizione.

«Vienimi a prendere. Niente lavoro. Si va a bere qualcosa insieme nella taverna di Tuscania che frequentavamo da ragazzi...» Tano si sentiva finalmente libero dal macigno, la decisione era presa: la mattina dopo avrebbe consegnato le dimissioni irrevocabili da commissario. Avrebbe dovuto farlo già da tempo. «Abbandonare le cose che ti abbandonano.» Non era questa la lezione del suo amico Werner, anche se lui, il Bucaniere, non abbandonava mai niente?

Werner sarebbe stato il primo a saperlo. Era giusto così. Anche fosse stato lui l'assassino di Habens e dello stesso Berengario, chi se ne frega, un motivo in più per farsi da parte. Sarebbe stato un altro sbirro a mettergli le manette ai polsi. Lui non ne sarebbe stato mai capace. Magari, chi lo sa, una volta smascherato si sarebbe presentato, Werner, con il martello omicida sotto la giacca e, alla prima occasione, gli avrebbe sfondato il cranio. Tutto era plausibile in questo disgraziato mondo dove gli uomini non sono mai quello che sembrano e nemmeno quello che immaginano di essere. Chi se ne frega, tornò a dirsi Piramide, appoggiandosi alla parete e bestemmiando il Tipo lassù o laggiù che prima ti fornisce di costole e poi te le rompe o le regala alla prima zoccola che passa a caccia di mele proibite. Compatirsi, al momento, era l'unica cosa che gli veniva bene.

Il Bucaniere era già alla porta che suonava con insolita energia. Per il resto, impermeabile, benda e sguardo da animale braccato, tutto da manuale. Si mostrò gentile e compassionevole con l'amico ammaccato dentro e ora anche fuori. Lui era un super esperto di anime ferite e di costole rotte. Gli avversari, quando giocava a calcio, studiavano sui manuali come fracassargliele scientificamente a calci, gomiti e ginocchiate.

«Devi muoverti il meno possibile e mai nella direzione delle costole incrinate. Non tossire e non fare respiri profondi. Ora ti prendi una bustina di Aulin e poi dovrai solo aspettare. Le costole sono come le disgrazie. Si aggiustano da sole.»

Lo aiutò ad alzarsi e lo scortò in macchina. "Per una volta più derelitto di me" non poté fare a meno di pensare Werner con una punta di compiacimento.

Si ritrovarono silenziosi davanti a un boccale di birra in una delle loro tane giovanili, entrambi a corto di respiro. Fu Werner a rompere il ghiaccio. Piramide parlava a fatica.

«Notizie di Branko e dei suoi?»

Prima di cadere in catalessi, Piramide aveva raccolto le ultime notizie sul caso. Pessime.

«Il suo alibi è stato definitivamente confermato. Branko non può aver ucciso Sugar Habens. Di Florian abbiamo perso le tracce, ma sembra che non si sia mai allontanato da Branko. Abbiamo diffuso ovunque le sue foto segnaletiche, nelle stazioni e negli aeroporti. Non potrà sfuggire a lungo. Ci sono posti di blocco ovunque…»

«Questione di ore, amico, fidati… Stavolta ci siamo. Sono stati loro, altro che solista maniaco. Stavolta ho toppato alla grande. Perdo i miei poteri… Siete riusciti piuttosto a intercettare Totò Barone?»

«Zero. Irreperibile. Il cellulare disattivato. Non risponde nemmeno al citofono di casa. L'ipotesi è che sia partito subito per qualche tropico. Non ne sanno niente nemmeno i più intimi. Pare che faccia così ogni volta. A un certo punto prende e sparisce con il suo arsenale da sub senza lasciare tracce.»

«Sta' a vedere che se la sta già spassando con qualche cubana a bordo di un panfilo milionario… L'ho sentito che parlava di un volo da prendere il giorno dopo…»

«Non risulta nessuna prenotazione a suo nome. Abbiamo fatto controllare tutti i voli in partenza.»

«Magari quest'anno ha scelto di pescare salmoni in Lapponia, lì la merdosa nuvola non è ancora arrivata… I gemelli Russo li avete sentiti? Loro dovrebbero saperne di più. Sono stati gli ultimi a parlare con Barone. Bernardo lo ha accompagnato nella sua casa romana.»

«Non sanno niente di niente. Giona se n'è tornato nella tenuta, Bernardo è rimasto a Roma. Dice che Totò

Barone aveva dormito per tutto il viaggio e si era svegliato solo davanti al cancello di casa. Non ha parlato di voli da prendere, solo un vago accenno al viaggio da fare.»

«Animo, amico. Si farà vivo lui appena gli arriverà la notizia della morte di Sugar Habens. Li ho visti io quella notte, pappa e ciccia, a farsi oscenamente le fusa... Piuttosto, ci tengo a dirti che per una volta, tra me e te, la larva umana sei tu.»

«Ho fallito, questa è la verità. Abbiamo fallito miseramente. Tutti. Io per primo. Che male c'è ad ammetterlo? Non ero all'altezza del compito, non lo sono mai stato. Avrei dovuto capirlo subito...»

«Piantala di frignare, la partita è più aperta che mai, sento che sta per accadere qualcosa di grosso dalle nostre parti...»

«Domani mattina mi dimetterò. Questo accadrà di grosso. Decisione presa. Irrevocabile...»

Una fitta al costato. La smorfia di dolore.

«Mi hai fatto venire fin qua per ascoltare questa idiozia...»

«Non torno indietro. A meno che...»

«A meno che?...»

«A meno che tu non fai il gran gesto e, colpo di teatro, confessi qui e ora, come faresti con il tuo gesuita, come si chiama, padre Tullio, che sei tu il martellatore folle, che sei stato tu a massacrare Sugar Habens e forse anche Berengario...»

La faccia di Werner era quella attonita di una mucca che vede Crudelia Demon sfilare in un corteo di pacifiste gay. Per una volta, dovette ammettere, Tano Piramide era riuscito a sorprenderlo.

«Fammi capire, in quel caso non ti dimetteresti?»

«Mi dimetterei lo stesso, ma con il cuore in pace. Mi

basterebbe sapere che sono arrivato alla soluzione e un po', bastardo figlio di puttana, finirei anche per ammirarti...»

«Non mi denunceresti?»

«Certo che no, pagliaccio. Sapresti convincermi che l'hai fatto per delle ottime ragioni.»

«Non lo diresti nemmeno a Susan e a Betty?»

«Certo che no, cazzone. Lascerei a te la libertà di farlo...»

Seguì un lungo silenzio. Werner aspirò intenso dal suo calumet e ingoiò un sorso di birra. Piramide sollevò lo sguardo interrogativo su di lui. Per un attimo fu attraversato da un brivido che somigliava a un'assurda speranza.

Werner scoppiò in una risata mista a tosse. Quasi ci restò secco.

«Benvenuto amico mio nel vasto mondo degli schizzati. Sei davvero conciato male, adesso mi rendo conto. Questa storia ti ha bevuto il cervello. Sarei felice di aiutarti. Potrei anche farlo, confessare un delitto che non ho commesso. Cambierebbe poco. La mia vita è una farsa appesa a poche fetide mollette. Lo farei per te, ma nessuno sano di mente mi crederebbe... Mi sarebbe piaciuto, non lo nego, l'ho desiderato più volte saperla morta, quella canaglia, ma, vedi, io a malapena posso ammazzare una cavalletta monca...»

Piramide si allisciò i baffi, tirò fuori dal taschino il suo mozzicone di matita, cominciò a torturarla con i suoi denti da roditore. Prese a ridacchiare nervosamente. Si rese conto che l'ultima batosta, la morte di Habens, lo aveva messo al tappeto, ma che uomini come Werner rendevano meno tossica la polvere.

«Non ti resta allora che trovarmi l'assassino entro 24 ore.»

«Non lo escludo. Promettimi solo una cosa, amico mio derelitto, che aspetterai la confessione di Ivan o l'arresto di Florian prima di dimetterti.»

Illanguiditi dalla seconda pinta di birra, i due si guardarono e, all'unisono, si alzarono e si abbracciarono. Non era mai accaduto in tanti anni. Stavano stringendo un patto. Nemmeno loro sapevano bene quale.

Nello slancio dell'abbraccio, una costola di Piramide aveva fatto definitivamente crac. Fu eroico il commissario a gemere in silenzio, trattenendo la smorfia di dolore.

52.

La vedova del Mago sa come consolare i ragazzacci afflitti

Tano Piramide aveva dato la sua parola a Werner. Decise di concedersi ancora una chance. Ivan continuava a dichiararsi estraneo. Alla morte di Sugar Habens e a qualunque morte. Negava tutto. Nessuna traccia, nel frattempo, di Florian. L'ipotesi era che fosse lo stesso Branko a nasconderlo in qualcuna delle sue tane in Macedonia.

Piramide e i colleghi della questura di Napoli avevano ascoltato quasi tutti i presenti la sera dell'omicidio a Pompei. Giona Russo era tornato nel suo eremo, Bernardo in giro per l'Italia. Era stato il commissario in persona a informarli dell'assassinio di Sugar Habens. I gemelli non sapevano ancora nulla. Bernardo al telefono si mostrò sorpreso, ma non particolarmente turbato. Disse quello che sapeva. Cioè nulla, se non che Totò Barone gli era sembrato molto stanco, abbastanza brillo e smanioso di partire il prima possibile. Dove? Aveva fatto il misterioso. Non aveva notato niente di insolito, per il resto, e non avevano parlato di Sugar Habens, ma solo di pallone e di giocatori.

La sparizione di Barone non era classificabile come un mistero e la testimonianza di Bernardo lo scagionava. Non sembrava il caso a Piramide e a nessuno degli investigatori di aggiungere Totò alla lista già affollata dei sospetti. Quale demone assurdo avrebbe dovuto spingere un allenatore sulla cresta dell'onda, straricco e celebrato, che aveva appena vinto un titolo prestigioso, a rovinarsi l'esistenza per ammazzare uno come Sugar Habens? Non era nemmeno detto che fosse Cuba la sua destinazione. Già in passato Totò Barone aveva mentito per non rischiare di trovarsi molestatori travestiti da sub, con telecamere e microfoni piazzati nei fondali marini. Al suo ritorno, libero di testa, avrebbe iniziato una storia nuova a Manchester nella Premier League. Il calcio italiano andava alla deriva e il Milan era già un passato lontano.

Werner sentì che doveva cambiare aria e facce. Aveva un tremendo bisogno d'altro. Tornare in Italia era stata una pessima idea. In quel villaggio baiano le cose accadevano e morivano senza drammi, poco a poco, un giorno dopo l'altro, e lui con loro, a sbiadire e a sparire. Ogni tanto qualcuno piangeva, ma erano come le lacrime dell'iguana, cadevano giù meccaniche, senza dolore.

Ora avrebbe dovuto ricominciare tutto da capo. La sua vibrante carcassa s'era ripopolata dei vecchi fantasmi. L'incidente di Betty e Susan, ora la depressione di Piramide, le gocce acidule in un vaso che già crepava da ogni lato. In attesa di ripartire, doveva allontanarsi per un po', finire in un posto che non somigliasse a tutto ciò che aveva visto e incontrato negli ultimi mesi. Padre Tullio lo esortò a fare la cosa che gli avrebbe dato più pace. Passare qualche ora da lui in convento o, meglio ancora, a Venezia, nell'antro della sua maga Circe. Come ai vecchi tempi.

La vedova lo accolse alla stazione di Santa Lucia, ombra tra le ombre, riconoscibile tra mille con quel suo turbante nero, la tunica di velluto rosso cardinale, le ballerine ai piedi, il foulard viola e un pipistrello rosa all'occhiello al posto del fiore. Senza una domanda, lo scortò a passo veloce, gli occhi spiritati, su e giù per le calli, tra i ponti dei rutti e dei sospiri, dei beoni quasi sempre innamorati o a caccia d'amore, le acque marce, le esalazioni di McDonald's, fino all'ultimo piano della sua mansarda ottocentesca.

Gli sfilò l'impermeabile nero, gli consegnò un accappatoio bianco fresco di bucato e lo spedì sotto la doccia. Dopo averlo sbarbato e profumato, gli tolse la benda e lo infilò in una vestaglia, anche questa presa dal guardaroba del Mago. Che non avrebbe avuto nulla da eccepire, anche perché se ne stava da anni al cimitero di San Michele sigillato in un cofanetto della Sperlari rimodellato da un fabbro in un'urna a forma di panchina, come si addice a un allenatore del suo prestigio.

Del Mago, novanta chili al netto della brillantina, era rimasto un chilo e mezzo scarso di cenere che Bepi, il beccamorto dell'epoca, aveva passato di straforo alla vedova rischiando il licenziamento in tronco e almeno sei mesi di galera. Prima di finire legalmente a San Michele, accanto alle tombe di Ezra Pound e di Igor Stravinsky, in un posto dove batte il sole e si sente il rumore del mare. L'epigrafe ispirata da Seneca: «Siamo vissuti tra i marosi, per morire torniamo in porto… Oh, come tutto è provvisorio!». Ma questo l'aveva aggiunto la vedova, che era una donna colta.

«Il mio ragazzaccio.» Lo chiamava così da sempre, Werner, e continuò a chiamarlo così anche dopo averci spartito una notte intera di cose intime, sotto l'effetto di una sbronza combinata di vino e farmaci. Una notte da manuale a Venezia, l'acqua alta, la nebbia che si tagliava con il coltello, un casanova all'opera e i miasmi della laguna che arrivavano dal vicino ponte di Rialto fino alla casa del Mago. Che, nel frattempo, se n'era andato, steso da un doppio infarto. Fu la notte, per Werner, dell'iniziazione al Minias e non solo. Fu la Signora nei panni di Circe a farglielo provare. Un magnifico sedativo a effetto ipnotico per insonni e turbati gravi. Il primo tasto di un crescendo grandioso che sarebbe arrivato alla mai abbastanza benedetta morfina, passando per le compresse di Roipnol.

Fu la loro prima e unica volta. La vedova aveva vent'anni più di lui e Werner provò, con tutto lo spavento del caso, un'emozione vicina a quella dell'incesto. Fecero l'amore, se così si può dire, mentre gli ultimi avanzi d'osteria, carichi di Merlot, passavano in gondola sotto le finestre cantando *Santa Lucia*. Dopo averlo depurato e impasticcato ben bene, tramortito di moine e unguenti, balsami misteriosi, essenze aromatiche, alla fine, forse, anche uno spinello, lui si lasciò fare, mentre, semisvenuto, si esercitava suo malgrado in anatomia e lussuria della terza età, vale a dire amare una bambina dentro il corpo di una vecchia, interrogandosi sul senso della vita ma attento a non rispondersi e più che mai attento a non affondare i colpi. Lei che gemeva per il piacere, lui diviso tra il dovere di amarla e il terrore di spezzarla. Di ritrovarsi con un femore della vedova in mano, l'osso sacro sbriciolato nelle lenzuola. Ebbe lo slancio, alla fine di tutto, di abbracciarla, per educazione, ma lei si ritrasse con uno scatto da vipera. «Devi stare attento, brutto stronzo! Così rischi di farmi in mille pezzi e il mio non è un modo di dire.»

Strana amicizia la loro. Da quando lui era un ragazzo che giocava a fare lo spavaldo e lei una bellissima donna che sapeva di esserlo. La donna che stava su tutte le copertine, la maliarda che aveva prima sedotto e poi illanguidito il Mago («rimbambito» insinuavano i più), come raccontavano le cronache mondane dell'epoca.

L'aveva preso sotto la sua ala il giovane Werner. Dal giorno in cui si presentò a casa loro, una palazzina cinquecentesca di Rialto, con la scusa di farsi perdonare dal Mago per quella sua spacconata giovanile di campo, il tunnel irridente a Facchetti. La signora, una donna di mondo, un pozzo di sapere, che aveva conosciuto Jimi Hendrix a Monterey e frequentato Andy Warhol a New York, curatrice di mostre e collezionista di libri d'arte, s'era messa in testa di dare un'istruzione a quel magnifico selvaggio calciante. Uno che s'era iscritto all'università solo per portarsi a letto qualche studentessa e scampare il militare. Una foca da circo con il pallone, che cercava qualcosa nella vita, ma non sapeva bene cosa. Fu lei la prima a fargli scoprire che leggere un buon libro poteva essere un'esperienza notevole, lui che era rimasto ai fumetti di Zagor e Diabolik.

C'era un non detto tra i due, ma equivaleva a un patto di sangue. Lei sarebbe stata la sua madre spirituale, un'alternativa a padre Tullio, tutte le volte che il "ragazzaccio" si sarebbe inabissato nelle sue lune traverse. Lei lo avrebbe rincuorato a modo suo, ascoltandolo con tenerezza e sfottendolo con crudeltà. Molto simile in questo alla sua Betty, dovette riconoscere Werner. Mettendo insieme le due gli risultava lampante il suo bisogno quasi patologico di essere allo stesso tempo amato e umiliato dalle sue donne. Lasciarsi maltrattare per riuscire ad amarle.

Funzionava così. Tutte le volte che il mondo si mostrava ostile e lui aveva bisogno di sentirsi dire che non era vero, la vedova si faceva trovare. Lo accoglieva, lo ascoltava un po', lo stretto necessario, prima di mandarlo fuori di testa, lei sapeva come. Lui evaporava e lei gli raccontava le sue storie di vita, di quando si faceva chiamare Cindy e la davano dispersa tra San Francisco e Berkeley, allora terra promessa di tutti gli sballatoni del pianeta per cui l'unica occupazione era non trovarsi a notte fonda senza la scorta di anfetamine e marijuana, che ogni tanto integravano con il nitrato di amile e cocaina, prima ancora di passare all'acido lisergico. Di quando era finita nel giro delle groupie, dopo aver cercato in tutti i modi, eroina e Southern Comfort compresi, di morire come Janis Joplin. Della sua storia con il bassista dei Jefferson Airplane e un'altra, assai più burrascosa, con un tamarro degli Hells Angels.

La Signora era stata per Werner l'occasione di diventare intimo di un mondo di cui aveva sentito vagamente parlare. Lo deliziava con i suoi racconti, in cambio gli chiedeva solo una cosa, di sfilare per lei, su e giù lungo il corridoio di casa, negli abiti del suo Mago defunto. Un rituale macabro che lui non capiva, ma che la faceva star bene e questo bastava. I due, Mago e Bucaniere, avevano più o meno la stessa taglia. Capitava, quando era di luna particolarmente buona, che qualche abito glielo lasciasse. Come il celebre trench nero con la fodera rossa che il Mago, uomo superstizioso come pochi, considerava come il più prezioso dei suoi amuleti e indossava nelle partite importanti anche quando il sole spaccava le pietre.

Werner adorava ascoltare i racconti di lei sul Mago, uno zingaro geniale che stregava e imbrogliava il mondo intero. L'essere stato quella volta a San Siro maltrattato da lui aveva acceso la sua megalomania un po' perversa. Diventare l'amante anche platonico della moglie dell'uomo che lo aveva umiliato pubblicamente sarebbe stata la sua vendetta e insieme il suo più grande tributo al Mago.

Nel frattempo, Werner era diventato un ragazzo decrepito e la vedova, ormai più che ottantenne, sopravviveva eroica a tutto, anche a un artrite infiammatoria che ne aveva deformato mani e piedi, mentre il tetto della casa marcito dall'umidità poteva caderle addosso da un momento all'altro.

Passarono tutta la notte insieme a vegliare castamente sui propri sospiri, sotto quel tetto cadente, a sua volta sovrastato dalla nuvola malata. Il respiro affannoso di lui si confondeva con quello sincopato di lei. Erano gemiti, ma per lui erano musica, non li avrebbe scambiati con quelli di Brigitte Bardot. Lui le teneva la mano scheletrica deformata dall'artrite, lei gli parlava tra pause infinite di cose senza senso, frammenti della sua vita che affioravano a caso, come grani scappati di un rosario strappato e, una volta dispersi, abili a ricomporsi nell'inventare una preghiera diversa. Aveva dovuto abbandonare il suo saggio su James Joyce e le sue stoffe colorate. Troppo malconce le mani.

Si addormentarono all'alba, dopo essersi svuotati la boccetta intera del Minias, una a testa, fregandosene di chiedersi se ci sarebbe stato un domani.

53.
Werner cerca un amico e non trova un tesoro

La sagoma di Werner Falco spuntò in forte ritardo sul pontile della stazione dei vaporetti. Si trascinava puntellandosi con un ombrello rosa usato come bastone da passeggio. Il vetro oscurato del suv parcheggiato sul piazzale si abbassò. L'uomo al volante, una faccia poco raccomandabile, spense il sigaro e spalancò anche gli altri finestrini. Non gli andava di sentirselo tossire e ansimare addosso, quel derelitto di Werner.

«Giona?... E tu che ci fai qui? Aspettavo Bernardo.»

«Bernardo dispone e Giona esegue... Funziona così, non lo sai? L'hanno convocato d'urgenza a Coverciano per firmare il contratto...» Balbettava forte. Gli capitava sempre quando l'aria era elettrica da temporale in arrivo. La radio parlava di un possibile fortunale che si sarebbe abbattuto nel pomeriggio sulla laguna.

«Ci raggiungerà a cena...»

Werner Falco non apprezzò l'imprevisto. Quella bestia ispida di Giona lo metteva a disagio. E lui, Werner, era in una delle sue versioni più decadenti. Veniva dalle delicatezze della vedova. Un'anima straccia avvolta in un impermeabile nero, che rischiava di essere spazzata via alla prima raffica di maestrale. La barba lunga, l'occhio appannato, le scorie evidenti delle incontinenze chimiche, alcoliche e verbali della notte prima. Inalò forte la sua dose di ossigeno prima di salire in macchina.

Giona scelse una battuta per fargli pesare il ritardo.

«Non sei cambiato, amico... Ti fai sempre aspettare come una mignotta di lusso...» Le parole che iniziavano con la emme e con la esse erano il suo supplizio. Quel "mignotta" uscì travagliato come il lamento di un bue al macello.

Il Bucaniere grugnì qualcosa.

«Questa macchina puzza di sigaro. Dammene uno, così facciamo *Morte a Venezia*.»

Non gli dispiaceva sentirsi paragonato a una puttana d'alto bordo. Era così, in fondo, che si era sempre sentito, a parte le rare occasioni in cui dovette ammettere a se stesso d'essere un uomo innamorato. E lui era stato veramente innamorato di un'unica donna, Betty. Lo era ancora, anche se gli faceva comodo non ricordarsi di esserlo. Per il resto, se lo ripeteva spesso: fosse tornato al mondo da donna, altro che amore, avrebbe battuto senza posa tra squallidi marciapiedi e case di lusso, a seconda delle stagioni, degli umori propri e dei portafogli altrui. Sarebbe stato carne facile per gli appetiti di uomini scadenti. Come il suo Pierre, peggio di lui, avrebbe iniziato all'amore i ragazzi e consolato gli anziani bisognosi di allungare un'ultima palpatina alle bellezze dell'universo prima di crepare in qualche modo ridicolo.

Stava provando a rilassarsi ora in quella specie di tank, truce almeno quanto l'uomo che lo guidava. L'antro della vedova aveva almeno il suo fascino cadente, ma ora ci stava bene un'anima elementare come Giona, detto il Mongolo. Aveva fatto un po' di grana con il calcio, specie nel passaggio in Russia, ma era rimasto quello di sempre, un ragazzo di campagna che s'intratteneva più volentieri con le bestie che con gli uomini. Un tipo riposante, in fondo, Giona.

Becero quanto vuoi, ispido, respingente, ma finalmente uno di cui fidarsi. In quel putridume di maschere e bugie che era il mondo, lui era quello che sembrava.

Abbandonato dall'unica donna con cui aveva avuto una storia degna di questo nome, si era chiuso ancora di più nella sua scontrosa campagna. Una proprietà che divideva con il fratello, anche se Bernardo ci capitava di rado, sempre più attratto dai richiami delle grandi città. Animali di ogni tipo, domestici, guardiani e giardinieri, erano la compagnia di Giona. I due gemelli litigavano per qualunque fesseria, potevano giurarsi odio, stare separati per settimane, ma poi, presi dall'ansia, finivano sempre per cercarsi. Giona calmava Bernie, più di quanto Bernie facesse con Giona. Avevano conservato l'abitudine da bambini di dormire nella stessa stanza. Non smisero di farlo nemmeno dopo sposati. Le loro donne non gradivano, ma dovevano adeguarsi. Bernie, da sempre, aveva paura del buio. Era già un adolescente bello grosso, ma la notte, lasciato solo, dormiva con la luce accesa. La donna di Giona, santa donna, alla fine ne ebbe le scatole piene dei gemelli, dei tarli del suo uomo e della sua anima eternamente ferita, fece le valigie e sparì nel nulla, senza nemmeno lasciare un biglietto. L'altra non smise mai del tutto di amarlo il suo Bernie, ma preferiva starsene con i figli nel lussuoso attico di Roma.

Un uomo semplice, Giona, ma con una psiche contorta che ogni tanto si strozzava in pensieri acidi, fantasiosi rancori e ancora più fantasiose ricostruzioni, dove lui era sempre al centro di complotti planetari. Non l'aveva presa bene, all'epoca, la cacciata dal Milan. Gli era sembrata incomprensibilmente crudele. Troppo anche per lui, che pure ne aveva masticata di bile. Gli erano tornati i dubbi di sempre, quel senso d'inadeguatezza che lo accompagnava. Passò più di un anno a cavalcare trattori, fresatrici e motozappe, a sussurrare a cavalli, oche e somari, a leggere Seneca e ad ascoltare i Black Sabbath nelle cuffie extralarge per le sue grandi orecchie.

Gli era sbollita la rabbia. Ora covava un solo, grande e inconfessabile desiderio, tornare ad allenare in prima persona, come ai vecchi tempi. La storia difficile con il Milan e quella mancata con il Napoli, i suoi chiodi nella carne viva. Quando fu a un passo dal prendere la casa al Vomero e la panchina di Rafa Lopez, l'allenatore spagnolo alla moda dell'epoca, uno di quei fanfaroni che escono ogni tanto dalle accademie convinti di aver inventato il calcio. Non durò più di sei mesi, ma le prime pernacchie erano già arrivate nei presepi di Natale. Qualcosa, però, non andò per il verso giusto. Presero un mediocre traghettatore al suo posto. Al Napoli ci arrivò anni dopo, Giona, ma come vice di Bernie. L'umiliazione peggiore, ritrovarsi a esultare per uno scudetto che era suo, ma che tutti attribuivano al fratello.

Ci aveva fatto il callo, Giona, alle umiliazioni. Aveva cominciato quasi a provarne piacere. Nella sua testa bacata ogni batosta era la conferma del suo infame destino. Ora aspettava proposte decenti, un pretesto qualunque per sbattere la porta in faccia al gemello che voleva portarselo in Nazionale. Aveva cacciato a male parole un emissario che gli aveva proposto una serie B della Turchia e un altro da Cipro. Non poteva abbassarsi fino a quel punto. Troppo anche per la sua voluttà di perdente. Il guaio di Giona era che, per quanto infelice, non riusciva a dire di no quando Bernardo lo cercava.

Arrivarono nella tenuta che c'era ancora luce. Werner sarebbe rimasto quel fine settimana e, chissà, forse qualche giorno in più. C'era stato l'ultima volta qualche anno prima per la festa annuale della vendemmia, quando non aveva ancora scoperto che uno dei suoi polmoni era andato in malora. I gemelli l'avevano comprata con i primi successi da allenatori. Trenta ettari di verde, boschi, laghi, vigneti e animali esotici ovunque. Due struzzi se li erano fatti venire dal Corno d'Africa. L'aspirazione comune, sicuramente quella di Giona, finire i loro giorni a zappare la terra e a seguire i cicli della luna.

«Non me la ricordavo così tanta roba, vecchio mio... Dimmi, che fine ha fatto la mia povera cecata?» La "povera cecata" era Berta, l'ultima arrivata, una tartaruga gigante importata dalle riserve protette di Bahia grazie alle amicizie del Bucaniere. I due gemelli si accorsero solo dopo averla presa che gli avevano rifilato un pacco. Berta era cieca da entrambi gli occhi. Lo capirono vedendola che andava a sbattere in tutti gli spigoli della vasca in cui l'avevano sistemata. Werner, che ci vedeva da un solo occhio, provava un affetto solidale per lei.

«Dimmi una cosa di Berta. È sempre una mignotta anche lei come me e la mia Rachele?»

Werner raccontò a Giona la storia di Rachele, la sua amica prostituta cieca. Il Mongolo fece finta di ascoltarla per la prima volta. Non l'aveva mai capito questo suo amico, quando giocava o parlava serio. Ripensò alla moglie, lei ci parlava, con Berta, la tartaruga cieca. Diceva che avevano trovato un modo di comunicare. Seppe poi, a distanza di mesi, che l'aveva mollato, la fedifraga, per un noto cantante pop degli anni Ottanta. Un altro affronto, per lui che ascoltava solo musica metal. L'esatto suo contrario, uno che sarebbe marcito e poi crepato con una parrucca in testa, come quello scemo di Bernie, la dentiera smagliante che puzzava di fognatura senile, gonfio di sé e di silicone, dentro un paio di stupidi pantaloni di pelle. A viziarlo restava la vecchia madre alcolizzata che passava ogni tanto a trovarlo, ma solo quando era certa di trovare anche Bernie, il suo cocco. Dopo il brutale esonero al Milan, Giona aveva trovato lì la sua medicina. Con Berta, i cavalli e i somari ci faceva lunghi discorsi.

Non si reggeva in piedi, Werner. Voleva solo una cosa, una branda su cui svenire. Ma non poteva essere scortese con Giona, e poi da lì a poco sarebbe arrivato Bernardo. Si fece caricare su una Topolino anni Cinquanta e si lasciò portare in lungo e in largo, a vedere cantine, stalle, recinti e garage. Le loro collezioni. Le maglie dei giocatori, tutti i più grandi degli ultimi trent'anni, quelle di Maradona e di Ronaldo davanti a tutte. Le moto e le auto d'epoca, inclusa una Fiat 508A Balilla tre marce anni Trenta, comprata a peso d'oro e restaurata. Macchine agricole anteguerra, trattori, mietitrebbie, motozappe. Gli attrezzi da cucina anni Cinquanta, pentole di rame, mestoli, tazze, piatti, barattoli, saliere. Un omaggio alla madre contadina.

Ispirati dal rosso della casa, i due presero a conversare amabilmente. Nome dell'azienda: *I Gemelli Insoliti*. Il vino faceva miracoli, scioglieva la favella di Giona, di solito incline a bloccarsi e a barbugliare. Stappando bottiglie, stappava le parole, le liberava dal filo spinato. La sua voce da baritono tetro diventava quella di un uomo allegro e sicuro di sé. Era una cena di vini e carni rosse, con l'eccezione di una cotoletta di struzzo cotta alla piastra. Werner scherzò sul fatto che la prossima volta gli sarebbe toccato bere brodo di tartaruga, ma Giona lo rassicurò. Berta era il suo animale sacro e nessuno poteva toccarla. Sarebbero dovuti passare sul suo cadavere. S'erano ripromessi di parlare poco o nulla di calcio, meno che mai di cadaveri. Dei misteriosi delitti che avevano turbato quel mondo fuori dal mondo. Werner aveva voglia d'altro, di complici ebbrezze e nebbioline leggere. Più trincavano e più veniva naturale scivolare nel pozzo comune delle storie condivise.

Giona era sempre stato attratto dalla testa di Werner.

Che, a sua volta, quando non si sentiva minacciato, si sentiva protetto dalla rude semplicità dell'amico, così lontana dalle elucubrazioni di Piramide e, in generale, dalle cervellotiche trame del mondo. Aveva i suoi tarli, Giona, eccome, se ne lasciava anche torturare, ma erano le crepe di un'anima candida. Gli bastava sfogarsi con un amico a tavola davanti a un buon bicchiere di vino e tutto finiva lì.

Werner aveva più confidenza con Bernie, ma aveva forse passato più tempo con Giona. Quando era lui l'allenatore rampante. Le esperienze al Palermo e poi alla Fiorentina, dirigente lui e allenatore l'altro, tra alti e bassi, grandi afflati e diffidenze reciproche, avevano comunque rinsaldato la vecchia amicizia di un tempo.

«... Tu sei sempre stato quel tipo di direttore sportivo bastardo che doveva fare tutto di testa sua. Gli allenatori dovevano adattarsi e farsi venire il sangue cattivo. Io mi sono adattato, ne ho mandata giù di m... me... me... e te ne ho mandate di m... ma... ma...» "Merda" e "maledizioni" non gli venivano e risolse cantandole. L'effetto era tra il comico e lo spaventoso. Il primo brindisi fu per quella merda e quelle maledizioni finalmente andate a segno in musica. Ogni occasione da lì in poi fu buona per svuotare il bicchiere.

«Certo che anche tu eri un bel somaro... Quando t'impuntavi non c'era verso. È come quando inciampi con le parole. Hai voglia di calci in culo... Non ci sono santi. Notizie di Bernie? Arriva?»

«Tranquillo... Mi ha appena scritto che si sta mettendo in marcia, sarà qui in un paio d'ore.»

I due si conoscevano da una vita. Calciatori del Perugia dal non grande presente e dall'incerto avvenire. Giovane di poche o nessuna speranza Giona, picchiatore specializzato nello smontare caviglie. Un medianaccio schivo, intristito da una calvizie precoce e da una timidezza cronica. Werner era il suo opposto, l'estroso mattacchione, a replicare cazzate e genialate sulla fascia destra e nella vita, ovunque, e già nella fase declinante della carriera. Con gli anni aveva perso tante occasioni, un po' di pelo, ma non il vizio.

I due avevano misteriosamente legato. Un patto mai detto o scritto. Werner con la sua esuberanza verbale faceva da ombrello a Giona nella vita, Giona lo proteggeva in campo.

«Tutti quelli che ti volevano pestare, ed erano tanti, dovevano fare i conti con me.»

«Eri più giovane di me, ma me ne facevi, di prediche, sei sempre stato un prete mancato... Uno di quei preti che ti spiegano per filo e per segno come si arriva in paradiso ma sono i primi a spedirti all'inferno.»

Giona era un bravo cristiano, un pezzo di pane, ma ogni tanto perdeva la pazienza. Ed erano guai.

«... Sei sempre stato un fuori di testa...» continuò Werner. «Quella volta, alla Fiorentina, che ti sei scagliato con la faccia da pazzo su quel tuo giocatore, Lazic, solo perché aveva brontolato a una sostituzione... Lo hai preso a cazzotti davanti a tutto il mondo. Quel gancio destro era degno di Rocky Marciano.»

I due si divertivano a ricordare. Giona le aveva impresse tutte, le stravaganze del Werner calciatore. «Dimmi tu di quell'inglese che ti aveva dato del "frocio", come si chiama? Preston, qualcosa del genere, e tu, invece di pestarlo, l'hai baciato in bocca...»

«Non ero io quello, ti confondi con Ezio Vendrame. Il poeta. Lui sì era davvero un pazzo. Lo baciò in bocca con la lingua per ricordargli che non c'è nulla di più violento e rivoluzionario di un atto d'amore, specie quando non è ricambiato. Io ero meno lirico di Ezio. A quello che mi aveva dato del "frocio", non era inglese, era un argentino, gli mollai prima una testata sui denti e poi una ginocchiata sui coglioni. Mi squalificarono per tre mesi...»

«Sei sempre stato un violento. Un mezzo delinquente. Ti ricordi quella volta che hai attaccato al muro l'allenatore del Perugia...»

«Ti sbagli anche qui. Fu lui che attaccò al muro me. Aveva la bava alla bocca. Voleva ammazzarmi. E non aveva tutti i torti. Gli avevo scopato la donna nel garage dell'albergo. Mi mise fuori rosa...»

«Sei stato fortunato. Io ti avrei sgozzato sul posto. Te lo meritavi, Dio buono... Ma come si fa a scopare la donna del tuo allenatore...» Rideva di gusto Giona. Il Sangiovese aveva sturato le vene dei due uomini e tutto ora fluiva facile. Il pozzo dei ricordi non aveva fondo.

«Tu, piuttosto, che parli tanto, tu eri un violento da giocatore. Ne hai spaccati tanti. Una volta hai cercato anche di spaccare me...»

«Quelli come te mi facevano incazzare a bestia, ma per te ho sempre avuto rispetto e comprensione, anche perché avevi una paura matta. Eri un coniglio in campo e un po' lo sei anche nella vita. E sì, ho sempre avuto un debole per Werner Falco detto il b... b... b...» Anche le parole che cominciavano con la "b" lo facevano tribolare. Alla fine lo sparò come una fucilata, "bucaniere", strappandolo dal suo bunker, stavolta con un acuto alla Freddie Mercury.

«Anche tu mi sei sempre piaciuto, anche se, devo essere sincero, non avrei scommesso una lira bucata sulla tua storia di allenatore. Sembravi un imbranato buono solo a portare il secchio e la spugna. Sbagliavo di grosso.»

«Avevi ragione tu, invece, la mia storia di allenatore è un fallimento totale...»

«Che cazzo dici? Piantala qui. Non cominciare. Hai fatto cose meravigliose dappertutto. Ti è mancata solo la fortuna, altre volte hai incrociato vermi schifosi travestiti da uomini, calciatori di latta, dirigenti inetti, presidenti isterici... Ma tu, bisogna dirlo, sei sempre stato un piagnina. Ti piace commiserarti. In questo vi somigliate col mio amico Piramide.»

«Il tuo amico commissario?... Buono quello. A quanto pare, non ci sta capendo niente... Una storiaccia. Mi sa che stiamo punto e a capo. Mi sa che ha sbagliato mestiere quello. L'avrei visto bene a vendere pipe e sigari in una bottega di paese.»

«Buio totale. Soffro per lui. Lo hanno fatto fuori dall'indagine. L'ha presa male. Molto male. Vuole dimettersi. Speriamo non faccia pazzie, l'ho visto proprio male l'ultima volta. In fondo, gli voglio bene.»

Giona era sempre più allegro. Un'allegria misteriosa. Qua e là sinistrata da veli di cupezza e lampi di rancore.

«L'hanno fatto fuori? Se è vero, se lo merita, è un incapace. In questo Paese di merda gli incapaci sono sempre premiati, per una volta che uno viene punito, brindiamo, cazzo!...»

Werner accettò per educazione di scambiare un brindisi che non condivideva. Ma l'umore di Giona volgeva al meglio e non era il caso di stranirlo. L'amico, la tavola, il buon vino, i ricordi. La felicità era uno stato raro nel mondo spinoso di Giona. Uomini come lui diffidavano della felicità. E, quando capitava, non sapeva che farsene. Roba di cui liberarsi in fretta come si fa con il piazzista molesto che ti bussa alla porta per venderti una patacca.

«Non ho mai vinto un cazzo, questa è la verità papale. Niente di niente. O quasi. Inutile girarci intorno. Il tuo amico Giona è un fallito. Lo dicono i fatti. Ci sono andato vicino, ma succedeva sempre qualcosa. Sempre. Pure dalla Russia m'hanno cacciato...»

«Sei tu che hai mollato... Non ti capivano.»

«A me non mi capisce mai nessuno. Sono due le cose, sono tutti scemi o sono io lo scemo...»

«Sei tu lo scemo, ma solo perché sei un malato di mente, dammi retta. Cosa vuol dire vincere? Non sono solo i titoli. Vincere è anche se prendi una squadra di gente scarsa e la salvi. Il caso del Palermo. Abbiamo fatto, hai fatto, cose grandiose anche alla Fiorentina e al Milan. Hai solo bisogno di sentirtelo dire, che sei stato e sei ancora un grande allenatore...»

Si prese una pausa per rinforzare il concetto. «Sai una cosa? A dirla tutta, penso che tu sia un genio. Solo che non sai venderti, sei un mezzo analfabeta, un bifolco ruvido, con la faccia da orco e per di più ragioni come un malato di mente, uno svalvolato di brutto. Dio solo sa che ti hanno fatto da bambino. Non hai imparato niente dal tuo gemello. L'ho detto anche in un'intervista televisiva, Giona con il carattere di Bernardo non avrebbe avuto rivali al mondo...»

Svuotò l'ennesimo calice.

«... Brutta storia quando ti cacciarono dal Milan.»

Un secondo dopo averlo detto, Werner si morse la lingua. Maledetto incontinente. Aveva scoperchiato la più grande ferita di Giona.

«Il Milan... Ne vogliamo parlare? Vanni, il capitano, era diventato una cassapanca, più largo che lungo, pretendeva di giocare. Mi si girò contro, spinto dalla sua donna e dal suo agente, quella merda di Sugar Habens, pace all'anima sua. Al Milan, mi sono dovuto arrangiare con quello che passava il convento e quasi vinco lo scudetto... L'anno dopo mi cacciano a gennaio, alle prime difficoltà, tutti rotti, dovevo portarmi i ragazzini in panchina...»

Giona stappò un'altra bottiglia di rosso. Sarebbe stata una lunga notte e Werner si sentiva uno straccio. Nessuna traccia di Bernie.

«... Cosa s'inventano quei geni patentati? Quegli incapaci mangiasalsicce? Vanno a prendere uno sconosciuto olandese, pescato non so come dai loro numeri e chissà quali manfrine e quasi finiscono in B. Ma la cosa marcia, la cosa che mi fa impazzire? Io che vado in depressione a parlare con gli asini e loro che portano al Milan Totò Barone, l'anti-calcio, la nullità più sopravvalutata della storia, pompata da quelle nullità degli amici giornalisti.»

Giona detestava Totò Barone, era la sua spina nel fianco.

«... Gli prendono tutti i giocatori che chiede, ma proprio tutti. Lui niente, zero, nemmeno entra in Champions. Invece di cacciarlo, gli rinnovano il contratto, gli comprano altri giocatori, il Milan che va quasi in fallimento. Lui alla fine vince, prende i soldi e scappa e tutti a scrivere che Barone è l'allenatore fenomeno, il Manchester che lo copre d'oro e io che quasi esco pazzo...»

Parlando di Barone, la faccia di Giona era diventata il ritratto dell'odio. Gli uscivano smorfie da far spavento. Werner provò a distoglierlo.

«Smanio dalla voglia di provare il tuo struzzo...»

«... La verità è che non mi hanno mai dato una chance vera. Si poteva vincere qualcosa già alla Fiorentina, ma non ci davano i giocatori. Berengario, pace all'anima sua, da boss della Juve dettava legge e io non facevo parte della sua corte di leccaculo. Il Palermo. Sì, abbiamo fatto cose grandiose, ma Barnaba Zeno, pace all'anima sua, aveva parole e attenzioni solo per te. Gli stavo sulle palle da sempre e non faceva nulla per nasconderlo. Alla prima occasione, mi caccia via...»

Giona non aveva mai parlato così tanto. Non si fermava più.

«... Quella nullità vince alla fine con la base della mia squadra, dei miei fedelissimi. Non una parola sul mio lavoro. Ti rendi conto, quella fogna umana?»

«Sai una cosa, fratello? Hai ragione da vendere. Totò Barone, buon allenatore, ma come uomo una merda assoluta!» E fece il pollice verso per sottolineare il concetto.

«Ora starà a pescare i suoi tonni chissà dove, la merda...» ghignò alticcio Giona.

«Brindiamo a quella merda infinita!» rilanciò con entusiasmo esagerato Werner.

Non la pensava proprio così, che Barone fosse quella merda d'uomo, ma aveva deciso, anche come ospite, che avrebbe dato ragione a Giona qualunque cosa dicesse. E ne avrebbe dette tante quella sera, questo si era capito. Aveva bisogno di sfogarsi. Di vuotare il sacco. La solitudine era una roba pesante da sopportare. Ecco perché stava lì, Werner. Adesso era chiaro.

«... Sai una cosa, fratello, mi sono sentito veramente felice solo quando salvavo mucche e pecore dal mattatoio di nostro zio, facendole scappare da una porta secondaria...»

«Non dire coglionate, quali mucche, tu sei felice solo quando alleni e devi tornare a farlo...»

«Era una vita che quella merda puntava alla panchina del Milan... Andava in giro a dire che ero un fuori di testa, un paranoico pericoloso... Ti rendi conto?»

Werner pensò in cuor suo che Totò Barone non aveva tutti i torti.

«Una merda è troppo poco... Un uomo così andrebbe cancellato dalla faccia della terra, ci vorrebbe un tribunale supremo contro le ingiustizie della vita e, invece, cosa succede? Succede che lo chiamano ad allenare il club più importante al mondo, il Manchester United, la squadra di Bobby Charlton, di George Best, di Eric Cantona, e io qui a parlare con te, con le anatre e gli struzzi che sono pure cattivi... Non quanto lui.»

Werner si chiese se dovesse sentirsi anche lui un'anatra.

Doveva distogliere l'amico da una fissazione che stava diventando pericolosa oltre che tediosa.

«Certo che, quella volta che hai preso a cazzotti Lazic davanti alle telecamere, l'hai fatta grossa. Sei finito su tutti i telegiornali del mondo...»

«Troppo poco ho fatto. Mi diede del "figlio di puttana", il serpente, solo perché l'avevo richiamato in panchina.»

«Era passata solo mezz'ora, quasi non aveva ancora toccato palla...»

«Appunto, quel lavativo, lo sgamavo subito quando non aveva voglia o era stato a mignotte la notte prima. E poi, toccami tutto, ma non toccare mia madre. Quello zingaro non faceva altro che prendermi per il culo davanti ai compagni anche negli allenamenti...»

«Ti dico la mia, caro Giona? Te la dico e spero che non mi spacchi una bottiglia in testa, come ti ho visto fare una volta con un tuo vice. Tu sei un violento naturale che nove su dieci si trattiene, ma quando gli parte la valvola può fare qualunque cosa...»

Provò a distrarlo buttandola sulle donne. Nemmeno lì Giona era stato molto fortunato.

«... Certo, vecchio mio, qua stai una favola, se queste mura potessero parlare, per non parlare della tua camera da letto con il baldacchino Luigi XIV...»

Non funzionò. Giona aveva i suoi binari in testa. Ed erano di acciaio.

«Ti sbagli di grosso. Quella col baldacchino non è la mia, quella è di Bernie, qualche volta ci dormiamo insieme. Quel fregnone, lo vedi grande e grosso, ma ha ancora paura del buio... Ti sei fatto un'idea di chi c'è dietro questo macello?»

«Parli dei morti ammazzati?...»

«Tony Rende, Berengario, Sugar Habens. Tre schifezze d'uomini, detto tra noi, pace all'anima loro...»

«Massacrati con rabbia. C'è dell'odio vero in quella mano e in quel martello… Ma non parliamone, sono qui perché volevo scappare da tutto questo.»

«Io e te, ricordi, mi avevi promesso che saremmo tornati a lavorare insieme un giorno… Dimmi di sì, dai, già che ci sei, promettilo ancora che torneremo a lavorare insieme come una volta. Mi piace essere illuso dagli amici come te… Mi piace essere ingannato.»

Pessimista di natura, Giona non era mai stato un allegrone. Werner, illanguidito dal Sangiovese, non ci faceva troppo caso. Giona era fatto così. Gli capitava anche quando parlava di calcio ai giornalisti, gentaglia che lui disprezzava sopra ogni cosa. Straparlare di tattica, di moduli, sovrapposizioni, ripartenze, triangoli, eccetera, era il modo di fargli sentire il suo disprezzo. E ogni volta gli partiva la faccia da matto.

«Te l'ho promesso, lo so bene, ma guardami e fai il bravo, non scorreggiare puzzolenti bugie come le tue vacche. Cosa vedi davanti a te?… Non rispondi? Te lo dico io cosa vedi. Una chiavica. Un avanzo umano. Sto rovinato, amico mio, non mi resta che mezzo polmone e per farmi fare un pompino dalla mia fidanzata baiana devo tenere in una mano il flacone dell'ossigeno e nell'altra il misuratore della pressione.»

«Tu anche con mezzo polmone e il pisello barzotto resti il migliore di tutti, parola di Giona Russo.»

«Hai fatto pace almeno con Vanni? Vi siete spiegati?»

Werner si morse le labbra. Maledetta linguaccia. Aveva toccato un altro argomento sensibile. Il capitano del Milan che Giona aveva prima amato come un figlio e poi odiato come il peggiore dei nemici.

«Quella merda di Vanni? Ma l'hai sentito la faccia di culo? Ha ringraziato tutti, la merda, quando ha smesso di giocare, tutti tranne me. Mi sono compromesso per lui.

Mi sono umiliato. L'ho coperto sempre. Anche quando, da capitano, scommetteva sulle partite e giocava a poker di notte in ritiro. L'ho beccato una volta all'alba, poche ore prima della partita, e sai che ha fatto il bastardo? Mi ha riso in faccia.»

Werner cominciava a sentirsi invaso da un sottile ma crescente disagio. Vedeva Giona sotto i suoi occhi trasfigurarsi di minuto in minuto, la sua faccia alterarsi, indurirsi e quei lampi che conosceva bene farsi sempre più maniacali. Non capiva bene se era l'effetto del Sangiovese o se stesse accadendo davvero.

«Sono sempre stato perseguitato dalle merde. Vogliamo parlare dei giornalisti? Vogliamo parlarne?»

Werner non voleva.

«Ma sì, parliamone. Mi hanno sempre odiato e preso per il culo...»

«Giona, stai esagerando... Diciamo che comunicare non è mai stato il tuo forte. Eri bravo in altre cose, ma con la parola non ci vai a nozze, se ci provi a fare il bel discorso è facile che t'incarti...»

Giona tacque. Ma non sembrava un silenzio accomodante. E comunque durò poco. Aveva scaricato la bile o stava preparando un nuovo comizio?

Werner cominciò a sentirsi soffocare. Sintomo inequivocabile che gli partiva dal petto e un secondo dopo diventava terrore, presagio della fine. Gli mancava l'aria. Poteva anche essere l'inizio di un infarto. Quell'omone alterato davanti non gli sembrava più tanto rassicurante.

«Mi sa che Bernie ha perso la strada di casa... Che dici?»

«Quello? Non lo conosci. Figurati se Bernie si perde qualcosa...»

Giona si lanciò in una confusa tirata su Sugar Habens, Max Berengario e Tony Rende. Quei nomi tornavano e ballavano sinistri nella sua mente offuscata. Werner aveva bevuto ma non al punto d'aver perso il lume. Tutti nomi, nessuno escluso, che Giona aveva buoni motivi per detestare. L'immagine dell'amico si sdoppiava ora. Al Giona prima allegro, poi lagnoso ma in fondo innocuo, se ne sovrapponeva ora un altro, uno con la faccia da lupo rabbioso. Un brivido forte frustò il suo fragile petto di etrusco, già provato da tante pene. Gli capitava sempre nei casi di premonizioni che lui chiamava illuminazioni. Ma lo cacciò via come uno stupido fastidio. Giona Russo? Che cosa ridicola. Non scherziamo. Solo uno sfigato lamentoso, uno dei tanti.

«Non so perché, ma succede sempre, prima o poi, che la gente mi fa cose brutte, non mi vuole più. Calciatori, dirigenti, giornalisti, tifosi. Tutti... Non si salva nessuno. Tony Rende. Quel luridone! Fu lui il primo a buttare veleno, a straparlare del mio fallimento al Milan. Fu lui a sputare in televisione la sentenza che poi, passando di bocca in bocca, è diventata la mia condanna: "Giona Russo? Gli manca sempre un centesimo per fare un euro...".»

Werner trasalì. Nelle tasche dei morti ammazzati, insieme al foglio, era sempre stato trovato un centesimo dentro un astuccio di plastica. Il centesimo mancante? Scacciò via il cattivo pensiero.

«... Non si salva nessuno, giuro. Nemmeno tu ti salvi. La verità è che nemmeno tu, Werner, mi hai mai stimato davvero. Lo hai appena detto anche stasera. Che come allenatore non valgo un cazzo, che non sono credibile.»

«Che dici, Giona? Sei assurdo, ingiusto, voglio dire, mi sono sempre sperticato in pubblico e in privato a dire e a spiegare quanto eri bravo, che cazzo di rivelazione eri in panchina...»

«Falso come Giuda. Se mi avessi stimato davvero avresti impedito che mi cacciassero come un lebbroso al Palermo e alla Fiorentina. Avevi il potere per fermarli...»

Werner rabbrividì più forte. Giuda… Il nome di Giuda. Toccava a lui, adesso.

«Non è andata proprio così, Giona… Lo sai bene… Quelle panchine sono stato io a fartele avere e non sono stato io a fartele perdere…» Provò a buttarla sullo scherzo, ma gli uscì solo una goffa battuta. «Fa effetti strani la carne di struzzo… Ecco perché corrono così veloci. Devono essere le supposte di peperoncino che gli metti su per il culo per farli diventare giganti…»

Giona non ascoltava più. Lo fissava ora negli occhi e sembrava uno spaventoso topo concentrato sul bersaglio. Non si smosse. Aspettava una risposta che non arrivava.

«… Neanche al Milan. Non hai speso una parola per me, quando ne avevo bisogno. Mi stavano gettando addosso palate di merda.»

«… Dai, Giona. Finiscila qui. Ti eri cacciato nei guai da solo. Quella storia del capitano era una trappola perfetta e tu ci sei cascato. Un pollo. Ti avevo messo in guardia. Lascialo perdere quel montato. Ti sei messo contro mezza Milano. Hai fatto incazzare tifosi e dirigenti con i tuoi comportamenti, le tue battute, i tuoi fantasmi... A Firenze peggio che mai. Quella scazzottata stile Monzon davanti al mondo con Lazic… Questa non si era mai vista. Eri diventato indifendibile. Non ti avrebbero salvato nemmeno Gesù Bambino e i tre re magi.»

Riuscì a dire tutto d'un fiato. Il poco che gli restava.

Giona se ne stava zitto. Non rispose. Fissava ora un punto nel vuoto, qualcuno o qualcosa che solo lui vedeva. Faceva paura.

«E che mi dici del Napoli? Che mi dici? Sembrava tutto fatto. La notte prima avevo sognato la festa allo stadio e i cortei al Vomero e nei Quartieri Spagnoli, il mio manifesto accanto a quello di Maradona, le nostre statuine insieme nel presepe, lo scudetto, un aquilone gigante che volava, mi sveglio e poche ore dopo vengo a sapere che avevano preso un altro, quel montato di spagnolo... Neanche una telefonata mi hanno fatto... Ti pare bello da parte tua, Werner?»

«Cosa vuoi dire, Giona?» La voce di Werner tremava.

«Credi che non lo sappia? Mi fai così grullo? Lo so bene che il presidente vi ha chiesto un parere e tu, il mio amico Werner, insieme a quel serpente di Sugar, lo avete sconsigliato, gli avete detto che non era il caso, che ero un allenatore morto e finito, buono solo per parlare ai cavalli e agli asini...»

Il suo vocione da baritono si era fatto ora fino e acuto, come prossimo a spezzarsi. Un raglio di sofferenza.

«... Bella la storia del Cocito, il lago dell'inferno dove erano dannati i giuda e i traditori...» Per tornare baritonale di colpo. «Ci ho fantasticato tanto sopra. Quel messaggio trovato nelle tasche dei nostri amici morti... E poi quella del Colima, il vulcano messicano. Ti svelo una cosa, mi ci ritrovo appieno io in quel vulcano, nei suoi colori. Io sono come lui, il vulcano, la stessa sua bellezza vendicativa... Ah, quanto mi sarebbe piaciuto allenare il Napoli! Lì sì che sarei stato un uomo felice. E invece ci arrivo sì, ma come un'ombra, la copia storpia del gemello buono... Maledizione!»

Questa volta il "maledizione" gli uscì bello, pulito, senza intoppi. Werner rabbrividì. Era panico. Maledetto Sangiovese e maledetta carne di struzzo. La sua mente aveva ripreso a fabbricare mostri. Vedeva cose che non stavano in cielo né in terra. Sì, qualche volta aveva avuto ragione, ma non era quello il caso. Basta con le fantasie sinistre. Quel Giona era solo un bonaccione un po' disturbato. Sarebbe bastata una carezza della madre novantenne per calmarlo e rimetterlo nella cuccia. Ma dov'era la vecchia? E, soprattutto, da quanto tempo qualcuno non lo accarezzava, quel bestione disturbato?

Werner si sforzava di darsi pace, ma cominciava a sentirsi un animale in trappola e non sapeva tre cose: quanto era reale la trappola, quanto estesa e come uscirne.

«Forse dovremmo chiamare Bernie. Solo per capire quando arriva... Magari è successo qualcosa.»

«Ti ho già detto che sta per arrivare... A Bernie non succede niente. Solo cose buone a Bernie...»

Tremava dalla collera, Giona. E dalla fatica di parlare che era tornata più forte di prima.

«Scusami, ho bisogno di prendere un po' di aria. Sai com'è, questa porcheria di polmoni...»

Giona sorrise. Ma era un sorriso da rabbrividire. Werner rabbrividì.

«Sei sempre stato un catorcio, amico, anche quando eri sano. Aspetta qua prima, che vado a legare Adolfo... Dovesse sbranarti, poi come lo racconto ai tuoi cari? Ammesso che tu abbia dei cari.»

Adolfo era il pastore tedesco di Giona. Il suo cane da guardia.

«Ora puoi andare, la belva è al sicuro, ma torna presto, Non ti ho ancora mostrato la collezione a cui tengo di più...»

Si voltò prima di allontanarsi, Giona. Preso da un'improvvisa malinconia.

«Sai, Werner, ultimamente mi succede questa cosa strana quando esco da solo la notte... Una cosa che non so bene come spiegare. Guardo lassù in cielo e sai cosa vedo? Vedo lui, Maradona. La sua bella faccia che mi sorride triste dentro quella schifosa nuvola di morte... "Non è possibile" mi sono detto la prima volta. "Non sto bene. È un inganno della mia mente..." Ma poi è successo ancora, e ancora, e ancora, la vedo solo io, è proprio la sua faccia, ti giuro, è lui che mi parla, che mi dice qualcosa, ma non capisco cosa...»

54.
Werner non si sente molto bene e scopre cose che non avrebbe mai dovuto scoprire

Werner pescò nella tasca la Marlboro. Ne teneva sempre una da usare nelle situazioni di pericolo o di stress acuto. L'equivalente delle capsule di cianuro per chi è finito nelle grinfie del lupo cattivo e non ha scampo. Che si fottano. Accenderla e respirare a fondo due o tre boccate sarebbe bastato a calmarlo o a ucciderlo. Si accontentò per il momento di tenerla nelle labbra e di masticarla, sballandosi solo al sentore della nicotina. La sua testa era un alveare. Si sentiva minacciato, ma non sapeva bene da cosa.

Lo sfogo di Giona l'aveva turbato. Quel suo andamento insinuante, alternato a scoppi di collera. Furiosi, balbettati, cantati. Werner decise che non era il caso di dargli troppa importanza. Aveva imparato a diffidare di se stesso, del suo cranio facilmente infiammabile. Quel gemello balordo era solo un poveretto a caccia di compassione e il Sangiovese, se esageri, gioca brutti scherzi. Sta di fatto che la mente del Bucaniere solcava incubi perfetti.

Respirava male, la nuvola era sempre lassù a velare una luna eventualmente piena. Werner decise che fare quattro passi lo avrebbe calmato. Ora avrebbe chiamato il gemello. Bernardo lo avrebbe rassicurato, sarebbe tutto rientrato nella norma. Non basta diventare ricchi sfondati, farsi i rubinetti d'oro e il water di porcellana francese. Non ti salvi se vieni al mondo e ti chiami Giona Russo. Niente ti salva.

Werner si accorse di non avere il cellulare. L'aveva lasciato in casa, nel taschino della giacca. Non gli andava di rientrare. Di rivedere quello squinternato che puzzava di alcol. Doveva solo respirare lento e profondo, tornare calmo. C'era un grande locale dietro la casa principale in cui non era mai entrato. La porta socchiusa era un invito ad affacciarsi.

Sembrava arrivare uno strano lamento dall'interno. Werner pensò a qualche animale rimasto intrappolato lì dentro. Un gattaccio, forse. C'era una luce fioca. Incuriosito, entrò. Scese cinque o sei gradini. Il lamento sembrava provenire da dietro una porta. Notò una torcia appesa alla parete. La prese, l'accese e andò oltre. Puntò il cono di luce su qualcosa che brillava dentro una massa indecifrabile da cui usciva un puzzo stomachevole. Erano gli occhi sbarrati di un animale enorme, finito lì non si sa come.

Lo struzzo gigante scappò via attraverso la porta aperta, travolgendo Werner che cadde a terra, quasi ucciso dallo spavento. Era il gemello dell'altro finito in pentola e servito a cena? Di quello che, trasformato in cotoletta, ballava ora su e giù nel suo ventre? Stava… o cercava vendetta?

Si tolse la benda dall'occhio per capire meglio dove si trovava. Si rialzò a fatica, dopo essersi assicurato di essere ancora intero. Recuperò la torcia. Gli era caduta anche la Marlboro di bocca e si sentì meglio solo dopo averla trovata, anche se acciaccata dalle zampe dell'uccello. In fondo, a tutta parete, c'era una scaffalatura in legno con più ripiani. La torcia fece luce su una collezione di asce antiche, ordinate in base all'epoca e alla provenienza, per lo più vichinghe e indiane. Si fermò qualche istante di più su un tomahawk con la testa in pietra che la targhetta certificava appartenuto a Geronimo, capo Apache.

Andò oltre, nella stanza successiva.

In fondo, una scaffalatura simile alla precedente. Solo che questa volta erano martelli. Ordinati e classificati negli scaffali, una collezione numerata da 1 a 200. Werner restò di stucco. Il cuore in gola, la testa sott'acqua. Martelli di ogni tipo e di ogni epoca. Con i manici di legno e di ottone, lunghi e corti, a punta larga e stretta, piatta, rotonda e acuminata. C'era un martello antico da ciabattino sormontato da una falce, un altro in rovere con le iniziali M.M. e l'immagine di Marilyn Monroe. Un solo scaffale vuoto: il numero 33, con una targa d'ottone: «Martello sovietico anni Cinquanta, che un contadino della campagna di Mosca portò in dono al segretario del Pcus Nikita Krusciov con tanto di dedica: *"Grazie per aver aiutato a salvare le nostre vite"*».

Werner si sentì investito da un'ondata di calore. Una fiammata potente. Il mezzo polmone gli balzò in gola cercando anche lui una via d'uscita, ma forse era il cuore. Che da lì a poco sarebbe scoppiato. Si frugò le tasche dei pantaloni. Imprecò. Oltre al cellulare, aveva lasciato anche il generatore di ossigeno nella giacca sulla sedia della camera. Le uniche due cose che avrebbero potuto tenerlo in vita. Doveva recuperarle. Doveva uscire da lì. Doveva soprattutto scappare. Il più lontano possibile. Doveva mantenere la calma e ciancicare intanto quell'avanzo di Marlboro che gli penzolava dalle labbra. Avrebbe dovuto anche ficcarsi due dita in gola per vomitare l'indigeribile struzzo. Troppe cose doveva e non poteva. I suoi maledetti incubi ogni tanto si materializzavano e, quando accadeva, lui non era mai pronto.

Si mise in tasca un cacciavite con la punta a croce dimenticato su un tavolaccio. Il suo respiro affannato poteva essere l'asma, poteva essere il debito di ossigeno, poteva essere tutto. Questa volta era paura. E aveva un cattivo odore. Cercò la benda a terra, ma non la trovò. Fuori, l'unico rumore arrivava dalle parti di Berta, la tartaruga cieca, più cieca di lui, che sbatteva come una forsennata contro le pareti della sua vasca. Ognuno alle prese con il suo incubo.

Riuscì a trovare la strada di casa. La porta lasciata aperta. Era sempre lui, solo invecchiato di venti anni. Nessuna traccia di Giona, l'ultima persona al mondo che avrebbe voluto incontrare. S'infilò barcollando nella camera che gli era stata assegnata per la notte. La giacca era ancora lì, al suo posto. Trovò nella tasca il flaconcino dell'ossigeno e ora il mondo gli sembrava sempre orribile ma almeno più respirabile. Non trovò il cellulare. Al suo posto, nella tasca interna, un foglio piegato in quattro parti. La parola "Giuda!" a lettere maiuscole sembrava scritta da un verosimile rossetto, tra il fucsia e il vermiglio. Subito sotto l'illustrazione del Cocito, il lago dantesco dei traditori. Sentì tra le dita anche un piccolo contenitore di plastica. Lo aprì. C'era una minuscola moneta dentro. Un centesimo.

La parola Giuda, il lago dantesco dei traditori, il centesimo. Tutto già visto. Ma stavolta si trattava di lui. E lui non poteva fingere di non essere lui. Era lui questa volta la pelle del tamburo.

Werner sudava. Ma era un sudore senza sudore. È così che si sentono gli animali in trappola? Era lui dunque, in questo caso, la preda? La bestia braccata, spaventata, la prossima vittima di una furia che aveva adesso una faccia e un nome?

Bernie, era chiaro, non sarebbe mai arrivato. O forse sì, si sarebbe presentato ma solo per fare da complice a quel pazzo di Giona. Quei due maledetti gemelli erano diversi, si detestavano ma poi, quando serviva, non potevano fare a meno di essere una mostruosa cosa unica. Werner esitava. Non capiva. Non voleva crederci. Era davvero finito come l'ultimo dei coglioni nella tana del carnefice? Si era consegnato come uno stupido abbacchio? Dentro una storia che solo uno svitato psicopatico avrebbe potuto concepire. Scappare? Ma come? Dove? Con quali gambe? Con quale mezzo? Non aveva la macchina e non aveva più nemmeno un cellulare. Un occhio, mezzo polmone, a piedi non sarebbe arrivato nemmeno al cancello della tenuta. L'avrebbero sbranato prima i cani. Gridare aiuto? A chi? Ai cavalli, agli asini, alle oche, ai maiali? A chi? I due dipendenti che dormivano nella tenuta, un vecchio contadino e il giardiniere rumeno? «... Gli ho dato la giornata libera.» Werner si ricordò delle parole di Giona al loro arrivo. Una fitta che si aggiunse alle altre.

Urlare sarebbe stato vano. Avrebbe solo inferocito ancora di più l'unica, vera belva, quella che lo aspettava fuori da qualche parte con un martello in mano.

Origliò. Nessun rumore. Provò a guardare dal buco della serratura. Dov'era finito il forsennato...?

Bussarono alla porta.

«Stai bene, Bucaniere?...»

Era la voce di Giona, tornato ora balbettante e gioviale. La voce degli assassini quando pregustano la mattanza? Il Bucaniere se ne restò zitto al buio, soffocando un colpo di tosse nervosa. Giona tentò di girare la maniglia.

«Ti sei chiuso dentro?... Non ti sarai mica offeso per quello che ho detto a tavola... In questo caso ti chiedo scusa... Mi conosci, ogni tanto ci scappa che mi devo sfogare, un bicchiere di troppo e vado via di brutto, poi mi passa... Ci sei? Volevo dirti che mi ha chiamato Bernie. Si scusa con te. Non ce la fa questa notte a tornare. Un contrattempo improvviso... Ha provato a chiamare anche te ma, a quanto pare, sei irraggiungibile. Niente di male. Ci faremo compagnia io e te, come ai vecchi tempi. Prima che vai a dormire, devi però assolutamente vedere la più spettacolare delle mie collezioni, ci tengo troppo…»

«Arrivo, scusami…» bofonchiò tossendo Werner. «Sai, stavo pensando, forse non è il caso adesso, andiamo domani con la luce. Ho avuto una giornata difficile e non trovo più il mio cellulare…»

«Non se ne parla… andiamo adesso, c'è luce abbastanza. Un giro rapido e poi ti metto a nanna come una creatura e ti rimbocco pure le coperte.»

«Dammi un quarto d'ora, ho avuto un problema intestinale… Non sono più abituato a bere tanto e poi quella cotoletta di struzzo… Ho lo stomaco in subbuglio, forse se riesco a vomitare.»

«Niente paura. Fai con comodo. Ho io un potente rimedio per tutti i mali… Lo davano nei gulag siberiani a quelli che gli veniva la cacaiola per il freddo…»

"Un potente rimedio per tutti i mali…" Maledetto psicopatico. Cosa voleva dire?

Ora tutto taceva e il silenzio di Giona faceva più paura dei suoi deliri. Cercò un telefono fisso nella stanza. Niente. Provò a evocare Piramide con la mente. Prima lui e poi Betty. Werner credeva in queste cose. Faceva finta di crederci. Da ragazzi si divertivano a giocare con il paranormale e lui era il più bravo o almeno glielo facevano credere. I messaggi telepatici. Ora bisognava crederci, più che mai. L'amico Tano e la sua Betty. Provò a diventare un tarlo e a ficcarsi nelle loro teste. Un delirio? Può darsi, ma non aveva altro. Sudava ora anche dalle rughe del viso. Passarono minuti, non sapeva quanti. Quel silenzio era una morsa. Nulla di buono. Gli restava solo il cacciavite nella tasca per immaginarsi di avere ancora una vita.

Aprì la porta, impugnandolo con la mano destra, pronto a ficcarglielo in quella faccia da mongolo, possibilmente in un occhio, trapassandolo da parte a parte. Giona ora sapeva che lui sapeva. E, forse, senza forse, stava giocando come il gatto con il topo. In fondo al corridoio c'era la porta del bagno socchiusa. La luce era accesa.

Lezione prima. Mai spiare dalle serrature dei bagni. Prima o poi sarai punito. Avrebbe dovuto saperlo, ma non s'impara mai nulla da quella che per convenzione chiamiamo vita. Si avvicinò alla porta. Quello che vide nella luce fioca del bagno fu qualcosa che la sua mente si rifiutò di decifrare. Una donna bionda si spazzolava allo specchio i lunghi capelli che cadevano sulle spalle da lottatore. Canticchiava qualcosa in falsetto. Una nenia. Si stava ora passando sulle labbra un rossetto fucsia, aggiustandosi con l'altra mano le due tette sotto la blusa. Le mani. Erano le mani giganti e nodose di un contadino.

C'era da scappare a gambe levate. Ma Werner non poteva. Paralizzato. Affascinato. Trovo la forza di sfilarsi le scarpe. Non si fidava del suo cacciavite. Meno che mai della sua capacità di colpirlo da dietro in un punto vitale. Afferrò un portacenere di alabastro posato su una cassettiera nel corridoio. Spinse la porta del bagno, si avvicinò a quella che era probabilmente un'allucinazione. Qualunque cosa fosse, era venuto il momento di abbatterla. Fece per precipitare il portacenere a due mani sulla nuca taurina di quell'essere spaventoso.

Giona l'aveva intravisto allo specchio. Si girò di scatto, un istante prima di essere colpito. Il portacenere lo centrò tra la fronte e la tempia sinistra.

Werner lo vide stramazzare a terra. La parrucca saltata via di netto, insieme a una delle due tette di plastica. Per qualche secondo rimase immobile, sospeso su quel mascherone di sangue e cosmetici che, fino a pochi minuti prima, chiamava confidenzialmente Giona. L'aveva ucciso?

Lasciò cadere a terra il portacenere. Un lampo. Si ricordò del giaccone di Giona, appeso al gancio dell'attaccapanni. Frugò nelle tasche e trovò le chiavi del suv. Inalò una potente boccata d'ossigeno. Doveva arrivare solo fino al garage. Un centinaio di metri. Poteva farcela. Doveva farcela. E poi battersela a duecento all'ora, travolgendo cani, struzzi, asini, eventuali guardiani, qualunque cosa. Sfondando il cancello se occorreva. Il tempo, che si era fermato, ora precipitava, divorava tutto e ora divorava anche lui. Tutta la pazzia che gli girava intorno.

55.

L'illuminazione arriva tardiva. O forse no

Tano Piramide aveva perso il sonno e ora temeva di perdere il senno. Nel frattempo, era passato dalla grafite alle benzodiazepine. Aveva sostituito le matite da annusare con le gocce da tracannare. La boccetta di Minias che Werner gli aveva lasciato. Svuotata in due giorni.

«Benvenuto nel girone dei dannati...» gli aveva detto l'infame nel lasciargli il flacone.

Da sempre Tano trattava Werner come un tossico, un debosciato che entrava nelle farmacie come fossero un luna-park. Betty e la vedova del Mago s'erano sbizzarrite a fare di lui una cavia più o meno consenziente. Pur di liberarsi dei suoi sproloqui notturni, lo imbottivano di chimica. Cocktail mai sperimentati prima. Con il tempo, Werner era diventato un esperto del ramo. Come annientarsi senza farsi troppo del male, tra intervalli a volte memorabili di piacere.

Piramide aveva scritto la sua lettera di dimissioni. Era caduta anche la pista di Florian, l'altro sicario di Habens sparito nella notte. Si era presentato spontaneamente al commissariato di Treviglio dove abitava con la famiglia. Un benzinaio li aveva riconosciuti, lui e Branko, la notte del delitto sull'autostrada del Sole all'altezza di Capua. Due sagome che non si dimenticano, quei due bestioni tatuati. Usciti da una Mercedes nera con i vetri oscurati.

Scagionati per la morte di Habens, Branko e Florian furono fermati per quella di Barnaba Zeno. Restava la pista Ivan. Ma l'uomo era una roccia, non crollava. O, forse, a questo punto era un'ipotesi da considerare, non era stato lui a uccidere Sugar Habens.

Piramide aveva deciso per uno stile asciutto. Chiudere con dignità, almeno questo. «Era una partita complicata, io e miei collaboratori abbiamo esplorato tutte le strade, indagato tutto il possibile, con i mezzi che avevamo a disposizione. Siamo comunque arrivati a risultati e certezze di cui un giorno, forse, ci sarà dato merito. Ma non abbiamo trovato la risposta che tutti si aspettano. Non ho trovato la risposta. Tre omicidi insoluti. Mi riconosco come l'unico responsabile di questo insuccesso. Un assassino seriale circola in libertà e sono il primo a non darmi pace. Nessuna società civile merita di sopportare un tale incubo. Per questo, dopo una riflessione onesta e severa, sono arrivato alla conclusione che servono nuove risorse, una mente fresca capace di un pensiero diverso... Continuerò le mie indagini in forma strettamente privata.»

Lo consolava appena il pensiero che tutto il suo lavoro non era carta straccia. Era servito comunque a sbattere in galera la ghenga di Sugar Habens. A torturarlo restava l'essenziale: tre morti assassinati, nessun colpevole.

Da dove ricominciare? Aveva voglia di farlo? Le sue pareti in ufficio e a casa sembravano quelle di un serial killer, tappezzate di carte, appunti, tavole sinottiche e foto delle scene dei crimini. Quante ore passate, giorno e notte, aspettando che il ragno giusto uscisse da una di quelle cavità dell'orrore. E ora, restava solo un senso d'impotenza. L'autostima, mai stata un granché, crollata ai minimi termini. Doveva essere la sua gloria questa indagine, era diventata la sua fossa. Avrebbe finito i suoi giorni a zappare l'orto, melanzane, lattuga e cetrioli, in attesa di diventare uno di loro.

Provò a chiamare Werner per leggergli la lettera di dimissioni. Voleva sentire cosa ne pensasse. Il tipo aveva, tra le tante, anche velleità letterarie. Magari gli sarebbe stato utile per una volta.

Il cellulare non era raggiungibile. Si ricordò della sua intenzione di andare a passare il fine settimana dai gemelli Russo nella loro tenuta. Buoni, quelli. Un megalomane un po' schizzato convinto in cuor suo di essere il più grande allenatore incompreso mai apparso sulla faccia della terra e un furbastro di tre cotte che aveva imparato come si fa a stare al mondo recitando la parte del finto umile.

C'erano tre messaggi di Betty in segreteria. Lo cercava dal laboratorio scientifico della questura per «urgenti novità». Nel frattempo, Susan aveva lasciato l'ospedale, stava molto meglio, poteva muoversi con le stampelle e, grazie alla fisioterapia, stava recuperando la completa mobilità.

Le due, insieme, avevano ripreso a lavorare sul caso. Loro non mollavano. Loro non avevano la testa di Piramide e non volevano nemmeno entrarci, in quella testa. Susan lo conosceva abbastanza per non desiderarlo, Betty non era curiosa di farlo. Avevano passato l'ultima settimana a studiare storie e profili di tutti i presenti quella notte a Pompei. Erano emerse cose interessanti.

«Dimmi, Betty...»

«Sono arrivati i primi risultati della Scientifica a proposito delle tracce delle scarpe trovate nella camera di Sugar Habens.»

«E...»

«La conferma definitiva. Si tratta di scarponi anfibi con suole di gomma tipo carrarmato... Strane scarpe per un gala d'onore in una notte di mezza estate. Ti fa venire in mente qualcosa?»

«Che mi dici dei capelli biondi trovati sul lavandino?»

«Capelli naturali senza ombra di dubbio. In buonissimo stato. Probabilmente appartenenti a una parrucca femminile...»

Piramide restò assorto su quelle parole di Betty. Quegli scarponi lo assillavano. Addosso a chi li aveva notati di recente? Di sicuro, dovevano averlo colpito per la loro incoerenza, in una stagione in cui la gente portava mocassini, sandali o comunque scarpe leggere da passeggio. Aveva passato in rassegna le decine di soggetti incrociati nell'ultimo mese. All'improvviso, il flash. Li vide. Neri, massicci, impolverati, lacci di corda e fibbie di metallo. Vide prima gli scarponi poi, a salire, le gambe, il busto e infine il volto di chi li indossava.

Giona Russo, il giorno del funerale di Max Berengario. Lui. Ricordò che gli sembrarono una strana scelta per un funerale così afoso, ma non così strani addosso a lui, Li notò anche per il contrasto con le Church's nere, eleganti e lucide, del gemello.

Il messaggio in segreteria di Johnny Mango sembrava promettente. «Commissario, dobbiamo parlare, mi sono venuti in mente particolari che potrebbero non essere banali, a proposito dei gemelli Russo, di Giona in particolare... Mi chiami appena può.»

La voce del giornalista era a dir poco concitata. Piramide lo cercò. Era occupato. Richiamò Betty. Questa volta era lui a essere concitato.

«Giona Russo, lui... Il giorno del funerale di Berengario. Erano ai suoi piedi.»

«Cosa?»

«I maledetti anfibi.»

«Sicuro al mille per mille? Possiamo fidarci della tua memoria?»

«L'unica cosa di cui vi potete ancora fidare...»

«Abbiamo studiato anche lui. Non proprio un tipo rassicurante. Stiamo parlando di un soggetto strano. Molto disturbato. Abbiamo analizzato il suo profilo. Sono uscite cose significative... Tu lo sapevi che, dopo essere stato cacciato dal Milan, finì ricoverato due mesi in una clinica psichiatrica per una grave depressione? Su di lui esiste anche una diagnosi di "grave disturbo della personalità" dopo che aveva picchiato un suo giocatore in campo... Altre volte era venuto alle mani con un suo presidente e una volta anche con un procuratore. Uno soggetto a scatti compulsivi di rabbia. Tutte cose tenute sotto silenzio per via dell'omertà che c'è da sempre nell'ambiente del pallone... Tra l'altro, non regge nemmeno la storia dell'amicizia con Werner. Non erano più così amici. Se vai sulla rete e digiti i loro nomi troverai una sua intervista di qualche tempo fa in una tivù locale di Tolentino, molto poco amichevole nei confronti del nostro Werner... Ho trascritto qualche stralcio. Cose del tipo: "...Werner Falco? Non ne parlo volentieri. Il suo cognome parla per lui. Gli volevo bene più che a mio fratello. L'ho salvato non so quante volte in campo dai terzinacci che lo volevano massacrare perché lui li provocava, faceva il clown...". Si sentiva tradito, Giona. Da quando lo mandarono via dal Palermo e poi dalla Fiorentina e Werner, secondo lui, non fece mai nulla per impedirlo... Ti mando il dossier su di lui.»

«Werner in queste ore è ospite a casa dei due gemelli...» balbettò Tano Piramide.

«... Stai scherzando? Dimmi che non è vero, dimmi che non dici sul serio... Chiamalo subito, digli che deve allontanarsi da quella casa il prima possibile...» urlò Betty.

«Ho provato più volte, Cristo santo. Ha il cellulare fuori uso...»

«Riprova, maledizione. E se non risponde, manda subito qualcuno dalla questura più vicina. No, fermati, andiamo noi, ti raggiungo subito. Giona aveva buoni motivi per odiare anche Habens e Berengario, a quanto pare lo stesso Tony Rende...»

«Non è possibile. Li hanno visti in tanti, lo stesso Werner, i due gemelli, lasciare l'albergo insieme a Totò Barone prima che venisse ucciso Habens...»

«Non significa niente... Tutto sta diventando possibile in questa maledetta storia! Stiamo parlando di una mente probabilmente malata...»

Nella sua condizione, Piramide non credeva più a niente. Non avrebbe riconosciuto l'assassino nemmeno se si fosse presentato con un martello e le mani lorde di sangue. Betty lo incalzava.

«Non perdiamo tempo. Sei a casa? Dammi il tempo di arrivare...»

«Chiama subito Johnny Mango e portalo con te. Dice di sapere cose sui gemelli Russo. Lui sa bene come arrivare alla tenuta. Dovrebbe essere nella campagna di Camerino, un'ora, poco più, in macchina da qui...»

«Cazzo, un'ora è troppo... Ho un presentimento orrendo.»

«Convoco un paio dei miei agenti, il migliore che ho al volante, e parto...»

«Aspettami... Se Werner è in pericolo io devo esserci... Arrivo.»

56.
Scappa più veloce che puoi

Werner sentì di nuovo il lamento. Arrivava più forte dalla cantina dei martelli. Poteva essere lo squittio di un pipistrello o di una pantegana nascosta dietro l'armadio, ma poteva essere qualcosa di peggio. Werner scongiurò il suo dio: fa' che non sia una voce umana.

Era un fobico grave, il Bucaniere, ma non un codardo. Dopo l'incontro ravvicinato con gli occhi dello struzzo e quelli di Giona, poteva affrontare qualunque enormità. Poteva esserci chiunque in quella maledetta cantina. Uomo o animale che fosse, non se la passava bene. Poteva ancora darsela a gambe, ma si sarebbe sentito un verme da qui all'ultimo dei suoi respiri.

Si guardò intorno. L'aria era ferma. Werner passò velocemente in rassegna le ipotesi di come sarebbe finita da lì a poco la sua esistenza. Infarto probabile a parte, sbranato da Adolfo, il pastore tedesco, travolto e calpestato da uno struzzo gigante, massacrato a martellate dal gemello assassino. Avrebbe finito dunque i suoi giorni nella tazza di un gabinetto? Fu invaso dalla tristezza.

E Giona. Che ne era di Giona? Quella mazzata sulla tempia lo aveva stecchito? L'uomo era proverbiale per la sua tempra. Si ricordò di quella volta al Perugia che si fece suturare uno squarcio in testa con sette punti e riprese a giocare con un turbante insanguinato come nulla fosse, più allupato di prima. Una belva con un cuore grande così, un cuore che più di qualcuno aveva ferito a morte.

Entrò. Ritrovo la torcia dove l'aveva lasciata. Seguì il gemito giù per gli scalini, in fondo al buio, nel retro della grotta dei martelli. Più si avvicinava e più sembrava il lamento soffocato di uno che implorava aiuto. C'era una porta di legno chiusa a chiave. Werner non esitò. La voce, qualunque cosa fosse, veniva da lì. La prese a calci, con una forza che non immaginava di avere. Il legno era fradicio, la serratura vecchia, la porta venne giù facile. C'era una vecchia dispensa. Si convinse che c'era una pantegana mostruosa acquattata lì dietro.

Prese a spingere il mobile contro la parete, una furia che gli veniva da chissà dove. Avrebbe sentito come muore un topo soffocato a morte. Come un giorno, più o meno, sarebbe toccato a lui.

Il gemito era adesso un guaito quasi umano. Smise di colpo. Silenzio. Werner spostò la dispensa, puntò la torcia. Nessun topo, nessun pipistrello o scarafaggio gigante. Nessuna bestia maciullata. Niente di niente.

Il lamento riprese, questa volta più tenue. Sembrava la preghiera sfinita di qualcosa che si arrende. Con la mano tremante, Werner orientò la torcia verso il fondo del tugurio, dove l'oscurità era totale. Una sagoma indecifrabile. Qualcosa di bianco.

Quell'uomo accucciato nella branda, in canottiera e mutande, legato e imbavagliato, i ferri alle caviglie, che guaiva e si dimenava, la testa chiusa in un sacco di iuta, era l'ennesimo shock di quel giorno da cani.

C'erano mille ragionevoli motivi per darsela a gambe e uno solo, irragionevole, per restare. Restò. Non aveva più tutta questa voglia di vivere. Restare era più facile che scappare. Sì avvicinò, vinse il ribrezzo per quel collo taurino e peloso e il tanfo di escrementi. L'uomo s'era cacato addosso. Werner sollevò il cappuccio e dubitò definitivamente della sua sanità mentale. Si disse che no, non poteva essere.

Non poteva essere. Ma era.

Bernardo Russo tremava e piangeva. Incatenato ai polsi e alle gambe, imbavagliato con uno straccio ruvido che puzzava di benzina. Senza il parrucchino, il cranio nudo, due grossi lividi, uno al centro, l'altro in fronte, la faccia chiazzata di sangue rappreso, le mani e le ginocchia ridotte a una poltiglia.

Werner gli tolse il bavaglio. Doveva essere stato narcotizzato. La voce gli usciva flebile, strascicata e incerta...

«Ti prego, aiutami...»

Werner era paralizzato. Doveva fare qualcosa, ma non sapeva che cosa. "Aiutami" era esattamente la supplica che avrebbe voluto rivolgere lui all'altro.

«Aiutami, portami via da qui, mio fratello è una mente malata... un pazzo pericoloso... L'ho sempre saputo...» riuscì a dire Bernardo allo stremo delle forze.

Werner misurò in un attimo la sua impotenza. Si sentì sopraffatto. Anche avesse recuperato le chiavi delle catene, dove avrebbe trovato la forza per caricarsi sulle spalle quel povero cristo e arrivare alla macchina? Bernie era il doppio di lui. Werner sarebbe schiattato in pochi passi. Avrebbe avuto bisogno lui d'essere caricato e portato via, il più lontano possibile da quell'incubo.

Aveva davanti a sé il suo amico agonizzante in catene e dietro di sé l'incubo che gli stava alle costole, libero di uccidere. I due gemelli, un unico incubo. Non pensò a Piramide. Pensò a Betty. Per pochi attimi, la sua mente allucinata la vide, a cavallo della sua Ducati, che irrompeva come un angelo sterminatore nel cerchio di quell'inferno, a soccorrere lui, il suo amore, e l'altro sventurato. Avrebbe trovato certamente il modo di impacchettarli e caricarli entrambi sul suo drago fiammante e portarli in salvo, là dove le cose non odorano di sangue, di paura e di escrementi.

Fu in quell'esatto momento, proprio mentre la sua Betty immaginaria saltava lo steccato del lager, tipo Steve McQueen nella *Grande fuga*, che un flash accecante lo attraversò nel cranio da parte a parte. Un bagliore a cui seguì il buio totale. Werner cadde a terra privo di sensi.

Si svegliò che era steso accanto a Bernie Russo, nella stessa branda, legato anche lui come un capretto. Giona era lì seduto a cavalcioni di uno sgabello che gli fumava un sigaro in faccia. Senza parrucca questa volta e con uno squarcio alla tempia. Gemello più che mai di Bernie. Due teschi che grondavano sangue. Le labbra cariche di rossetto, Giona sembrava una baldracca finita in una storia più grande di lei. Aveva un martello in mano. E, a quanto pareva, sapeva che farsene.

57.
Le labbra dell'assassino erano fredde

"Strano" registrò Werner. "Ho il cranio sfondato e forse sono ancora vivo..."

Non aveva il cranio sfondato. Era una ferita forse mortale, ma che non gli impediva di riconoscere il suo carnefice e di realizzare che, sì, era vivo, ma ancora per poco. Questione di tempo, ore, forse minuti. Al suo fianco, maleodorante, quel disgraziato di Bernie, la cui ultima chance di salvezza era stata un uomo che si teneva in piedi per scommessa. E ora più nemmeno quello.

Werner si ricordò della donna del Mago. Di quella volta che, camminando per le calli di Venezia ai tempi in cui non rischiava ancora la crisi respiratoria a ogni passo, gli disse per tirarlo su dai suoi umori neri: «Quando ti senti da schifo, che vuoi solo scavarti una buca e sotterrarti dentro per il resto dei tuoi giorni, guardati intorno e trovati uno che sta peggio di te. Fattelo amico». Werner si guardò intorno e non trovò nessuno che stava peggio di lui. Nemmeno Bernie Russo, che almeno era uno di famiglia e magari un motivo per meritare di trovarsi lì ce l'aveva. Alla mercé di uno squilibrato armato di martello che gli delirava in faccia.

Giona non sembrava avere fretta di ucciderli. Li fissava assorto, ma senza una vera attenzione e, forse, nemmeno una vera intenzione. Sembrava capitato lì per caso, spettatore apatico della fine di due vecchi piccioni caduti dalla trave, in attesa solo di rendere l'anima a Dio. La cosa non lo riguardava più di tanto. Sarebbero morti comunque. Tutti sarebbero morti in quello schifoso mattatoio che era la vita.

Era la faccia di un folle definitivo. Ora più malinconica che aggressiva. Il che non lo rendeva meno minaccioso.

Una storia già scritta. "Ora ci stamperà quel sudicio rossetto da troia sulle guance e ci farà a pezzi… Neanche una morte dignitosa mi sono meritato" pensò Werner, che aveva un istinto innato per la narrazione imparziale, anche quando si trattava di se stesso e, probabilmente, dei suoi ultimi istanti di vita.

Più della sua morte imminente trovava incomprensibile la mascherata perversa di Giona. Che aveva a che fare quel travestimento da lurida battona con la sua storia, i suoi calli, le manone da contadino, più avvezze alla vanga che ai cosmetici?

Trovò, nel disappunto, l'occasione di assolversi. Le bave fucsia sulle guance delle vittime uccise a martellate, i capelli biondo platino, l'odore dolciastro del Dior da donna: erano i particolari che lo avevano depistato. Senza quelli, era certo, la sua bacchetta da rabdomante avrebbe preso a vibrare all'impazzata nella direzione giusta, la faccia di Giona.

Non si assolse del tutto. Vero, tutta quella robaccia fuorviante, ma il Werner di una volta non si sarebbe fatto ingannare. Avesse potuto, si sarebbe dato una manata sulla fronte. "Mentecatto che non sei altro! Come hai potuto non pensarci prima?" A proposito del rancore che diventa paranoia e poi furia distruttiva. Gli venne in mente la storia di quello scrittore, una mezza tacca, che convinse un tipo a vendergli il caravan che lo aveva investito un mese prima, quasi uccidendolo. Un Dodge del 1985. Lo strapagò per averlo nel suo garage. Ma solo per fracassarlo il giorno stesso, usando un martello e una mazza da baseball. Si travestì da Babbo Natale, il tipo, per mettere in atto la sua vendetta. Aveva bisogno di essere un altro allo specchio, uno molto distante da sé, per dare libero sfogo alla sua follia.

Era obiettivamente a un passo da una morte orribile, il Bucaniere, e stava lì, con un residuo di vanità, a mettere in fila i suoi brillanti ragionamenti. D'altro canto, molto onesto con se stesso, Werner convenne che tanta superficialità meritava comunque un castigo esemplare. La fine che lo aspettava, per mano di Giona, lo sarebbe stata.

Bernie Russo. Lui si limitava a guaire. Troppo stordito dai colpi, dal dolore e dallo stupore per pensare qualunque cosa. Quel suo irascibile gemello lo spaventava già da piccolo, quando non lo riempiva di botte, spesso senza un vero motivo. Negli anni aveva imparato a prendergli le misure. A dominarlo con le parole. Giona, nevrotico pazzo e balbuziente cronico, aveva un debole per quelli con la favella sciolta. Bernie lo soggiogava anche con lo stile, l'eleganza degli abiti e delle maniere. Giona era uno zoticone, un bruto, ma non abbastanza da non esserne consapevole.

Bernie era diventato il suo odioso ideale. Non poter essere come lui. Infinitamente diverso da lui, essendo uguale a lui. La cosa lo torturava. Giona aveva letto da qualche parte dei cigni neri. Di come vengono al mondo a spezzare i candidi colli dei cigni bianchi. Non gli restava che essere il più nero dei cigni neri. Essere il maledetto incidente che avrebbe interrotto la sequenza virtuosa. Il suo collo, tarchiato e peloso, era quello di un cigno assassino.

Mentre tutto questo non smetteva di accadere, Bernie avrebbe dovuto stare, tutto elegante e profumato, a scambiarsi moine con i papaveri della federazione e a mettere la firma sul suo luminoso futuro di ct azzurro, per lui e per il gemello disgraziato, l'impresentabile Giona. E, invece, si ritrovava puzzolente, malconcio e incatenato in una grotta umida a due passi da una fine orrenda. Avesse potuto, Bernie, gli avrebbe consegnato tutto quello che aveva, tutti i trofei, gli scudetti, i titoli di cui il gemello si sentiva scippato. Troppo tardi. Giona non voleva scudetti. Voleva solo sangue, morte e silenzio.

«Hai le unghie sporche, Bernie. E la testa in disordine. Non è da te. Tu sei sempre stato un signor damerino...»

Giona era uno strano contadino igienista. Si vestiva con la prima tuta che capitava e puzzava come una capra, ma si lavava mani e piedi dieci volte al giorno. Le unghie sporche del gemello lo turbavano più delle sue ferite. E, comunque, c'era tempo ancora per restare vivi tutti. Il tempo che serviva. Adesso, anche per lui, era il momento della vanità. La debolezza che qualunque boia della terra prima o poi si concede. Strappare un applauso, fosse pure di orrore, prima che il sipario si chiuda.

«Avete pensato a tutti, tranne che a me, l'unico a cui dovevate pensare... La vostra stupidità mi ha esaltato, mi ha dato la forza di continuare...»

Giona parlava fluido. Come se non fosse lui a farlo ma un personaggio del suo incubo preferito. Aveva voglia di vuotare il sacco. Di raccontare tutto per filo e per segno, a sé e a una platea immaginaria, che solo lui vedeva. Due poveracci in catene, ma erano migliaia e avevano orecchi solo per lui. La storia della sua prodezza criminale. Il suo atto di giustizia divina.

«Dovevate vederlo Sugar Habens. Tremava come un verme, mi chiedeva pietà, ancora dopo che lo avevo colpito con il mio magnifico martello bolscevico e ridotto a una frittata... Ho aspettato che uscisse dalla stanza il suo amante, che finissero le loro porcherie, per entrare e iniziare le mie… A quanto pare, vi prego di credermi, non gli sono piaciute, preferiva le altre.»

Bernie continuava a mugolare, a differenza di Werner che aveva imparato in mesi di esercizio a centellinare il respiro. Affascinato, dovette ammetterlo a se stesso, dal racconto di Giona. Non poté fare a meno di pensarsi, lui e Bernie, come la versione contemporanea di Hänsel e Gretel, finiti per disgrazia nella casa di marzapane di un orco che, a differenza dell'originale, se la spassava di più a spaventare gli adulti che i bambini.

«Troppo tardi. L'ho scoperta troppo tardi la mia vera vocazione. Avrei dovuto fare il killer professionista invece che allenare inutili coglioni milionari che ti sbeffeggiano appena volti le spalle o fare lo schiavo di un fratello incapace e spocchioso. Ho perso il mio tempo a farmi umiliare da tutti. Da moscerini e da scribacchini che riconoscono solo l'odore della merda… Troppo stupido io per capirlo. Più stupido di me solo uno, quella nullità del vostro commissario. Troppo stupido per capirci qualcosa. Devo ringraziarti, Bernie, accetta le mie scuse, caro fratello, anche se, ammetto, ho un po' esagerato con te, sangue del mio sangue. Sei stato tu ad aprirmi gli occhi. Sei stato tu a fare di me un mostro. Con la tua fortuna vergognosa, la tua arroganza, i tuoi trionfi immeritati. La goccia che ha crepato il mio vaso, che non era così forte come sembrava… Ed eccoci qui, tutti insieme, mai così intimi, in questo strano presepe di famiglia… Sì, ora finalmente siamo una vera famiglia.»

Più che mai coinvolto, Werner si sorprese a protestare con una osservazione ricca di buon senso: «E io, cosa c'entro io con tutta questa storia? Che ci sto a fare io in questo tuo presepe di famiglia?». Il cattivo odore di Bernie gli toglieva il respiro.

«In quanto a te, Bernie, sappi una cosa: ti ho sempre

amato più di quanto ti abbia detestato, ma hai cominciato realmente a morire il giorno in cui quella volta in tivù vidi il tuo sorrisetto da fesso e il labiale che dava del "coglione" a qualcuno, e quel qualcuno ero io, mentre stavo spiegando a un giornalista perché il tuo scudetto al Napoli era da considerare per metà anche mio. Dicevo la cosa più ovvia, più giusta, tu potevi startene buono e zitto, magari darmi ragione, e invece no, eri lì che mi davi del coglione. In quel momento hai cominciato a morire...»

Fece una pausa. E uno strampalato ghigno.

«Il coglione eri tu che non hai capito come si possa ferire a morte un uomo. Un fratello che ti è sempre stato fedele... Quante volte ho sentito il rumore della tua furba testa che diceva: "Sì, questo Giona è un ridicolo coglione, un pupazzo che mi rigiro come voglio, mi sono intascato lo scudetto che lui si è sbattuto per vincere e ora mi fa pure da autista...". Ti voglio bene, Bernie, ti ho sempre voluto bene, te ne voglio di più adesso che ti ho ridotto così... È stato facile, fesso che sei, Bernie, così tronfio, così sicuro di te, farti bere, sciogliere un po' di gocce nel tuo vino e spedirti a nanna. Da Pompei quella sera non sono mai andato via veramente. Sono tornato indietro di notte. Pioveva, tuonava. Ma non ero io, Giona Russo, ero te, Bernie, il mio idolo, la mia star, con la parrucca bionda, il rossetto e un martello nella fodera. Mi ero sistemato anche le tette finte per sembrare ancora di più te, mi sono profumato come una mignotta, una delle tante mignotte che giravano in quei giorni nell'albergo a caccia di polli... Sugar Habens. Lui non è stato facile. Non voleva morire quel maiale. Mai visto uno così attaccato alla vita. L'ultima martellata gliel'ho data in piena faccia.»

Scaricò una zaffata di sigaro sul povero Werner a cui restava un dubbio residuo: sarebbe morto a martellate in testa o soffocato dai cerchi di fumo che Giona gli spediva in faccia con la precisione di un cecchino?

«Tu, Werner... Non era questo il tuo momento. Non era previsto che ci fossi anche tu in questa festa di famiglia a far compagnia al mio amato gemello... Ma tu, lo sappiamo, devi ficcare il naso dove non si deve, tu devi entrare senza chiedere permesso nelle storie degli altri, devi sempre fare il primo attore, e ora con te mi tocca improvvisare...»

Werner capì che c'entrava, eccome, con quella follia. Ci stava anche lui nella testa bacata di Giona.

«Vogliamo parlare di Max Berengario? Un altro barile di cacca. Ho imparato una cosa sola da lui, fumare il sigaro in faccia alla gente. Non sono mai stato uno dei suoi. Mi hanno sempre reso impossibile la vita. Lui e Habens. Quando mi hanno scelto quelli del Milan, fregandosene delle voci che tutti voi mettevate in giro ad arte con le vostre sgualdrine dei giornali e delle televisioni, che ero uno squilibrato, uno inaffidabile, mi avete messo contro la gente e poi i giocatori, a cominciare dal capitano... Dovevate apparecchiare la mensa per il vostro amico... Già, Totò Barone, chissà dove sta ora, fa bene a spassarsela perché sta scritto che poi toccherà a lui... Io ero un abusivo in quel club pieno di storia e di trofei, un clandestino a bordo... Il bacarozzo che doveva tornare il prima possibile nel suo buco... Berengario. Il boss dei boss. Ne ho fatto una poltiglia. È stato bello, lo giuro su Dio e che Dio mi perdoni, vedere la sua incredulità, quel sorriso da fesso, un attimo prima che gli sfondassi il cranio. Non ho dovuto nemmeno troppo infierire, a differenza di Habens. Lui era già uno scheletro marcito... Come pestare il guscio di un uovo. Lo stesso rumore.»

Mancava all'appello Tony Rende, non poté fare a meno di considerare Werner con il puntiglio cronistico dell'osservatore imparziale. Non se n'era dimenticato, Giona. L'aveva solo lasciato per ultimo, essendo stato il primo.

«Ho cominciato con quella cloaca di Tony Rende, il peggiore di tutti, uno nato servo per morire servo. Berengario e Habens lo pagavano, lo istruivano e lui parlava. Senza vergogna. Ha detto cose di me che mi hanno fatto piangere. È da quel giorno che ho desiderato intensamente di ucciderlo. Non pensavo ad altro. Mi hanno fatto sentire uno scarafaggio, una nullità. Ho passato un anno a cucinare minestroni e a parlare con gli animali. Mi confidavo con te, Bernie, e tu, a malapena, mi ascoltavi. Tu avevi le tue belle storie da raccontarti, io ero solo il tuo imbarazzo, il gemello venuto male, un aborto d'uomo. Le mie storie miserabili. Passavo il tempo a commiserarmi, poi un giorno mi sono guardato allo specchio e non ero più io. L'asino era diventato un assassino. Me lo ricordo bene: era il giorno che mi feci il tatuaggio di Maradona sul petto… Ho iniziato con lui, Tony Rende, e poi ci ho preso gusto. Ho provato piacere, Dio solo sa quanto, e Dio questa volta non mi perdona. Vedere quella vescica umana diventare un fantoccio di quelli che regalano nelle fiere di paese quando hai fatto centro. Mi sono sentito bene. Ho smesso di pregare e di cucinare minestroni. Volevo diventare uno zar del crimine. Troppo facile prendermela con quella schifezza d'uomo, mi sono detto... La cosa più complicata è stata trascinare quella palla lurida di lardo fino al cesso e poi ficcargli quel testone dentro…»

Fece una lunga pausa. Werner ebbe un altro lampo. L'altro indizio che aveva trascurato. Il martello di Krusciov trovato nella scena del crimine di Habens. Giona era ossessionato dalla storia russa e dai suoi simboli, da quando aveva allenato lo Spartak, il club più importante di Mosca. "Werner, sei un idiota totale" si disse.

«Per non parlare di quello che sono stati capaci di fare

e di dire al nostro amico Barnaba Zeno. Il vostro amico Barnaba. Tuo e di Werner. Mi aveva cacciato anche lui, ma non gli ho mai portato rancore. Mi piaceva Barnaba. Mi somigliava. Non ha mai saputo quello che faceva e nemmeno quello che voleva. Aveva la stoffa del kamikaze. Nessuno mi toglierà dalla testa che sono stati loro, la cricca, a spingerlo giù dalla finestra...»

Bernie non gemeva più. Rassegnato o stremato. Werner era combattuto. Tra il terrore per la morte imminente e la delusione di essere stato fino a quel momento pressoché una comparsa di quel grandioso racconto. Giona sembrò percepirlo.

«E tu, Werner Falco. Ti starai chiedendo: perché io, che c'entro io, un tuo amico di sempre, nel mucchio di questi rifiuti umani? Te lo chiedi, ma non dovresti. Mentre giravo il mestolo della polenta in una di quelle notti fredde d'inverno, patetico asino non ancora diventato assassino, giravo e giravo, mi sono reso conto che eri proprio tu, Werner Falco, la ferita che mi bruciava più di ogni altra. Perché tutto si può sopportare nella vita, vero Bucaniere? Puoi sopportare che una merda sia una merda, che i figli di puttana facciano il loro mestiere. Quello che non puoi sopportare è che un amico ti giri le spalle. Non hai mai speso una parola per me tutte le volte che mi hanno umiliato. Palermo, Fiorentina, Milan. Quando le televisioni e i giornali mi buttavano addosso palate di sterco. Tu e Sugar Habens avete spezzato anche il mio ultimo sogno, il trionfo che meritavo nella città di Maradona... Troppo comodo, Bucaniere, galleggiare beato nel proprio mare pescoso. Arriva il giorno in cui devi decidere da che parte stare... Sei stato un vigliacco, con la scusa di essere il migliore e di aver sposato solo la tua causa. Io ci credevo in te, io credevo di essere parte della tua causa...»

Werner annuì impercettibilmente. Giona aveva ragione

e non importava che da lì a poco il suo martello si sarebbe abbattuto sul suo teschio deperito e stanco, a spegnere per sempre i suoi occhioni verdi ora velati dalla cataratta e dallo stupore. Il racconto del suo amico assassino non faceva una piega.

Giona non aveva più altro da dire. Dopo un silenzio interminabile, si alzò dallo sgabello e si avvicinò ai due. Il volto tremante di Bernie e quello ossuto di Werner. Il gemello provò a ritrarsi, dimenandosi come una lucertola cui avevano mozzato la coda. Werner si lasciò invece docilmente baciare sulla guancia.

Le labbra dell'assassino erano fredde.

Giona afferrò il martello, un vecchio arnese con un manico di legno corto, e prese a rotearlo in aria come a darsi lo slancio giusto. Lo abbatté un paio di volte sul tavolaccio di compensato, fracassandolo in mille schegge.

Era la prova generale. Infilò la testa dei due in un sacco di iuta, l'indolenza apatica del boia che non ha fretta e, forse, non ha più nemmeno voglia, ma sa che deve essere fatto. O forse, chissà, fu un minimo di compassione. Privarli della vista ora che li stava privando della vita.

58.

Arrivano i nostri con le costole rotte e le pistole fumanti

Betty era una donna d'azione oltre che di parola. Piombò come una saetta a casa di Piramide, un tutt'uno con la sua Ducati rimessa a nuovo dopo il fracasso amalfitano, quando a tenerle in vita, lei e Susan, fu certamente un miracolo, lo sguardo misericordioso della Garbo che trapassava la nuvola marcia. Incollato a lei come una ventosa Johnny Mango, scaraventato giù dal letto senza una spiegazione e salito in groppa a quella furia con tutto il terrore del caso.

Piramide li aspettava con il motore acceso a bordo della Subaru di servizio e i due agenti scelti, l'autista esperto nello sbloccaggio di cancelli automatici e serrature e un cecchino provetto.

Non si dissero molte parole. Il loro amico era in pericolo. Bisognava solo spingere a tavoletta, bruciare l'asfalto e sperare, meglio ancora pregare, che non fosse troppo tardi. Erano le costole ammaccate di Piramide che urlavano ora, o era Werner dal suo incubo? La luna piena, lassù, era la stessa per entrambi.

«Forse sarà il caso che mi spieghiate dove stiamo andando con tanta furia e perché sono qui, prima su una moto e ora in questa macchina, a rischiare probabilmente la pelle...»

Piramide si ricordò solo allora del giornalista a bordo.

«Mango. Dimmi quello che mi devi dire dei gemelli Russo, ora o mai più...»

«... Mi sono ricordato della mega festa organizzata dai gemelli nella loro tenuta per lo scudetto del Napoli. Alla fine eravamo un po' tutti bevuti, a cominciare da Giona... A un certo punto vado a pisciare dietro un albero e me lo sono ritrovato al buio con la patta sbottonata che stava pisciando anche lui. Era bevuto più di me. Mi ha tenuto più di mezz'ora a dirmi come Max Berengario e Sugar Habens gli avevano rovinato la vita... Ricordo d'aver pensato: quest'uomo ha una capacità d'odio che fa paura.»

L'agente fece miracoli al volante. Poco più di tre quarti d'ora per raggiungere la tenuta di Giona Russo nelle campagne di Camerino. Non fu troppo complicato manomettere il cancello e disinnescare l'allarme. Il silenzio rotto solo dall'abbaiare stizzoso di Adolfo, il pastore tedesco di Giona. Incatenato dentro la sua cuccia extralarge, il molosso non si dava pace. Per silenziarlo, bastò centrarlo con una siringa di anestetico soffiata da una cerbottana.

L'autista era rimasto al volante, nel caso molto probabile di una ritirata precipitosa. Tano, Betty, Johnny e l'altro agente si fecero avanti nella direzione della luce che filtrava dalla casa principale di quel terreno sterminato. Ombre esagerate si allungavano sui passi dei quattro, rischiarati dalla torcia. Johnny Mango non era un cuor di leone, ma aveva accettato di far parte della spedizione in cambio della garanzia dell'esclusiva. Quella storia, qualunque fosse, sarebbe stato lui il primo e l'unico a raccontarla. E comunque il peggio era passato, nulla sarebbe stato più spaventoso del ritrovarsi in sella a una Ducati sparata nella notte, guidata da una donna che doveva salvare il suo amore.

Qualcosa, un brusio, forse un lamento, ruppe il silenzio. Proveniva da un luogo imprecisato, non sembrava dalla casa. Piramide ebbe un sussulto. Aveva pestato qualcosa di grosso, a giudicare dal rumore. Il piede si era impregnato di uno strano liquido vischioso. Puntò la torcia, era il guscio di un uovo gigante finito in frantumi. Il tuorlo aveva invaso la scarpa. Piramide imprecò. Fu in quell'istante che Betty intravide lungo la siepe, oltre il recinto, un'ombra enorme sfrecciare a grande velocità. Stava scappando da un pericolo o era quello il pericolo? Non era un cavallo. Ne aveva solo due di zampe. Una bestia mitologica o un'allucinazione?

Il lamento arrivava da un locale dietro la casa. Un deposito o, forse, una foresteria. Man mano che si avvicinavano, il lamento diventava più nitido, insieme a un altro rumore percepibile nei paraggi. Un tonfo sordo come di un corpo che si muoveva nell'acqua e andava a sbattere contro una superficie dura. Era Berta, la tartaruga, che picchiava impazzita contro le pareti della vasca rischiando ogni volta di rovesciarsi. Dalla frequenza e dalla violenza dei colpi, sembrava uscita di senno. Parevano tutti impazziti in quel posto, e forse nel mondo intero.

La porta era spalancata. Johnny Mango restò all'ingresso a fare da palo, Piramide, Betty e l'agente s'inoltrarono all'interno, via via che il gemito, sovrastato ora da un boato, come di legno schiantato da colpi violenti, suggeriva la strada.

Fecero fatica a credere ai loro occhi. Piramide e compari erano tre statue di sale. Un essere indecifrabile stava roteando nella luce fioca quello che sembrava un martello. A un paio di metri, due sagome legate e incappucciate, stese su un fianco, sulla stessa branda, schiena contro schiena, si torcevano e mugolavano.

«Polizia, fermati o sei morto!»

Non ci fu bisogno di freddarlo con un proiettile alla nuca. L'urlo di Piramide fu sufficiente. «Metti giù l'arma. Sei sotto tiro!»

Giona si paralizzò all'istante. Scagliò il martello, più per liberarsene che altro, sfiorando di millimetri la faccia ossuta di Piramide. Afferrato e gettato a terra dall'agente, si lasciò infilare le manette ai polsi, le braccia dietro la schiena, senza accennare una reazione.

Non fece un fiato. Sembrava che non aspettasse altro. Finalmente libero di essere quello che era, una marionetta arresa. L'avevano fermato in tempo dal fare una cosa che non aveva più nessuna voglia di fare. Nella sua testa la luce si era già spenta in fondo alla lunga confessione recitata in faccia a quei due disgraziati. Raccontarsi l'aveva pacificato. Da lì in poi sarebbe stato solo schiavo delle conseguenze di una storia a cui aveva tolto la firma.

Gli restavano gli occhi bistrati di blu cobalto, le labbra e le guance sbaffate di rossetto. Ma non era più la maschera di un assassino. Giona era un pagliaccio senza circo. Il circo era crollato, avevano smontato le tende, se n'erano andati e si erano dimenticati del loro clown più triste. Tornato l'omone di sempre, uno grande e grosso che faticava troppo, da troppo tempo, a stare in mezzo ai suoi simili, a tentare di essere uno di loro. Giona era stufo di balbettare. Stufo di non riuscire a farsi amare. Stufo di uccidere e di essere ucciso. Stufo di tutto.

Liberati dal cappuccio gli occhi di Werner non erano mai stati così grandi e verdi. E Betty non gli era mai sembrata così bella. Un incrocio tra la Madonna dei Miracoli e Modesty Blaise. Non gli era mai sembrato così mitico Tano Piramide. Una reincarnazione di Marlowe piovuta dal pianeta della guerra. Werner si concesse una dose tripla di ossigeno. La sua, non più sua, per sempre sua Betty, non aveva una rivoltella nella tracolla, ma una bomboletta d'aria liquida. L'aveva portata per lui. "Se questo non è amore!" si disse lui, redivivo. "Cazzo, se lo è!" si rispose.

Fissò il suo amico Giona. Cercò una qualunque cosa nel suo sguardo, ma non trovò nulla. Giona Russo non c'era più.

L'ambulanza arrivò dopo nemmeno venti minuti. Caricò su una barella quel che restava di Bernardo Russo, che non aveva mai smesso di tremare e piagnucolare. Troppo sconvolto per congratularsi di essere ancora vivo. Ferito nella vanità ancor più che nelle ossa. Non poteva credere che quella storia infame fosse toccata a lui.

La tenuta dei due gemelli fu ispezionata in ogni suo anfratto. Tra le altre cose, fu trovato in un cassetto della scrivania di Giona un diario scritto fitto con calligrafia infantile in cui l'omicida raccontava nei dettagli le sue imprese criminali, quelle compiute e quelle che aveva in animo di compiere. Il gemello Bernie doveva essere la chiusura perfetta, l'ultimo di una lista che includeva anche Totò Barone e Vanni, il capitano del Milan che lui considerava un infame, primo responsabile del suo più doloroso fallimento come allenatore. Le circostanze, forse, o la stanchezza lo avevano indotto ad anticipare la punizione di Bernie. C'era anche Werner Falco nella lista, l'amico che lo aveva deluso. Il suo nome era messo tra due parentesi. Un verdetto sospeso.

In un'altra stanza c'erano almeno una trentina di scaffali stracolmi di ritagli di giornali degli ultimi vent'anni. Titoli e articoli che parlavano di lui, quasi mai benevoli. Una lista dei giornalisti nemici, con i loro indirizzi e i numeri di telefono.

Un'altra stanza era invasa di oggetti e reliquie della Russia di un tempo, icone sacre, madonne, foto di ogni epoca, vecchi calamai, pennini, cataloghi, manifesti dell'epoca di Stalin. Dentro una cornice, in fondo a un armadio, c'era un ritratto pop di Vladimir Putin, biondo ossigenato, incipriato, le ciglia finte intrise di mascara, le labbra ritoccate a cuoricino con un rossetto vistoso. Su un leggio di legno intarsiato una copia della *Divina Commedia* illustrata da Gustavo Doré, edizione limitata del 1927.

In attesa d'essere processato per triplice omicidio e sequestro di persona, Giona Russo fu internato nel reparto psichiatrico dell'ospedale di Ancona. Le perizie, inclusa quella ordinata dal pubblico ministero, concordavano tutte su un punto: il soggetto non era capace di intendere e di volere al momento dei delitti e della loro premeditazione. Ma, quanto incapace? Questo era il nodo della contesa. Lucidità e follia si erano combinate dal primo all'ultimo istante nella mente dell'assassino che, le indagini accertarono, aveva agito in totale solitudine.

Il gemello Bernie guarì col tempo dalle ferite del corpo, ma non da quelle dell'anima. Gli restò addosso una malinconia insanabile. Rinunciò alla panchina della Nazionale e non prese in considerazione nessun'altra proposta. La follia di Giona lo aveva svuotato. Senza il gemello al suo fianco si sentiva perduto. Passava le ore da lui in ospedale a dirsi niente. I medici accolsero la sua richiesta d'avere una branda a due piazze nella stessa camera dove dormire insieme, entrambi imbottiti di sedativi.

Werner ottenne il permesso di andare a trovare Giona. Il paziente aveva dato il consenso in un primo tempo, ma poi cambiò idea. Werner restò in sala d'attesa più di un'ora e Giona non si fece vedere. Lo psichiatra che lo aveva in cura riferì che non si sentiva pronto. I sedativi avevano definitivamente placato la sua rabbia che però, secondo i medici, restava da qualche parte latente e minacciosa. Solo che adesso era rivolta verso se stesso. Giona era, a tutti gli effetti, un potenziale suicida. Andava sorvegliato giorno e notte. Sedativi a parte, lo placavano solo due cose, allevare i suoi piccioni e la presenza dell'amato gemello che gli leggeva lo *Zibaldone* di Leopardi.

Werner se ne andò senza vederlo, tenendo per sé la confidenza che gli avrebbe sussurrato in un orecchio. «Quei tre, amico mio insano, li avrei sterminati anche io, se solo avessi avuto il tuo coraggio… E, sai che ti dico? Avrei fatto lo stesso su di me… Non avevi tutti i torti.»

Se ne andò, portandosi due certezze, un desiderio e un dubbio. Non avrebbe mai più rivisto i due gemelli. E, a differenza di Giona, lui, Werner, non sarebbe mai diventato un feroce assassino. Sarebbe rimasto uno stupido asino anche un po' sentimentale, per quanto gli restava da vivere. L'ultimo desiderio. Avrebbe dato tutto quello che aveva per passare una notte intera abbracciato castamente alla sua salvatrice. Insieme ancora per una notte. Betty, la sua dolce e impavida amazzone, che cavalcava la vita, gli uomini e le moto. A mandarla da lui, quella notte, era stata la loro figlia, Elettra, con un telegramma imperioso spedito da non si sa dove. Questa era l'altra certezza.

Il dubbio era: Betty lo avrebbe mai perdonato?

59.
L'ultima serenata d'amore ha l'odore di una buccia d'arancia

«Vi ho viste quel giorno nel bagno delle donne...»

«Che cosa hai visto?»

«Due donne che si baciavano... tu e Susan.»

«Non è questa la risposta... Che cosa hai visto davvero?»

«Ho visto la passione. Due donne che si baciavano con passione.»

«Te lo dico io che cosa hai visto, scemo. Hai visto due donne felici. È questo che ti ha turbato, la felicità di due donne, non il fatto che si baciassero.»

Werner non aveva troppo da aggiungere. Come sempre Betty l'aveva centrato e affondato al primo colpo. Lei sapeva come colpirlo ancora prima di capirlo.

Le carezzò i capelli con le sue dita scarne e il suo respiro corto. Averla stretta a sé, tutta per sé, quella notte, era un regalo della sorte che sentiva di non meritare. Cercò scampo nel silenzio e in una tenerezza d'altri tempi, che non stava in nessun tempo.

Di troppe vite ci sarebbe stato bisogno per mettere su una vita decente. E quella che gli restava era agli sgoccioli. Ma Betty era lì. Questo solo contava. Tra le sue braccia. Mansueta. Una rarità. La sua donna dispotica, la sua femmina inafferrabile, era lì a farsi carezzare e a parlare di una felicità che non sembrava più riguardarli. Profumava di buono. Di buccia d'arancia.

«Betty. Voglio un figlio da te...»

Era un vezzo infantile del vecchio Werner. Dire cose assurde e anche un po' idiote quando si sentiva felice, ma Betty lo conosceva e poi lei aveva questo di speciale. Non c'era verso di sorprenderla.

«Sei così convinto che il mondo senta il bisogno di un altro piccolo Werner?»

«Non ne sono così sicuro...»

Hai già avuto la tua piccola e non hai saputo che farne, avrebbe voluto dire ma s'impose di non dire Betty.

L'ho avuta la mia piccola, l'ho persa, ma ora l'ho ritrovata ed è sempre con me, avrebbe voluto rispondere e non rispose Werner alla frase che Betty non aveva detto ma che lui aveva ascoltato lo stesso.

Allacciato a lei, Werner respirava il suo respiro, il suo odore buono di buccia d'arancia maturata al sole. Non percepiva più il disastro e, in ogni caso, non gliene importava niente. Non sapeva nemmeno se stesse recitando o fosse sincero. Non l'aveva mai saputo e aveva smesso di chiederselo. Nessuno mai sa di che si tratta quando sta al mondo e se dice di saperlo è un cretino o un impostore.

Sapeva, però, che se quello fosse stato qualcosa che somigliava alla felicità, avrebbe rischiato di esserne travolto.

Non se lo poteva permettere. Tornò in sé. A quel cazzone che si era imposto di essere .

«Confessa, Betty, ti sei definitivamente appassionata ai cadaveri dopo aver frequentato me...»

«La magnifica bellezza dei cadaveri... La loro perfezione. Parlano e dicono cose profonde dalla loro fissità. Nessuno li può più ferire.»

Avevano sempre scherzato sulla impressionabilità di Werner al cospetto dei cadaveri. Una delle tante. Scarafaggi, topi e cadaveri, le sue finestre sull'orrore. Mentre lei se ne fregava di topi e scarafaggi. Aveva terrore solo dei ragni. Quanto ai cadaveri, la ipnotizzavano. Poteva passare le ore a guardarli, con la scusa di studiarli.

Werner non si dava pace. «A me dicono solo orrore... Stanno lì assurdi a sbeffeggiare i vivi, a dirti che miserabile coglione sei ad attribuirti una vita... Sono spaventosi i cadaveri e sanno di esserlo. Sono cattivi, molto più dei vivi. I vivi ti uccidono, i cadaveri ti deridono.»

«Dammi retta, già ti vedo, tu sarai un fascinoso cadavere... Ti farò una foto prima che t'infilino nel forno a mille gradi centigradi e la terrò sotto il mio cuscino...»

Werner trasalì. Ebbe per un attimo la tentazione di svelare a Betty cosa teneva lui tutte le notti sotto il cuscino, più che mai ora che respirare era diventato qualcosa tra la scommessa e il tormento. La bambola di pezza della loro bambina. Lasciò perdere. Quella cosa era il loro segreto, suo e di Elettra, non lo voleva spartire con nessuno. Non doveva. Non certo con Betty.

Non l'avevano mai più nominata, la loro bimba. Come se il solo nominarla li avrebbe fatti a pezzi.

«Per come sono ridotto, puoi già tenermi così sotto il tuo cuscino.»

«Non ti va poi così male, gira voce che te la spassi con una procace fidanzata baiana, il che è insolito per un quasi cadavere.»

«Tutta la verità? Mi presto. Faccio finta. Sto cercando più che altro di estorcerle il contratto del figlio calciatore. Dovresti vederlo. Diciassette anni, una belva. Sai già come finirà...»

«Che ci riuscirai, naturalmente.»

«Finale aperto. Ci riuscirò, se prima non sarà lui, cintura nera di arti marziali, a farmi a pezzi. O la madre stessa, soffocandomi un giorno con il suo culo grande come piazza Navona.»

«Hai già deciso che ne farai delle tue spoglie mortali?»

«Le farò disperdere all'alba da una barca di pescatori miei amici nella baia di Salvador.»

«Dopo aver disperso il tuo seme in tutto il pianeta toccherà alle tue ceneri. Il cerchio si chiude.»

«Mi hai sempre considerato un maniaco sessuale, ma ti sbagli alla grande. Il mio sesso fanatico era solo un bluff, il mio modo di entrare in contatto con le origini della vita...»

«A quanto pare, non ti è andata bene...»

«Erano gli anni in cui leggevo quel porco di Henry Miller, anche se poi ho scoperto che nemmeno lui era un vero porco...»

«Hai letto troppo, mio piccolino, e quasi sempre hai equivocato quello che hai letto.»

«Ho letto cose che sarebbe stato meglio non leggere e ho visto cose che sarebbe stato meglio non vedere...»

«Buona fortuna in ogni caso, Bucaniere. Se davvero vorrai disperdere le tue ceneri nel mare di Bahia, fammene conservare un mucchietto per me.»

«Non occuperò molto spazio, due o tre etti scarsi.»

«Non molto meno di quanto pesi adesso. Le terrò insieme alla tua foto. Almeno così potrò continuare a insultarti nei secoli.»

«Te l'ho mai detto che ti amo, che ti ho sempre amato?»

«Ti sei sempre scordato di dirmelo.»

«È che, sai, l'essere amato mi sfinisce... Mi uccide.»

«Troppe cose ti uccidono... Allora, avevo bisogno che me lo dicessi. Le cose che non dici, non sono mai esistite.»

«O forse sono le uniche che esistono davvero...»

«Sei sempre stato bravo a trovare una scusa per le tue idiozie.»

«Te lo sto dicendo adesso, che ti amo.»

«Non serve più. Troppo tardi.»

«Te l'ho detto una volta e non te ne sei accorta. Fu la più grande dichiarazione d'amore mai fatta da un uomo alla sua donna da che il primo gorilla si suicidò per amore. Quella notte in quel locale di Bogotá che mi feci dare il microfono e ti dedicai *Love Me Tender* davanti a una quindicina di fessi colombiani, ignari di essere lì testimoni di un evento grandioso. Ricordi?»

«Ricordo. Se lo ricorda anche Elvis. Avevamo un mal di testa grandioso quella sera, lui e io...»

«E io avevo i crampi alla pancia, i conati di vomito e la diarrea. Un attacco tremendo prima di cantare e uno durante... C'è una prova d'amore più grande? Cantare *Love Me Tender* alla tua donna nel bel mezzo di un attacco di diarrea?»

«Elvis sarà stato fiero di te...»

«Ci puoi giurare, lui ci è morto, tra il vomito e la diarrea...»

«Sai cos'è lo spartito invisibile?»

«Dimmelo tu.»

«C'è un momento nella vita, uno solo, in cui tu, quella cosa particolare, la devi dire, un momento in cui dirla è tutto l'oro del mondo. Fuori da quel momento, subito prima o subito dopo, è niente. Questo è lo spartito invisibile. Ci vuole orecchio, Bucaniere. Tu hai cuore, testa e qualche volta anche coraggio, devi solo trovare l'orecchio.»

«Me lo ha mangiato Armando, l'orecchio.»

«Quello non era Armando, quella ero io travestita da Armando.»

Seguì un lungo silenzio al buio. Solo respiri. Fu Werner a interromperlo. Non sopportava il silenzio.

«A cosa stai pensando?...»

«Non la vedo più...»

«Chi non vedi più?...»

«Lei. Elettra. Ho quasi dimenticato il suo viso… A volte mi sembra di vederlo, ma subito svanisce… Il suo sorriso… la sua voce. Tutto passato…»

Betty scoppiò a piangere tra le braccia di lui.

«Era bella… davvero bella. Ti somigliava, aveva i tuoi stessi occhi, le stesse fossette sulle guance…»

«Non ero pronta per un dolore così grande…»

«Non si è mai pronti… Io la vedo tutte le notti, ma non com'era, la vedo come è adesso, una bellissima ragazza… Gentile, bionda e amorevole. Ci vede invecchiare e si prende cura di noi.»

Ora piangevano entrambi, stretti, abbracciati. Poi, il pianto si trasformò in riso. Prima lei, a seguire lui.

«Ti ricordi di quella volta che eri deciso a volerti sparare una pallottola nello sfintere perché il prurito ti mandava al manicomio e dicevi che quella era la porta del diavolo?…»

«… E tu mi hai costretto a vedere *Hiroshima mon amour*…»

Si addormentarono che era l'alba. Fu Armando a svegliarlo. Più nervoso che mai. Werner andò d'istinto a cercare nel letto la sua non più sua donna. Betty non c'era più. Volatilizzata. Nessuna traccia di lei.

Solo un buon odore di buccia d'arancia.

60.

Biancaneve, Werner e il problema di dirsi addio

Werner e la valigia si fissavano con reciproca ostilità. Si domandava se sarebbe mai riuscito a sollevarla. Ci aveva messo dentro poche cose indispensabili, medicine soprattutto, pochi abiti estivi, la Barbie di pezza della figlia, alcune foto, la sua con Maradona e Atanas, quella con Piramide, Susan e Betty davanti a una tomba etrusca, ma a pesare erano soprattutto i libri. Aveva abbandonato da tempo gli scrittori americani e, a seguire, i russi. Con Joyce ci aveva provato, più che altro per compiacere la vedova del Mago, ma aveva mollato. Non era ancora pronto. Adesso stava in fissa con Franz Kafka. Gli sembrava di essere finito nello stesso incubo, di fronte allo stesso specchio.

Pierre era già lì, chissà da quanto tempo, dentro la sua tutina rosa, che spolverava qualunque cosa gli capitasse a tiro, la radio accesa a tutto volume che lo ispirava più del solito. *Là ci darem la mano, là mi dirai di sì, vedi non è lontano, partiamo mio ben da qui...* Usava il piumino con la destrezza e la grazia di un fiorettista.

Werner lo guardava all'opera e si chiedeva se gli sarebbe mancata a Bahia la beatitudine di quel soave cappone. Erano al momento dell'addio. Non si aspettava lacrime e occhioni languidi. Lo conosceva bene. Pierre era refrattario. Le smancerie non erano il suo genere. Gli mancavano troppi decibel per le grandi passioni. Sarebbe stato per lui un giorno come tutti gli altri o quasi. Forse, un vago dispiacere.

«Te l'avevo detto o no che quelli erano delitti passionali? Tu non mi vuoi mai credere e sbagli. Te, quelle due sgallettate sapientone e quell'inutile commissario...»

«Avevi ragione te, Pierre... Abbiamo perso un sacco di tempo dietro a quell'inutile commissario e alle due sapientone.»

«Cosa vuoi che ne sanno i commissari e le donne di passioni umane... Lo sai te il detto: Tuscania dalle belle fontane, l'omini becchi e le donne puttane.»

«Cosa c'entrano i becchi e le puttane con questa storia?»

Lo chiese per farlo contento. Werner sapeva bene cosa avrebbe risposto.

«Come cosa c'entrano? Tutti, uomini e donne, specie qui a Tuscania, siamo stati almeno una volta, a parti alterne, cornuti e puttane...»

«Ho sempre pensato che questo fosse il posto giusto per me.»

«Perché te ne vai allora?»

«Ho un affare da chiudere a Bahia. Mi porterà via molto tempo e non so se ho tutto questo tempo.»

Pierre non era il tipo da cogliere significati reconditi o messaggi latenti. Né era interessato a coglierli.

«Lo sai che la gente mormora che prendi i soldi sottobanco nel calcio...»

«Mi sa allora che sono un po' coglione...»

«Mi sa...»

«Fammi un regalo, Pierre. Dimmelo che sono un coglione. Mi farai sentire meglio!»

«Non ti dico un bel niente.»

«Se sei un vero amico, invece tu adesso me lo dici.»

«Sei libero di essere un coglione, che me ne importa a me.»

«Sono un coglione libero. Va bene. No, non funziona... Non posso dirmelo da solo... No, adesso tu me lo dici o ti licenzio in tronco.»

«Mi hai già licenziato, te ne stai andando e chissà se e quando torni.»

«Allora vado fuori e me lo faccio dire dal primo che passa.»

«Fa' pure le tue stramberie, sai che me ne importa a me dei tuoi traffici...»

«Che traffici?...»

«Sei proprio un testone... io e te non ci capiamo.»

Qualunque conversazione con Pierre finiva nel deserto.

«Ti ammiro, Pierre.»

«Perché?»

«Te ne vai in giro per il paese con quella tutina rosa da frocio, le perline e i ricami. Mi piacerebbe farlo anche a me, ma non ho il coraggio...»

«Della gente non me ne frega niente. Mai fregato niente.»

«L'hai pure personalizzata con la P di Pierre, la tuta...»

«Intendiamoci, a me i gay che ostentano non mi piacciono, le checche per capirci, quelli tutte mossucce e moine, che mi devi dimostrare chissà cosa, che si baciano per strada. Per carità... Piuttosto, quello coraggioso sei tu, un personaggio conosciuto, famoso come te che si fa vedere in giro con uno come me...»

«A me piacciono quelli come te...»

«Tu non sei normale...»

«Vuoi dire che sono un po' bacato?»

«Bacato forse, un po' stronzo sicuro...»

«Uno stronzo che morirà presto. Sarai almeno un po' triste quando morirò?»

«Mamma mia che lagna, il solito menagramo. Muoiono tutti a questo mondo. È morto Maradona, e tutti lo credevano immortale. È morto persino Sean Connery. L'avresti detto? Bellissimo pure da novantenne... Ci sarei stato volentieri con Sean.»

«Per farci cosa?»

«Tante cose. Che ne sai tu? Solo il contatto è già bello.»

«Non era Gabriel Garko il tuo preferito?»

«Un mito, baciava le donne sul set ed era gay. Per me sarebbe impossibile. È contro natura baciare una donna.»

«Ci esci ancora con il tuo ultimo fidanzato o l'hai già scaricato?»

«Quel burino patentato!... Uno zoticone. Mamma mia che sbaglio... Come ho potuto?... Pazienza ancora l'alito da cimitero, ma una maleducazione che non ti dico. Certe figure... Hai presente una scrofa a tavola? Peggio! Uno schifo d'uomo... Mi tradiva pure. Quell'ingrato! Ho pensato alla mia mamma, a come ci sarebbe rimasta male e l'ho spedito via di casa a calci in culo. Piangeva come un vitello, ma Pierre non perdona, chi la fa l'aspetti. Già è tanto che non l'ho dato in pasto ai cinghiali.»

«E ora, hai chiuso con gli uomini?»

«Ne ho uno nuovo da qualche giorno. Adesso vengono tutti fuori dal computer. Ci conosciamo lì. Sono tutti etero con mogli e figli. Vogliono sperimentare di farlo con un uomo. E poi ci provano gusto. Gli piace e insistono.»

«Solo sesso?»

«Magari... Sono tutti nonnetti che all'inizio mi cercano per farsi fare le punture da me. Mi chiamano "mani di fata". Li infilzo e nemmeno se ne accorgono. Si fanno fare qualunque cosa da me.»

Werner non poté fare a meno d'immaginare d'essere diventato probabilmente il tipo giusto per i canoni di Pierre. Abbastanza decrepito, stanco e ignorato. Pierre non mancava ogni tanto di fargliela intendere, con discrezione, che sarebbe stato disponibile a prendersi cura anche del suo pendaglio esausto. Quando era su di giri, passava a battute esplicite da caserma, ma Werner faceva sempre finta di non capire. Lui tendeva di solito a premiare gli slanci della gente, ma Pierre, per quanto profumato, gli faceva senso.

Erano gli intrecci della carne che, in generale, non lo appassionavano più di tanto. Le cinesi, forse un tempo, qualche negra a Bahia, ombre più che altro di una lanterna che non aveva più nulla di magico. E quando le attenzioni di Pierre diventavano minacciose, usava la strategia collaudata dello sproloquio. Quella del suicidio come suprema forma di stoicismo funzionava sempre, quando si trattava di gelare i bollenti spiriti di Pierre. «Sì, vabbè, amore mio, te e 'sta storia del suicidio, falla finita. La prossima volta me presento con un vaso di crisantemi e il prete...»

«I nonnetti, dimmi di questi tuoi nonnetti.»

«Mi parlano. Mi raccontano tutto delle loro vite. Io li ascolto e loro sono felici come bambini. Sono uomini anziani, ma con me tornano creature, si lasciano andare.»

«Tu ci sai fare, sei meglio delle loro donne.»

«Ci puoi giurare. I pompini che gli faccio io se li sognano a casa.»

«Amo le donne, ma non dovrebbero mai diventare mogli. Sposi una bellissima donna che ti fa gli occhi dolci e dopo un po' ti ritrovi una megera che t'insegue nel gabinetto per controllare se hai lasciato tracce.»

«Diventa fratellanza, il rapporto. Non dovrebbe essere così.»

«Ti piacciono anche i giovani?»

«Coi giovani fai meno fatica, non c'è manco da lavorarci tanto, invece con un nonnetto c'è da sgobbare parecchio...»

«Con me non ti basterebbe una settimana...»

«Due ore in mano mia e una pilloletta di Viagra, vedi te come ti resuscito...»

«Ne ho fatto abbastanza di sesso e poi non sei il mio tipo...»

«La viscontessa Guglielmetti mi dice sempre: "Pierre, ogni scopata persa non la ritrovi più".»

«L'hai presa alla lettera, tu, la viscontessa... Mai fatto sesso con una donna?»

«Da quando avevo sette anni, ho sempre sentito la spinta verso gli uomini.»

«Che facevate?»

«Facevamo incularella, che dovevamo fare? La prima penetrazione a quindici anni. Se le campagne qui intorno potessero parlare... Una sola volta l'ho fatto in macchina al mare, mai più nella vita. Mi piace farlo a letto, mi piacciono le comodità. Prima cosa, gli faccio fare una bella doccia... Peloso meglio, mi piace, ma senza barba...»

Werner lo ascoltava estasiato, sapendo in cuor suo che sarebbe stata l'ultima volta. Lo aveva ascoltato una vita, mentre lo massaggiava sul lettino e gli raccontava di come smidollava i suoi amanti, o in cucina, mentre smanettava pentole e tegami, e gli spiegava di come decapitava le oche prima di cucinarle o sgozzava con un coltellino a serramanico le galline per il brodo che beveva ogni sera prima di andare a letto in una tazza rosa piena di cuoricini, perché diceva che gli guariva le ulcere allo stomaco.

Sapeva come gratificare la sua Biancaneve.

«Ti rendi conto? Eschimesi, indios, cinesi, canguri, cani, tonnellate di cacca vengono scaricate da millenni ogni giorno sulla Terra, eppure c'è ancora qualcosa che profuma. E questo qualcosa sei tu, Biancaneve...»

Biancaneve annuiva estasiato.

«Dimmi, Pierre, trovi che io sia diventato un vecchio bagascio?»

«Ho mai detto che Werner è un bagascio? Diventiamo tutti bagasci prima o poi...»

«Mia moglie Betty lo pensa...»

«Tu becco, lei puttana. Stavate bene insieme qua a Tuscania.»

Aveva ragione Pierre. Come sempre.

«Ora dobbiamo salutarci, devo andare a fare le pulizie a Villa Paradiso, il centro recupero tossici. A piantare pomodori e cetrioli. Tu mi hai mollato e mi sono dovuto cercare un nuovo lavoro...»

«Se torno, mi faccio ricoverare lì, a piantare pomodori e cetrioli insieme a te, così ti prenderai cura di me...»

«Tu mi sa che sei già tossico...»

«L'errore è drogarsi da giovani. Ti devi drogare di brutto dopo i sessant'anni. Forse anche prima, dipende da come sei messo.»

«Perché vi dovete ammazzare con le stesse vostre mani? Non l'ho mai capito. Tu hai appena rischiato de morì crepato a martellate da quel maniaco. Ci vuole tanta pazienza con te...»

«Grazie di tutto, Pierre. Sei stato un amico prezioso.»

«Mi sono ammazzato per te, m'è toccato pure farti il bagno come una creatura, e mi rompi le palle anche adesso che stai per partire...»

«Sei un uomo arido, Pierre, ma ti voglio bene lo stesso, a te e ad Armando.»

«Sarai te arido... Io vado a fare assistenza agli anziani. Il lavoro è lavoro. Le buone azioni sono altro. Tu che ne sai di buone azioni...»

«Andremo da nonnetti insieme a Villa Paradiso, a piantare pomodori e cetrioli... Voglio sentirtelo dire, Pierre, che sei un nonnetto.»

«Io sarò un nonnetto, ma tu sei una mente malata. L'ho sempre saputo... Adesso fai il bravo, ti mangi la frittata di cipolla che ti ho preparato, mentre io mi guardo la puntata registrata del *Grande Fratello Vip*. Devo capire che fine fa Beniamino… Mi piace come ragiona la Ilary, come si esprime, e pure Pierpaolo mi piace, l'ex velino di *Striscia*…»

«E poi ci diciamo addio…»

«Vattela a prendere in quel posto. Quale addio! 'ndo vai, tanto prima o poi torni.»

Si stavano separando per sempre e tutto quello che avevano da spartirsi era una frittata di cipolla e una conversazione assurda. Werner si sentiva pieno di gratitudine.

«Prenditi cura di Armando. Promesso?»

«Se non torni entro sei mesi me lo faccio al forno quel chiacchierone. Pare che i pappagalli al forno vengano meglio dei piccioni.»

«*… I palpiti sentir, confondere i miei con i suoi sospir, oh cielo si può morir, di più non chiedo…*» L'ispirazione arrivò dalla radio dimenticata accesa. Si salutarono con un casto abbraccio. Il primo e probabilmente l'ultimo della loro storia. E forse una furtiva lacrima.

61.

A spasso tra gli Etruschi: i morti non parlano, ma forse ascoltano

«Vediamoci nella necropoli etrusca dove andavamo da studenti a fare danni...»

Era venuto il momento di salutare Tano Piramide. Il cimitero etrusco. A Werner sembrò una magnifica idea quella dell'amico poliziotto ciucciamatite. Un romanticismo inatteso. Si capiva che stava invecchiando. Darsi appuntamento per l'addio alle porte di Cerveteri, dove s'incontravano da ragazzi, armati di pale, scalpelli e picconi per scavare la terra con i tombaroli del luogo.

I novizi come Werner e Tano facevano da manovalanza al servizio dei caporioni. Loro, Fanfulla e Giacomino, un muratore e un contadino locali, erano la quadriglia più ambita. I boss delle tombe sapevano dove forare e da che parte entrare. Sapevano, soprattutto, assegnare il giusto valore a ogni reperto. Da piazzare poi, attraverso i ricettatori, sul mercato nero dei ricconi svizzeri, inglesi e tedeschi che li strapagavano per decorare le loro ville milionarie. Alla fine, quando si trattava di spartire il bottino, nelle tasche dei manovali finivano solo le briciole, pur sempre una manna per studenti squattrinati. Avrebbero dovuto scavare decenni per passare di grado, ma avevano altri destini. E quel tipo di business era già al tramonto. Ce n'erano ancora di tombe nel sottosuolo, ma giravano troppi reperti e troppi falsi. Troppi agguati della finanza. Il gioco non valeva più la candela.

La nuvola fetente era sempre lassù. Respiravano poco e male i due, Werner per via dei polmoni guasti, Piramide per le costole incrinate, ma sembravano contenti di darsi il probabile addio là dove avevano cominciato a conoscersi meglio, sempre benevolmente diffidando l'uno dell'altro. Avevano pensato in un primo tempo di coinvolgere anche Susan e Betty, ma poi decisero che non era il caso. Susan non camminava ancora bene e loro avevano voglia di dedicarsi un saluto più intimo. Sarebbero stati più liberi di dirsi tutto e anche, perché no, di scambiarsi un accenno di carezza.

Dopo la forte depressione, Tano era tornato come nuovo. Non certo un allegrone ma, da pensionato, aveva riscoperto vecchi piaceri. Le passeggiate nei boschi, la caccia ai fagiani, le partite a scacchi e a scopone con gli amici. Non voleva più sentir parlare di delitti, non aveva storie da ascoltare, né storie da raccontare. Non masticava più matite, ma radici di liquirizia. Per il resto, baffi da allisciare e ora anche una barbetta da sfruculiare. In tutto questo pelo e la faccetta sempre più smunta, gli occhi da topo qua e là mandavano ancora rari bagliori. Lievemente incurvato, aveva fatto pace con se stesso e con il mondo.

Era Tano, stranamente, il più loquace dei due. Passeggiando per i sentieri della necropoli salivano i ricordi. Di quella volta che lui e Werner fecero sesso con Susan e Betty in una delle tombe dei guerrieri, la più spaziosa, tre camere molto ampie, sei metri sotto terra, scudi, spade e lance alle pareti. Erano soliti portarsi le donne in quelle macabre grotte di tufo per fare colpo su di loro. Funzionava quasi sempre. Faceva sangue la polvere dei millenni combinata a quella degli scheletri. Raccontavano di come gli Etruschi cremavano o seppellivano i loro morti, di come riempivano le loro tombe per accompagnarli nel viaggio del non si sa dove e del non si sa mai. E poi, quando le vedevano cotte a puntino, partiva l'affondo. Sdraiavano la Cappuccetto Rosso di turno nei tumuli, nello sdilinquimento ispirato di un abbraccio che metteva insieme corpi assatanati e ossa inanimate.

«Lo ricordo, eccome. Ululavi come un lupo della steppa in calore... Mettevi paura.»

«Susan mi faceva sangue, tu lo sai bene...» disse lui con un tono di mestizia improvvisa.

«E quella volta del picnic improvvisato nella tomba del Grifo, uova sode, pizza, salame e la boccia di vino bianco... La fame dopo l'amore.» Sempre Tano ricordò di quando, scavando tra i resti di una tomba dei guerrieri trovarono un'anfora del sesto avanti Cristo piena di monili e delle prime monete di bronzo, il loro bottino più ricco di sempre.

«Come commissario di polizia non sono stato un granché... Magari, se avessi continuato da tombarolo fuorilegge mi sarebbe andata meglio...»

Ascoltare Piramide ironizzare su se stesso era una novità assoluta. Werner la prese come una prova. Il suo tristo amico si era finalmente liberato delle sue scimmie. Meglio tardi che mai.

«Non credo proprio... Sei schifosamente un bravo ragazzo dentro. Un caso senza speranza. Ti ha stampato così la mamma. Le mamme sanno sempre quello che vogliono. Un figlio che combatteva i cattivi e stava dalla parte dei buoni... E poi, sei troppo imbranato. Per fare il bravo delinquente ci vuole un quoziente d'intelligenza intorno a 150 e tu non so nemmeno se arrivi a 60, più che sufficiente però per fare il commissario di paese...»

«Toh, guardali, sembrano proprio loro...»

«Sono loro!»

Incrociarono due ombre all'altezza della Banditaccia.

Fanfulla e Giacomino, i compari tombaroli dell'epoca, vestiti di stracci e con barbe da matusalemme. Camminavano sbilenchi e furtivi, come se avessero sempre appena trafugato un'anfora. Erano andati fuori di testa più o meno nello stesso periodo, dopo che le rispettive mogli li avevano piantati in asso. Vivevano in due stalle vicine insieme a capre e maiali dentro la necropoli. Da allora si erano dati al barbonaggio estremo per protestare contro l'inaudita crudeltà delle donne. Ogni tanto litigavano, si pigliavano per i capelli, anche ora che ne erano rimasti una dozzina a cranio. Tra una bevuta e l'altra, Fanfulla sosteneva la forte affinità della gente etrusca con i pellerossa d'America, i Mescaleros in particolare. Giacomino s'infuriava e ribatteva che no, gli Etruschi in realtà non erano mai esistiti, ma erano solo una minoranza di governanti fascisti che avevano messo le donne al bando e concesso al popolino la baldoria delle sepolture.

Scomparvero tra le grotte con i loro deliri.

«Avremmo potuto fare la loro stessa fine...» ammiccò ilare Tano. «Anche noi siamo vittime delle donne crudeli.»

«... Parla per te. Io mi divertivo. Come quel furbacchione di Lawrence che, con la scusa degli Etruschi, veniva a passeggiare nella città dei morti, per adocchiare le gambe delle lavandaie, magari scambiando qualche giochino sulle lenzuola fresche di bucato, prima che i polmoni gli andassero in malora...»

Negli ultimi tempi più che mai, Werner aveva ritrovato nel tisico Lawrence un'anima gemella. La sua storia lo appassionava più dei suoi libri, per non parlare della sua fine. E si somigliavano pure d'aspetto, gli fece notare un giorno Betty forse per compiacerlo.

«Pensa te, quanta gente ci ha lasciato la pelle per costruire queste case inutili dove buttare dentro cinque, sei carcasse di morti... Nel dubbio su cosa ci fosse dopo la vita i Romani godevano, mangiavano, bevevano e celebravano il corpo, sesso sfrenato e terme. Gli Etruschi erano l'opposto. Campavano una cinquantina d'anni, quando andava bene, e invece di godersela pensavano all'aldilà. Costruivano astronavi colme di tutti i beni e le riempivano di cadaveri...»

Lo spirito pratico di Tano non si smentiva mai.

«Costruivano astronavi assurde a placare l'ansia e il dolore per un viaggio che non si conosce...» Werner l'Etrusco ristabiliva l'onore dei suoi antenati con robuste dosi di lirismo.

Doveva fermarsi ogni tanto a riprendere fiato, ogni volta che le scorte di ossigeno si esaurivano. L'idea iniziale era di fare pochi metri, ma non voleva deludere l'entusiasmo di Tano Piramide. Nei passaggi più impervi era l'amico, premuroso, che gli dava sostegno e lo prendeva per mano o per il braccio. Non si era mai sentito così fragile e così riconoscente, Werner.

Camminarono quasi un'ora, passando lungo le grotte dalle cui cavità filtrava la fosforescenza spettrale delle alghe gialle che galleggiavano nelle pozze d'acqua. Di giorno erano rifugio dei senza tetto, di notte si aggiungevano i pipistrelli. Imboccarono la Via degli Inferi dove passavano quasi tremila anni prima i carri funebri, scortati dai familiari, i figuranti e le lamentatrici che dovevano esasperare il lutto. E dove erano passati i due amici decine di volte.

Fu l'occasione per riprendere il tema dell'inferno. Secondo quel sempliciotto di Piramide somigliava alla bolgia dantesca dove i dannati, ammassati, vanno arrosto per l'eternità, tra sevizie e pene corporali. Secondo Werner, che si confrontava spesso con padre Tullio su questi temi, la tesi più credibile era quella di Hans Urs von Balthasar, il teologo svizzero: l'inferno è vuoto, un non luogo, puzza e non c'è amore.

Arrivarono alla necropoli del Laghetto, subito prima della cinta di mura, passando tra sambuchi, rovi, canneti gocciolanti, dirupi, ex voto in terracotta, raffiguranti piedi, dita, peni, pubi, fegati, milze, orecchie. Il Fosso del Manganello, sacro agli Etruschi. Una specie di canyon sul quale una volta, millenni prima, scorreva il fiume tra imponenti costoni di tufo. Un burrone da vertigine, almeno trenta metri. L'ideale salto nel vuoto per suicidi convinti, non per i cerveterani che preferivano impiccarsi nei loro poderi, come molto presto avrebbero certamente fatto Fanfulla e Giacomino, definitivamente pazzi anche per via dell'astinenza.

Esausto, Werner si appoggiò al braccio dell'amico. Gli era bastato sporgersi due secondi per sentire la vertigine magnetica di quelle rocce nello strapiombo. Non avrebbe fatto nemmeno rumore nella caduta. Probabilmente si sarebbe sgretolato già in volo.

Tano sembrò avvertire la fantasia suicida di Werner.

«Noi siamo grandi amici, non è vero? Tutto lo dice...»

«Lo puoi ben dire, caro Tano, siamo grandi amici, tutta la nostra storia lo dice. Sai una cosa... M'è venuto imperioso ora l'assillo di dire ai miei cari tutto quello che non ho mai detto prima... sai, questa smania di verità, di non lasciare dietro di me il tanfo odioso delle menzogne e delle omissioni...»

Seguì una lunga pausa. Werner prendeva fiato o forse coraggio.

«Non te l'ho mai detto, Tano, e te lo dico ora...»

«Non avere paura di dirmelo, Werner... So già quello che stai per dirmi.»

«... Ti voglio tanto bene, Tano. Non te l'ho mai detto... Ti ho sempre voluto bene.»

«Anche io ti voglio bene...»

Tano strinse ancora più forte il braccio dell'amico, quasi a fargli male.

«... E dimmi, Werner, a questo proposito: tu che mi vuoi bene, cosa ne pensi degli uomini che insidiano la donna del loro migliore amico?...»

Nel dire questo, Tano si scostò bruscamente da Werner che, senza più appoggio, vacillò pericolosamente prima di ritrovare un precario equilibrio. Si ritrasse dal ciglio del burrone, preso da un attacco parossistico di vertigine. Le parole dell'amico lo avevano invaso di terrore.

Piramide tornò da lui, ma non per sorreggerlo. Lo prese di nuovo per il braccio ma ora lo trascinava. Poco più di due, tre metri tra loro e l'abisso.

Venezia, Pompei e ora la necropoli etrusca. Werner era stanco di calpestare precario la terra che sta tra i vivi e i defunti. Prima Giona Russo, ora Tano Piramide, chissà quanti altri, incluso Armando, volevano la sua morte. Doveva confessare tutto, anche quello che non aveva commesso. Era arrivata l'ora di togliere il disturbo. Ma dovette fare i conti con l'istinto di sopravvivenza.

«Sono due lesbiche, Tano, due lesbiche incallite, non ci hanno mai amato davvero. Ci siamo illusi, tutto un inganno, ci siamo fatti un film, non sono mai state nostre le nostre donne... credimi, non ne vale la pena. Siamo stati due fantocci nelle loro mani... Siamo peggio di Giacomino e Fanfulla, solo più vigliacchi.»

Werner piagnucolava e Piramide continuava a spingerlo verso l'abisso. Werner provava a fermarlo, ma era troppo debole, troppo stanco. Tutti volevano liberarsi di lui, di questo insignificante mucchietto d'ossa. Bastava una piccola spinta.

A un passo dalla fine, un cellulare prese a squillare. Era quello di Werner che, per un attimo, fu invaso da un pensiero assurdo. Era Betty, la sua Salvatrice, ancora una volta, che vegliava su di lui e ora avrebbe fermato la mano di Tano come a suo tempo aveva fermato quella di Giona...

Mamma mia dammi cento lire che in America voglio andar... Era la nuova suoneria di Werner Falco, che si era stufato di Buscaglione e delle sue storie maledette. I canti dell'Italia ingenua e innocente. L'ideale per il capitolo finale del suo viaggio, quando avrebbe messo il suo corpo in sfacelo a disposizione dei baiani perché lo dessero in pasto ai pesci.

Non era Betty. Era Piramide che lo svegliava al culmine dell'ultimo sonno accidentato, l'ennesimo incubo. Piramide, lo stesso che, solo pochi secondi prima, lo stava spingendo nel burrone.

Aveva una voce insolitamente allegra.

«Scusami tanto, non ce la faccio a vederti. Le costole ancora mi fanno penare. Dobbiamo salutarci al telefono...»

Werner deglutì, in attesa di capirci qualcosa.

«Ehi, amico, non mi dici nulla? Non dirmi che sei emozionato... Buone notizie per te. Ho letto che stanno provando il trapianto del polmone con uno scimpanzé della Tasmania. Ti tengo aggiornato... Magari è la volta buona che ti rifanno nuovo.»

«Grazie per la bella notizia... ma allora non sei arrabbiato con me?...»

«E perché mai? Arrabbiato per cosa?...»

«Non ci pensi più di scaraventarmi nel burrone della necropoli?»

«Be', adesso non esageriamo... Dovrei farlo? Sei sicuro di stare bene? È vero, non mi sei stato di grande aiuto, ma da qui a buttarti in un burrone... Lo scemo sono io che ti ho cercato. Avevo bisogno di un amico come te per una cosa più grande di me... Di te, Susan e Betty, come ai vecchi tempi. Tutto qui...»

«Tutto qui...» ripeté Werner come un automa.

«Piuttosto, ricordati di non passare davanti a uno specchio. Ultimamente, dopo la storiaccia di Giona, rischieresti di vedere un morto che cammina...»

«E tu non dimenticarti di mandarmi ogni tanto una tua foto, così mi sento intelligente.»

«E cosa farai ora, oltre a pettinare le bambole baiane?»

«Penserò a tutte le cazzate che ho fatto e mi dirò che, di tutte, questa forse è la più ragionevole...»

«Ah, dimenticavo. Ti saluta Susan. Sta molto meglio. Riesce a camminare senza gruccia... L'altro giorno mi ha confessato una cosa...»

«Ah, bello... Che cosa ti ha confessato?...» riuscì a soffiare Werner con un filo di voce.

«Che gli piacevi, che un giro in giostra con te l'avrebbe anche fatto volentieri all'epoca... Ti ricordi? Ero geloso marcio di lei, ma non ho mai dubitato di te. Sei una canaglia, ma non faresti mai una schifezza simile a un amico...»

Ora Werner poteva anche svignarsela per sempre da quel luogo di pazzi, asini e assassini, di incubi e di amori che quasi mai cadevano in piedi. S'infilò il trench nero con la fodera rossa del Mago. Gli stava un po' largo ora che era ancor più deperito. Un abito inadeguato per i quaranta gradi di Bahia, ma tenerlo indosso lo faceva sentire meno vulnerabile.

Chiamò il taxi. Direzione aeroporto. Viaggio di sola andata.

62.

La vita è un sogno, ma i suoi gemiti sono veri

Fu una sarabanda di cose a passare nella sua testa nel momento esatto in cui l'aereo della Tap decollò da Fiumicino con destinazione Salvador di Bahia, scalo Lisbona. Il profumo di buccia d'arancia della sua Betty, l'occhio da pazzo di Giona, l'odore del macello, la faccia da bove sazio di Pierre, quella di Piramide, i baffoni impregnati di mestizia, il sorriso triste di Atanas, le pupille isteriche di Armando, le ciabatte e la pancia enorme di Diego che strascica il suo ultimo ballo sulla lurida mattonella domestica che stava tra la sua fine prossima e il ritorno definitivo alle origini.

L'ultima immagine fu una sensazione, quando era già in volo. Le labbra fredde dell'assassino sulla sua guancia. Per scacciarle via rifugiò la mente nel grande culo caldo, sudato e ospitale di Fernanda che si stampò nella sua testa confusa come un francobollo per il paradiso. L'ultima immagine prima di separarsi da quello che lasciava, ma anche la prima che avrebbe trovato, da lì a una dozzina di ore. Il culo omicida che lo avrebbe liricamente soffocato come nella più struggente delle storie d'amore. Non era più la palla di Nicola a cadere dall'alto e nemmeno il martello di Giona, ma il gigantesco sedere di Fernanda, una donna baiana che metteva al mondo figli carichi di ormoni e accompagnava alla fine vecchi ruderi come lui con la stessa criminale innocenza. Un incubo desiderabile, in questo caso.

Mister Jenkins lo aspettava all'uscita dall'aeroporto, puntuale come sempre con la sua Ford Puma nera nuova di zecca, la macchina delle grandi occasioni, vetri oscurati per clienti vip. Aveva lasciato i finestrini aperti. Sapeva bene che il Bucaniere, le sue ossa meschine, detestavano l'aria condizionata e amavano il vento caldo di Bahia. Viaggiarono senza dirsi altro che frasi di circostanza. Si conoscevano da una vita. Non avevano più molto da dirsi.

Trovò a casa il cesto con la sua frutta preferita, mango, banane, papaya. Una bottiglia di menta e un vassoio di cocco tagliato a fette. L'oceano era sempre lì. Anche Fernanda lo aspettava. Nuda e vogliosa. Nella stessa posa oscena di quando si erano lasciati. Non si era mai alzata da quel letto. Il tempo non scorre a Bahia, sta appiccicato sulle cose e sulle persone. La fedeltà di molte baiane è nella loro pigrizia: una garanzia, soprattutto se sanno che ti presenterai con un profumo Armani o un bikini nuovo.

«Così potrai annusarmi il collo, prima di fare l'amore...» gli aveva scritto nell'ultimo messaggio.

La donna era lì. Supina. A gambe divaricate, come dovesse ospitare un reggimento di aitanti alpini invece che un omarino pelle e ossa dalle ore contate. Solo che adesso ronfava più lieve. Werner si spogliò e si addormentò al suo fianco, accompagnandosi con il suo gioco preferito: sfogliare nella mente le seguenti ipotesi di come sarebbe defunto da lì a breve, in ordine di probabilità: soffocato dal culo di Fernanda o dalle sue tette, non meno enormi, nel pieno di una delle sue crisi epilettiche, dissanguato in seguito a una grave emorragia causata da lei che gli depilava il pube con la forbice, massacrato a colpi di capoeira dal figlio, accoltellato nella sordida cucina di una favela da una delle ragazze marginali di Salvador da cui si faceva volentieri depredare, scivolando sulle pietre levigate del guado che portava alla spiaggia e battendo il cranio, esplodendo insieme alla casa per aver dimenticato la moka sul fuoco, infartuato, alcolizzato, impasticcato. Ah, dimenticava, pugnalato o sparato da un marito geloso.

Sarebbe stata, in ogni caso, una fine grottesca. Lui che avrebbe voluto lasciare questo mondo con la grazia epica di un Paul Newman o la virilità di uno Steve McQueen. O annegando, magari, nella vasca dopo un bagno caldo di sali profumati e una tripla dose di morfina. Niente più martelli, testicoli o culi giganti, niente più incubi. «Sono stato un abile ciarlatano» avrebbe avuto il tempo di dire a se stesso, prima di spirare. «Ho ingannato mezzo mondo, è venuta l'ora di smettere. Sì, smetto di esserci, ammesso che ci sia mai stato» avrebbe scandito memorabile a una platea immaginaria e probabilmente ammirata.

Fu svegliato da qualcosa di enorme che si strofinava e premeva sulla sua faccia. Aveva un odore di giungla. Era il culo di Fernanda. Senza dire una parola, lei, devota, dopo essersi spruzzata una dose eccessiva di Armani, aveva diligentemente ripreso da dove aveva interrotto l'ultima volta, sicura d'interpretare la volontà del suo Werner.

«... Continua così, non smettere, fai la brava!»

La supplica le arrivò pigolante dal fondo del suo immane fondoschiena. Una voce soffocata, in apnea, ma chiara. Il suono probabile di uno che stava tirando le cuoia.

«Stai bene, amore? Sei sicuro che vuoi che continui?»

«Confermo tutto, continua, ti supplico, non smettere, se davvero mi vuoi bene...»

«Sono la tua dea, dimmelo che sono la tua dea...» rilanciava lei, pronta ad allestire il più memorabile dei suoi simulati orgasmi.

Fu in quell'esatto istante, quando Werner non aveva più rantoli da spendere, che il cellulare di Fernanda prese a squillare con petulanza. Un orrendo samba elettrico ruppe l'incanto di quell'ormai imminente e poetica morte per asfissia.

«Non rispondere, maledizione!» riuscì a gemere quel che restava del Bucaniere sepolto sotto il culo della nera. Una supplica intrisa di disperazione.

«Devo rispondere, è mio figlio...»

Fernanda scostò il culo assassino dalla faccia deformata di Werner, lasciandolo in uno stato di totale prostrazione. Il figlio veniva prima di Werner e di chiunque altro al mondo. Fernanda aveva il suo elementare ma inflessibile decalogo dei valori.

«Dimmi, figlio... Fa' presto che mamma deve finire di fare il bucato.»

«Mamma, una grande notizia» fece il ragazzone in viva voce. «Ho segnato tre gol nel derby con il Vitoria. Il presidente mi dà in premio la liberatoria, posso essere ceduto. Presentami quel tuo amico italiano. Sai dov'è? Facciamolo venire subito.»

«Sì, amore mio, so dov'è, lo farò venire subito...»

Werner, quasi morto, aveva sentito l'essenziale. Un ghigno tra l'infantile e il satanico gli si stampò in volto sul doppio senso, lui che non veniva da una vita. Scansò con un gesto quasi brutale l'enorme culo omicida e proruppe allegro con tutta la voce che gli restava: «Sì, Fernanda, vengo, tu sei la mia dea!». Più che un esclamativo, uscì come il sibilo roco di una gomma sgonfia.

La vita, in fondo, valeva la pena di essere vissuta, si disse. Mentre il ghigno aveva ora qualcosa di beato e fanciullesco.

63.

Troppo presto per cantare vittoria

Cento lire io te le do, ma in America no no no...

Era Federico Zeno. Werner l'aveva cercato più volte per raccontargli di Getulio. Il figlio di Barnaba, un abile imprenditore a dispetto della giovane età, aveva rilevato il Benevento calcio dopo la morte del padre con l'appoggio della famiglia e stava lavorando per la rinascita del club, finito in serie B dopo le ultime vicissitudini. Si rivolgeva spesso a "zio Werner", come lo chiamava, per avere consigli.

«Ho quello che fa per te... il talento che ti serve.» Werner andò al dunque come sua abitudine. «Non farmi troppe domande. Devi fidarti e basta. Stiamo parlando di un predestinato. Hai presente Ronaldo, nel senso del Fenomeno? Siamo oltre. Ci puoi giurare. Ha pure gli stessi dentoni da roditore e la tendenza a ingrassare. Lo prenoti subito a 2 milioni, te lo porti a casa tra un anno e lo rivenderai tra due, massimo tre, a 100. A me darai il dieci per cento delle due transazioni e passa la paura. Volevo bene a tuo padre, ti ho visto crescere, non te lo rifilerei mai un bidone...»

Si accordarono di aspettare la primavera per spedire il ragazzo con la mamma tra i lupi del Sannio per un primo ciclo di ambientamento, evitandogli un inverno che non avrebbe saputo decifrare. Dalle sue parti neve, cappotti e galosce li vedevano solo al cinema o in televisione. In quanto al Benevento, non era un club di prima fascia, vero, ma Werner avrebbe facilmente convinto il ragazzo e la famiglia, una decina solo tra zii e cugini, che era giusto così, crescere in un ambiente protetto e farsi trovare pronto per la grande occasione, che sarebbe certo arrivata.

Federico Zeno si fidava di Werner Falco. C'era sempre stato nella vita del padre e non dava retta alle maldicenze che attribuivano al Bucaniere la responsabilità del disastro economico e mentale del padre dopo l'affare Genius Mokambo. Che, nel frattempo, aveva lasciato anche il Benevento ed era finito a giocare in Turkmenistan, dimenticato dai più.

Preziose conferme arrivavano per Werner anche dal fronte della scienza. Stavano sperimentando con promettente successo cerotti al Viagra sui pappagalli della foresta amazzonica, in via d'estinzione. Anche la mamma di Getulio, Fernanda, avrebbe avuto quello che le spettava e forse presto, prima di quanto potesse immaginare, non sarebbe stata più costretta a inscenare le sue inverosimili e generose simulazioni.

Era una donna semplice Fernanda, ma aveva le sue fissazioni. «Ho appena comprato una pomata nuova. L'hanno messa in commercio da poco. È fantastica. Cinque minuti e ti cadranno tutti i peli. Non sentirai niente...» Figlio a parte, meglio assecondarla. Prendeva due farmaci al giorno, ma non si sa mai. Non era sicuro di poter sostenere un'altra sua crisi epilettica. La pomata, oltre che a fargli cadere i peli del pube, gli aveva ustionato lo scroto. I testicoli in fiamme. Passò tutta la notte a farsi impacchi di acqua fredda e foglie di aroeira. Desiderò di ucciderla, ma aveva bisogno della sua firma.

La firma arrivò e Werner Falco tornò a casa con l'anima

invasa da una leggera euforia, la consolante sensazione che c'era ancora vita per lui sul pianeta Terra. Non proprio un contratto ufficiale, trattandosi di un minorenne, ma una procura per gestire il futuro di Getulio Neves do Sacramento. Il Bucaniere ci metteva le due mani sul fuoco, quella pertica di negro dall'aria non troppo sveglia era davvero la probabile reincarnazione di Ronaldo il Fenomeno. Un po' lento e macchinoso ancora, tutto da sgrezzare, certo, ma poco male. Ancora una stagione in Brasile, e poi sarebbe cominciata la sua vera storia nel calcio che conta. Al compimento della maggiore età avrebbero deciso insieme a quale agente affidare il mandato per la futura cessione del ragazzo a un club europeo di prima fascia.

La firma era di Fernanda, legittima tutrice del figlio, da quando il padre, un ubriacone rissoso e malavitoso, era stato interdetto dal tribunale dei minori. Getulio non stava nei pantaloni mentre consegnava all'adorata madre le chiavi della casa con piscina, barbecue e vista mare a Praia do Forte, comprata con l'anticipo versato dal figlio di Barnaba Zeno, benefit che il Bucaniere aveva preteso d'inserire nel pacchetto dell'affare.

Madre e figlio vollero celebrare l'evento con una decina di selfie in tutte le pose, inclusa quella in cui madre e figlio stampavano all'unisono un bacio sulle guance macilente del loro pigmalione. Werner si lasciò di buon grado fotografare e strattonare dalla coppia in festa. Lui, uno scheletro in pericolo in mezzo ai due, la madre dal culone extralarge e il ragazzo dal sinistro magico, che non la smetteva di svettare il pollice, come vedeva fare in tivù dai suoi campioni.

L'istantanea più assurda di una vita assurda, dedusse il Bucaniere senza farne per questo un dramma. Con quel pezzo di carta in tasca sarebbe tornato, lo sentiva, ai fasti di un tempo. Alla faccia dei corvi che lo volevano finito, morto e sepolto.

Nel frattempo, Fernanda aveva messo su un'altra ventina di chili, tra culo e pancia. *Bunda e barriga*. Era sempre famelica. La sera prima, Werner l'aveva vista divorare una pizza intera farcita di gamberi, verdure, mozzarella, olive, pezzi di pollo e strati di salame. Un delirio più che una pizza. Con la stessa avidità si era applicata la notte a letto sul suo ridicolo pene, provando a resuscitarlo. Era lì per vomitare, il Bucaniere, su quella petunia carnivora, le labbra enormi della satanassa all'opera, ma fu interrotto dal solito cellulare. Questa volta era padre Tullio, il suo amico prete, che gli mandava foto a ripetizione dalla grotta di Lourdes dove era appena arrivato con una decina di storpi da miracolare.

Liberatosi di madre e figlio, salutato padre Tullio, le sue benedizioni e le sue foto da Lourdes, Werner Falco chiuse porte e finestre. Voleva starsene da solo nella sua casa affacciata sull'oceano a contemplare il suo ultimo capolavoro, un pezzo di carta che valeva milioni di euro, e ascoltare il sordo rumore della vita.

Werner sentì che poteva finalmente rilassarsi e forse anche morire. Ora che il mondo aveva ripreso a girare per il verso giusto. Non solo volgare moneta. Impresa onesta oltre che redditizia. Come un padrino d'altri tempi, Werner stava aiutando un giovane di talento a farsi strada e la sua mamma bisognosa ad allontanarsi dalla strada e da uomini come lui. Piramide, Betty e Susan sarebbero stati orgogliosi del loro Werner. Sarebbe tornato il tempo dei dolci baci e delle languide carezze. Forse.

Si versò un bicchiere abbondante di Caipiroska, vodka, frullato di fragola, ghiaccio tritato, zucchero di canna, limone verde. Accese il ventilatore, si distese nell'amaca verde foglia e spense il cellulare. Se ne fregava di tutto, anche della nuvola, che adesso gli sembrava meno sporca in cielo. Rivolse un pensiero grato al mondo che aveva lasciato alle spalle, senza troppi rimpianti. La gente che amava o che aveva amato, ma facce, voci e ricordi, tutto sbiadiva e si confondeva.

Era mai stato amore o che cosa? E se la vita fosse solo una lunga sequenza di domande assurde senza risposta? Sentì per un attimo, assurdamente, la mancanza di Armando, il pappagallo. Dei suoi insulti. Ma quello era il passato e ora si trattava di battere nuove strade, aspettando lo svenimento definitivo.

Pensò alla sua vita e gli sembrò la vita di un altro. L'aveva vista un giorno al cinema che non aveva di meglio da fare. Un polpettone stile *Ben Hur* o *Lawrence d'Arabia*, dove treni e aerei avevano preso il posto di bighe e cammelli. Mancavano solo i titoli di coda. Li cercò e li trovò nella sua testa. La vita è solo un incomprensibile inferno per eroi e dementi. "Io non sono un eroe, non mi resta che conquistare la demenza" si disse compiaciuto brindando alla sua fortuna e al suo talento per le epigrafi, non essendo del tutto certo di essere morto, ma nemmeno di essere vivo. E nemmeno che fosse poi tutta questa fortuna. Aspirò con voluttà la sua prima Marlboro dopo secoli, quasi soffocando dal piacere, mentre dondolava nell'amaca che gli aveva regalato mister Jenkins. Non era ancora tempo di diventare cenere da disperdere nell'oceano. Teneva ancora un paio di cartucce da sparare, il Bucaniere, nell'ora dei miracoli.

Aveva spento il cellulare italiano, ma aveva dimenticato acceso quello brasiliano. Le vibrazioni lo distolsero dall'incipiente sonnolenza che prende l'uomo vecchio e sazio quando abbassa le difese.

«Sei tu Werner Falco?»

La voce non prometteva niente di buono. Grossa, volgare, astiosa. Sembrava uscire dalla pancia di un cinghiale.

«Sei tu? Sì? Peggio per te. Cazzo di nome! Non vorrei mai essere Werner Falco di questi tempi... E sai perché? C'è un uomo in giro per Bahia che vuole spaccarti il culo e quell'uomo sono io, Bruno Neves do Sacramento, il padre di Getulio. Ti dice qualcosa questo nome? Getulio...»

Gli diceva qualcosa. Werner non era sorpreso più di tanto. Lo sapeva in fondo che l'incubo non se ne sarebbe andato, avrebbe solo cambiato nome.

«Pensavi di averla fatta franca, vecchio pirata, maiale, di poterti ingrassare alle mie spalle, brutto pervertito. Prima fai i tuoi sporchi comodi con quella puttana della mia sposa e poi mi rubi il figlio. Hai davvero pensato che era tutto così facile? Non hai fatto i conti con me. Ti hanno informato male, coglione... Stammi a sentire: so chi sei, so dove sei, so dove trovarti, comincia a guardarti le spalle, sei un uomo morto.»

Werner Falco aspettò pazientemente che finisse. Non rispose, anche perché l'altro nel frattempo aveva chiuso. Terminò di bere con calma la sua Caipiroska, masticò un po' di ghiaccio residuo. Non sapeva se sentirsi più minacciato da Fernanda che voleva finire di depilarlo o dal marito che lo voleva ammazzare. Nel dubbio si versò una coppa di bollicine baiane e lasciò la questione sospesa. A quanto pare qualcuno lo voleva morto. Niente di nuovo. Vecchia storia. Ma c'era ancora qualcosa o qualcuno da ammazzare? Sia fatta la sua volontà, si disse Werner. In fondo, lui e il potenziale omicida desideravano la stessa cosa.

"Quanto a me" si disse Werner, "ho voglia solo di una cosa: dormire per tre giorni di seguito almeno." Stirò la sua vecchia carcassa, afferrò la bambola di stoffa, se la strinse al petto, e si addormentò. Come una creatura. «Mi manchi» sentì dire, ed era lui a dirlo, tra sé e sé, non sapendo bene chi o cosa gli mancasse, ma versando una lacrima solo per averlo detto.

Indice

Finito di stampare nel mese di ottobre 2025
su carta HOLMEN
con fibra vergine proveniente da foreste sostenibili holmen.com/paper
presso Grafica Veneta – via Malcanton, 2 – Trebaseleghe (PD)
Printed in Italy